Walther Borgius

Die Schule
Ein Frevel an der Jugend

tologo verlag

Dr. Walther Borgius

Die Schule
Ein Frevel an der Jugend

tologo verlag

Anmerkung zur Neuauflage

In dieser Neuauflage wurde versucht, die Lesbarkeit des Buches zu erhöhen und dennoch so nah wie möglich am Original zu bleiben.
Das Buch wurde vollständig neu gesetzt und mit einem neuen Satzspiegel sowie einer anderen Schrift versehen. Gesperrte Textpassagen des Originals werden nun kursiv dargestellt.
Andere Charakteristika des Originals, wie Ae für Ä oder Ähnliches, wurden beibehalten.
Auch Anmerkungen des Erstverlegers Kurt Zube wurden übernommen.

Für die Digitalisierung danken wir den KinderRÄchTsZÄnkern (www.kraetzae.de).

Bibliografische Information der Deutschen Bibliothek
Die Deutsche Bibliothek verzeichnet diese Publikation in der Deutschen Nationalbibliografie; detaillierte bibliografische Daten sind im Internet über http://dnb.ddb.de abrufbar.

1. Auflage 2009 (Neuauflage)
Erstveröffentlichung: 1930
Coverbild: Leah-Anne Thompson - Fotolia.com

www.tologo.de

ISBN 978-3-9810444-8-5

Dem Andenken

des Gymnasial-Direktors *Nötel* (genannt „Schwerenötel"), des Gymnasial-Professors *Laves* (genannt *Πῆχυς* „die Elle") und anderer sogenannter „Pädagogen", die Gott in seinem Zorn – ausgerüstet mit allen Machtmitteln der Schuldisziplin – auf uns arme wehrlose Bengel losgelassen hat, in schaudernder Erinnerung gewidmet, – in dankbarer Anerkennung der Tatsache, daß sie mir schon frühzeitig die unerbittliche Erbfeindschaft zwischen Kind und Schule offenbarten und einprägten.

Inhaltsverzeichnis

Nach allgemeiner Ueberzeugung der ganzen europäisch-amerikanischen Kulturmenschheit ist die Schule eine gemeinnützige Anstalt, welche von der Gesellschaft geschaffen ist im Interesse der jungen Generation, damit diese rechtzeitig die Kenntnisse und Fertigkeiten lernt, deren sie später bedarf, um den Anforderungen des Lebens gerecht werden zu können. In der neuen Zeit wurde dann ihre Leitung und Verwaltung auf den Staat abgewälzt, weil dieser, dank seiner größeren Neutralität, seiner reicheren Hilfskräfte und namentlich größeren Geldmittel ihre Aufgaben weit erfolgreicher zu erfüllen vermöchte. Vereinzelt noch vorkommende Mängel der Schule werden aus noch verbliebenen überholten Formen und Normen erklärt oder aus einem noch nicht zureichend erfolgtem Durchdringen neuer Errungenschaften der pädagogischen Wissenschaft. Es bedürfe daher weiteren Ausbaus und verständiger Reform der Schule, um sie zu immer wachsender Vollkommenheit zu führen und zu einem wahren Segen für die Jugend und die Gesellschaft überhaupt werden zu lassen.

Diese – vom Staat allenthalben proklamierte und vom leichtgläubigen Publikum kritiklos treuherzig kolportierte – Auffassung ist *grundfalsch*.

Die Schule ist ein *raffiniertes Herrschaftsmittel* des *Staates*, geschaffen (bzw. aus ähnlichen Ansätzen konkurrenzgefährlicher Stellen – Kirche, Städte, Private – usurpiert), um von Kindesbeinen an alle Staatsangehörigen an Gehorsam zu gewöhnen, ihnen die Suggestion von der Notwendigkeit des Staates in Fleisch und Blut übergehen zu lassen, jede Emanzipationsidee im Keime zu lähmen, die Entwicklung ihres Denkens in wohlgehegte Bahnen zu lenken und sie zu bequem regierbaren, demütigen Untertanen zu drillen.

Die Schule ist daher nicht eine segensreiche, nur noch unvollkommene Einrichtung, die höchstens durch Ausbau und Reform zu einer immer wertvolleren zu gestalten ist, sondern *ein Uebel* an sich, das *restlos beseitigt werden* muß, damit die Jugend, nach endlicher Befreiung von diesem verhängnisvollen Prokustesbett, sich künftig unverkrüppelt aus jeweiliger freier Selbstbestimmung ihrer eigenen individuellen Natur gemäß entfalten kann.

Das ist, wie der Leser sehen wird, nicht etwa bloße unfruchtbare Kritik oder die überspannte Idee eines schulverärgerten Utopisten, sondern nüchterne Erkenntnis eines schweren Krebsschadens unserer Kultur und plausibler positiver Vorschlag zu notwendiger Neugestaltung des Jugendlebens.

I. Geschichtliches.

Damit jene tief eingewurzelten falschen Vorurteile ein wenig gelockert werden, empfiehlt es sich, zuerst einmal der *Geschichte* des Schulwesens, die ja stets und immer von Schulfachmännern geschrieben wird und daher stets nur in harmloser Gestalt an das Publikum herangelangt, einen kritischen Blick zu schenken.

Ursprünglich freies Aufwachsen der Kinder.

Wenn die Auffassung vom Paradies, vom Goldenen Zeitalter an der Wiege der Menschheit, dem dann erst unfreundlicher werdende Epochen gefolgt seien, irgendwo richtig ist, dann ist das der Fall für das Leben des Kindes.

Zwar hat man Jahrhunderte lang das Märchen kolportiert, die „Wilden“ seien — nun eben „Wilde“: rohe, grausame, barbarische Menschen, bei denen daher auch die Kinder in strenger Zucht gehalten würden, den Eltern blinden Gehorsam und rücksichtslose Dienstbarkeit schuldeten, ein trübes, eng geregeltes Leben führten, aus dem sie erst später wachsende Kultur zu liebevoller und verständiger Behandlung gerettet habe. Aber in Wirklichkeit ist gerade das Gegenteil richtig: Ein überreiches ethnologisches Material liefert uns heute den bündigen Nachweis, daß gerade bei den primitivsten Völkern die Kinder überall in glücklicher vollster Freiheit leben und von den Eltern, ja Erwachsenen überhaupt geradezu verzärtelt werden. Es scheint, daß man bei ihnen das Kind für etwas noch dem Göttlichen Näheres, dem Alltagsmenschen Ferneres, etwas Feineres und Edleres erachtet. So ehrt und schont man sie in jeder Hinsicht und hält ihnen den Ernst des Lebens nach Möglichkeit fern, bis sie durch Eintritt der Geschlechtsreife voll in das Menschentum eingehen und durch die „Jugendweihen“ — mindestens die Knaben — dann feierlich als Mitglieder des Stammes aufgenommen werden:

Th. W. *Danzel* („Kultur und Religion der primitiven Menschen“; Strecker & Schröder, Stuttgart, 1924, S. 67/68) sagt: „Die häusliche Erziehung ist außerordentlich milde. Es entspringt dieses Verhalten weder der Bequemlichkeit noch einer bewußten Absicht, sondern unmittelbar dem Gefühle . . . In gleichem Sinne berichten Knabenhans von den Australiern, Nansen von den Eskimos, Nordenskjöld von den Indianern, andere von den Weddas auf Ceylon . . . „Besondere Unterweisung gibt es auch für die praktischen Fertigkeiten nicht, sondern das Kind ahmt früh spielend die Tätigkeit der Erwachsenen nach, hilft dann wohl auch mit und lernt so das Nötige".

Hellmuth *von Bracken* („Die Prügelstrafe"; Dresden 1924, Verlag am andern Ufer, Buchholz-Friedewald, S. 82) führt aus: Bei den primitiven Völkern werden die Kinder nicht geschlagen, überhaupt nicht gestraft, es sei denn durch ein unfreundliches Wort. Ein Kind schlagen, das würden sie ähnlich empfinden, wie unsereiner die Tierquälerei eines rohen Gesellen. Bracken stellt hierüber interessantes Material aus zuverlässigen Quellen zusammen: von den Yagans auf Feuerland, den Eskimos. Weddas, den Choroti- und Ashuslay-Indianern.

Prof. Dr. Paul *Barth* („Geschichte der Erziehung", O. R. Reisland, Leipzig. 1911. — I. Die Entwicklung in den Naturformen der Gesellschaft, S. 50 ff.) bestätigt diese Erkenntnis. Er berichtet u. a.: „Bei einigen Völkern . . . ist der Knabe, sobald er geboren ist, der eigentliche Herr der Familie", so „daß der Vater ihn niemals straft, daß die ganze Erziehung sich auf Unterweisung, Unterricht und Belehrung beschränkt". Auf den Gesellschaftsinseln wird sogar der Sohn eines Häuptlings sogleich Häuptling in Titel und Ehrerweisung; der Vater bleibt nur noch sein Stellvertreter bis auf weiteres; ebenso, nur formell schwächer, ist das Verhältnis in gewöhnlichen Familien. Bei manchen Völkern nehmen die Eltern sogar den Namen des Sohnes an und nach verbreitetem Glauben geht die Seele der Eltern dann nach und nach in das Kind über, während sie bei ihnen selbst sozusagen allmählich abstirbt.

Auch eine sehr interessante, hierher gehörige sprachliche Bemerkung macht *Barth*: In der Sprache Homers „findet sich weder für „Lehrer" oder „Erzieher" noch für (das Verbum) „erziehen" ein spezifischer Ausdruck; dieses letzte wird vielmehr mit demselben Wort wie das physische aufziehen bezeichnet, neben dem noch das (überall, auch auf der tierischen Stufe vorhandene) unterrichten als διδάσκειν besonders benannt wird; der spätere terminus technicus aber für erziehen παιδεύειν, den Plato sehr genau von aufziehen τρέφειν scheidet, fehlt bei Homer durchaus." (a. a. O., S. 68.)

Ferner konstatiert er, daß auch „die Veden nichts über die Erziehung der Jugend berichten", die doch sonst jede Einzelheit des Lebens berühren, so daß also wohl auch für die indische Vorzeit auf Fehlen jeglicher Kindererziehung zu schließen ist (69).

Das ausführlichste Material darüber hat Dr. S. R. *Steinmetz*, Utrecht, zusammengestellt („Das Verhältnis zwischen Eltern und Kindern bei den Naturvölkern". — Ztschr. f. Soz. Wiss., hgb. v. J. Wolf, Breslau. — Berlin, Georg Reimer, 1898, S. 607—631 u. 713—722): Er scheidet alle Völker, über deren erzieherisches Verhalten sich Angaben im vorliegenden ethnologischen Material finden, in vier Gruppen: 1. solche, bei denen die Kinder grundsätzlich und ausnahmslos verzärtelt werden, 2. bei denen man die Kinder in bestimmter Richtung zu beeinflussen sucht, 3. bei denen die Kinder streng erzogen, gestraft und hart herangenommen werden, und 4. bei denen man sich um die Kinder überhaupt nicht kümmert. Es ergibt sich, daß gerade die auf der untersten Stufe der „Zivilisation" stehenden, primitivsten Völker so gut wie ausnahmslos zur ersten Gruppe gehören. Und zwar sind dies — soweit überhaupt einschlägiges Material vorliegt, die Kanada-Indianer (Comanches, Utes, Apachen), Algonquin-Völker, Irokesen, Sioux; die Warraus in Br. Guyana, Patagonier (Tehuelchen), die Karaya-Stämme am Rio Araguaya, die Fuegier (Yahganen), die Pampas (Puelches), alle Stämme vom Nordosten Amerikas und von Brasilien, sowie Südamerikas; die Eskimo-Völker, die Inyu von Point-Barrow, die Grönländer, die Zentral-Eskimo, die Aino, die Itälmenen, Tschukutschen, Kasak-Kirgisen, Tanguten, See-Dajaken, Kianganen; die Lampongs auf Sumatra; die ozeanischen Völker: Mortcock- und Kingsmill-Insulaner, Bewohner der Pelau-, Loyalitats- und Torres-Inseln, Neuen Hebriden und Neu Irlands; der Papua- und Maclay-Küste Neu-Guineas; die Bewohner des Bismarck-Archipels, der Marianen-, Karolinen- und Marschall-Inseln; der Coburg-Halbinsel, Nordaustraliens, Neusüdwales, Tasmaniens, Neu-Norcia, der Encounte- und Moreton-Bay, der Queensländer und des Kurnai. In Afrika die Kimbunda, Kiamwo, Backwains und Barotze.

Auch in der zweiten Gruppe, in der man schon die Kinder in gewisser Richtung zu beeinflussen sucht, gibt es noch keine eigentliche „Zucht". So berichtet er (S. 615) von den Mandans: „Kinderzucht existiert bei den Mandans nicht, denn die Kinder können tun und lassen, was sie wollen und niemand sagt ihnen etwas. Man sucht auf alle Weise ihre *Selbständigkeit* und den *eigenen Willen* der Knaben zu erwecken." — Aber man ist bemüht, auf ihre Ehrsucht einzuwirken oder sie zu beeinflussen, „indem man ihnen Furcht vor dem Zorn des großen Geistes einflößt" (ebd.); oder auch vor bösen Geistern: „Die Tupi-

Eltern kratzen in der Nacht ihre Kinder mit einem Fischzahn, vorgebend, daß es der böse Geist gewesen sei, um nachher mit ihm drohen zu können" (S. 616). Ebenso drohen die Westaustralier am Moore-Fluß mit ihm und schildern ihn „als schwarzen Mann mit langen Ohren" (ebd.).

Andererseits bestätigt auch Steinmetz, daß die Kinder von den Eltern oft geradezu hochgeachtet werden; so bei den Patagoniern: „Der Vater spricht seinen Sohn mit Sie an, der Sohn aber duzt ihn" (S. 610), und von den Bakwains und Barotze in Afrika heißt es: „Ein zwölfjähriger Knabe beherrscht oft schon seinen Vater" (S. 614), und 618: „Von den Makololo berichtet Holub, daß er die Eltern . . . öfter schon von zwölfjährigen Kindern beherrscht sah".

Die Gruppe, bei denen Steinmetz fand, was er eine „strenge Zucht" nennt, ist äußerst klein. Er sagt selbst: „Das einzige unstäte Volk, das sie enthält, die Viktoria-Australier, zeigt den Typus dieser Gruppe gar nicht rein; ich bin geneigt, es eher der zweiten Gruppe einzureihen. Die zwei nordamerikanischen Indianervölker, die Apalachiten sowie die Virginen, gehören zu den *höchst*entwickelten dieser Völkergruppe. Charatschai, Kurden, Battak, Baralong gehören ganz bestimmt zu den *höchsten* Stufen der Naturvölker." Und trotzdem muß er auch von dieser Gruppe der „strengen Zucht" sagen: „Von einer eigentlich roh-strengen, herzlosen Behandlung der Kinder fanden wir bis jetzt keine Spur."

Der vierten Gruppe rechnet Steinmetz endlich dann solche Völker zu, bei denen die Quellen „Beispiele der Vernachlässigung, des völlig ungebundenen Aufwachsens" berichten (S. 620). So teilt er von den niederen Kaliforniern mit (nach Baegert): „Die Kinder tun, was ihnen eben gefällt, ohne Furcht vor Rüge oder Strafe, wie wild und unartig ihr Betragen auch sein möge. Sie werden nie gerügt, nie zurechtgewiesen, auch wenn sie tagelang wegbleiben, *fragt* die Mutter nicht einmal nach ihnen. „Aber", fügt der Missionar (!) klagend hinzu, „wenn die Rangen einmal durch die *Missionare* gezüchtigt wurden, da wurden die Mütter toll vor Wut."

Meines Erachtens sind daher die Völker dieser vierten Gruppe unter dem hier von uns behandelten Gesichtspunkt unbedingt mit zur ersten Gruppe zu rechnen. Im übrigen ist auch diese Gruppe sehr klein und in ihr gehören nur die Kalifornier und die Kubu . . . zu den niedrigsten Wilden (S. 622).

Im Ganzen enthält die erste Gruppe 48, die zweite 32 , die dritte 13, die vierte 12 Beispiele. Die ersten beiden Gruppen „enthalten alle die unstäten Völker mit nur drei Ausnahmen" (622) und diese drei Ausnahmen — Kalifornier, Kubu- und Viktoria-Australier — gehören in Wirklichkeit wohl zur zweiten bzw. ersten Gruppe. Seine Schlußfolgerung ist daher durchaus zutreffend, „daß gerade in den niedrigsten Kulturstadien das Verhältnis zwischen Eltern und Kindern . . . ein sehr liebevolles und zartes ist, und die Unrichtigkeit des Satzes erwies, daß die Erziehung mit dem Wachstum der Kultur von ursprünglicher Rohheit zu immer größerer Milde fortschreitet. Im Gegenteil, sie fing milde an."

Der Staat als Wurzel des Gehorsams.

Die zitierten Autoren haben sich natürlich stets die Frage vorgelegt, auf welche *Ursachen* es zurückzuführen sei, daß die ursprüngliche glückliche Freiheit der Kindheit mit der Entwicklung zu sog. höherer Zivilisation dann einer immer strengeren Regelung und härteren Behandlung Platz mache, — ohne jedoch zu einer befriedigenden Antwort zu kommen.[1] Wandlungen der Familienorganisation können daran nicht schuld sein, wie Barth mit Recht hervorhebt: „Die Formen der Familie sind bei ihnen so mannigfaltig, daß sie nicht die Ursache der bei allen gleichmäßigen Abwesenheit jeder Kinderzucht sein können" (S. 59)[2] Steinmetz versucht die von ihm behandelten Völker wirtschaftlich zu klassifizieren. Aber die einzige Uebereinstimmung, welche er bei den Völkern mit extremer Freiheit der Kinder findet, ist, daß sie ziemlich alle zu den „unstäten" Völkern gehören, womit nicht viel gesagt ist. Am nächsten kommt m. E. Bracken der eigentlichen Ursache, wenn er darauf hinweist, daß es noch alles Völker ohne ausgebildete Klassenorganisation seien. Aber ich glaube, man muß das noch etwas präziser ausdrücken: Es handelt sich durchweg um Völkerschaften mit völlig *herrschaftsloser* Organisation, Völker, bei denen überhaupt noch kein Befehlen und Gehorchen vorkommt, sondern die persönliche Freiheit des Individuums nur allenfalls durch die unverbindlichen Ansichten und Ratschläge eines harmlosen, le-

1 Der dem Laien naheliegende Einwand, auf unterster Kulturstufe sei eben für die Kinder noch nichts wesentliches zu lernen, wäre ganz irrig und wird auch von keinem soziologischen Fachmann gemacht.

2 Abgesehen davon, daß eine allenthalben gleiche und einheitliche Entwicklung der Familienformen sich bislang ebenso wenig feststellen läßt, wie sie mein dereinstiger Lehrer Ernst Grosse zu konstruieren sich in seinem sonst so trefflichen Werke „Die Formen der Familie und die Formen der Wirtschaft" (Freiburg, 1896) aufzuspüren bemüht.

diglich durch moralisches Ansehen wirkenden Rates der Aeltesten in seiner Handlungsweise beeinflußt wird.

Barth hat Recht, wenn er (S. 70) sagt, es sei „vor allem der *Krieg*, der ... den *Erwachsenen* Unterordnung des Willens üben und schließlich auch von seinen Kindern fordern lehrt . . . Für den Anfang des Krieges beweist Steinmetz, für die Dauer desselben vermutet er, daß der *Gehorsam durch Strafen erzwungen* wird. Wer aber Gehorsam leistet, wird auch Gehorsam fordern. So ist der Krieg die Schule für die Erziehung der Erzieher. Auch ist wohl kein Zufall, daß im Lateinischen modestia sowohl die militärische Manneszucht als die allgemeine Tugend der Bescheidenheit bedeutet."[3]

Hier kommt Barth, scheint mir, an die ausschlaggebende psychologische Stelle heran; aber er drückt noch nicht den auslösenden Hebel: Zweifellos liegt im Kriegszug der Keim nicht nur des Gehorsams, sondern überhaupt jeder Unterordnung und jeder Herrschaft. Aber der Kriegszug ist etwas Vorübergehendes, gerade auf den untersten Stufen der Menschheit, und macht stets wieder dem allgemeinen und normalen Zustand der Freiheit des Einzelnen Platz. *Doch aus* dem Kriege erwächst die *Häuptlingschaft*, die *Herrschaftsorganisation als Dauerzustand*, der *Staat*. Und hier liegt der Hund begraben: Denn sobald ein Herrscher als ständige Kulturerscheinung existiert, hat er (und seine Schergen) auch das vitalste Interesse daran, daß die Mentalität des Gehorsams, der Unterordnung, der Anpassung des Lebens an die Anordnungen von „oben", nun auch „stabilisiert werde, wie ein rocher de bronce", und daß deshalb den nunmehrigen „Untertanen" das Bewußtsein der Autorität und des Folgenmüssens von Kindesbeinen an in Fleisch und Blut übergehe. Die Entstehung des *Staates* ist es daher, welche nun, — in dem Grade, wie er sich festigt und einlebt, — nicht nur bei den Erwachsenen die äußerliche Regelung des Lebens durch Formen, Normen und Strafen mit sich bringt, sondern auch ein Spiegelbild davon schon dem Kinderleben in Form der „Erziehungsgewalt", der Unterordnung der Kinder unter die Spitzen der Familie schafft. So sehen wir denn, daß überall, wo sich eine Staatsorganisation durchsetzt, alsbald auch ein Abbild derselben in der Sippe gestaltet, die Sippe zu einer Herrschaftsorganisation wird.

„Bei Homer schon wird nicht bloß Ungehorsam gegen die Aelteren verpönt, sondern auch positive Verehrung verlangt . . . Und die scheue

3 „Die Jägervölker aber führen nur sehr wenig Krieg .... Und wenn sie angegriffen werden, so können sie ihr Teritorium leicht räumen ... Wo er (der Krieg) fehlt, haben die Alten ..... keinen Grund, den Willen ihrer Kinder in Zucht zu halten" (S.59).

Ehrfurcht, die der Jüngling vor dem alten Mann haben soll, wird mit demselben Wort αἰδώς wie die Ehrfurcht vor den Göttern bezeichnet. Gegen die Mutter ist die Ehrerbietung geringer als gegen den Vater, da die Frauen überhaupt . . . . eine dienende Stellung haben". (Der Krieg und die Entstehung des Staates ist es auch, welcher das ursprüngliche Matriarchat beseitigt und den Mann zur Herrschaft innerhalb der Gesellschaft bringt!)

Sobald nun der *Staat* eine einigermaßen höhere Ausgestaltung erfährt, beginnt er alsbald auch, nicht nur die kriegerische Organisation der erwachsenen Männer zu pflegen, sondern bei den Kindern schon die nötigen Grundlagen dafür zu legen. Es ist ein äußerst charakteristisches Zeichen für den rein politischen Charakter, den die Einführung geregelter Jugenderziehung hatte, daß allenthalben sie sich lediglich auf das männliche Geschlecht beschränkt (denn die Frauen waren ja für alle staatlichen Dinge sozusagen nichtexistent), und daß sie in den älteren Zeiten stets nur die oberen Stände umfaßt, welche allein als Krieger und aktive Staatsbürger in Betracht kamen. *Nicht* irgend welche liebevolle Fürsorge für das geistige oder körperliche *Wohl* des Volkes war es, was den Staat veranlaßte, für Erziehung und Unterricht Sorge zu tragen, sondern ausschließlich das Bestreben, die Herrschaft nach innen und außen sicherzustellen.

Die Jünglingsweihen.

Schon auf einer recht frühen Stufe der Kulturentwicklung, sobald die Männergesellschaft die Frauen unterdrückt und einigermaßen feste Form gewonnen hat, finden wir eine soziologische Erscheinung, die zwar mit der Schule noch nicht in Parallele zu setzen ist, aber doch dem Wesen nach eine Art Vorstadium für sie bedeutet: die Jünglingsweihen. Ihr Wesen hat der Wissenschaft viel Kopfzerbrechen gemacht. Es besteht, ganz kurz skizziert, darin, daß die in das Alter beginnender geschlechtlicher Reife etwa gelangenden Knaben eine längere oder kürzere Zeit aus der mütterlichen Familie, der sie bislang angehörten, herausgelöst, isoliert und autoritativen Personen (etwa den Priestern oder den älteren Männern) überliefert werden, welche sie dann einem — oft Wochen dauernden — Kursus von Pubertätsriten unterwerfen, nach deren Abschluß sie unter die vollberechtigten, am Kriegsdienst teilnehmenden Männer des Stammes aufgenommen sind und an allen deren Rechten teilhaben.

Zu diesen Jünglingsweihen gehören hie und da auch Unterweisungen aller Art, so über die Gebote des (ihnen fürderhin offenstehenden) Sexuallebens, insbesondere das Verbot des Inzestes, die Technik von Jagd und Fischerei, Handwerk aller Art und Anfertigung der dazu erforderlichen Geräte, die Tänze und Gesänge des Stammes, den Götterkultus, Erzählungen von Kriegszügen und dem Verhältnis zu anderen feindlichen Stämmen, etwaige Geheimsprachen, die Zeichen des sog. Männerhauses und die Geheimnisse des Männerbundes, den Totemismus, Einprägung des den alten Männern schuldigen Gehorsams und der diesen vorbehaltenen Speisen usw. Alle diese Lehren aber sind Nebensache. Das Wesentliche und allenthalben Uebereinstimmende ist eine brutale, sinnlose *Quälerei* mit allen erdenklichen Mitteln: vor allem Peitschen mit Ruten, Stöcken und Gerten, Keulenschläge, Ausreißen von Haaren und Zähnen, Durchschneiden von Sehnen, Schröpfen und Aderlassen, Festbinden, massenhaften Stichen von Bienen und Ameisen aussetzen, Aufhängen in stickigem Rauch zur Erzeugung von Atemnot, oder an Haken, die durch das Fleisch getrieben werden, Brennen mit Feuer, Verletzungen des Penis (sei es durch Beschneidung der Vorhaut, sei es durch Längsaufschneidung der Urethra oder Durchstechung), Hodenexstirpation, Verletzungen der Nase, der Ohren, Beraubung des Schlafes und dergleichen mehr in raffinierter Erdenkung und Ausführung.[4]

Die Soziologen haben sich die phantastischsten Ideen erdacht, welchen Grund oder Zweck diese Brutalitäten sollten haben können: Die Erprobung von Mut und Standhaftigkeit, die Gewöhnung an die später im Kriege zu gewärtigenden Schmerzen, die Erleichterung des Sexualaktes oder umgekehrt die Einschränkung einer zu großen Fortpflanzung, die symbolische Darstellung des Sterbens und Neu-Wiederauferstehens, ja sogar die Psychoanalyse ist herangezogen worden und hat zu den abenteuerlichsten Märchen herhalten müssen. Das beste wohl darüber hat Erhard Eylmann geäußert („Die Eingeborenen der Kolonie Südaustralien", Berlin 1928, S. 246 ff.). Er beurteilt die Knabenweihen einfach als *plan-*

---

4 Vgl. Dr. Moritz Zeller „Die Knabenweihen" (Paul Haupt, Bern 1923). — S. a. Dr. Walther Borgius „Die Pubertätsweihen". (Ztschr. f. Sex.-Wiss. 1925, Heft 4, Juli 1925, S. 117—127.)

mäßige Einschüchterungen, die „die Jünglinge zu willenlosen Werkzeugen der Aeltesten machen":

„Um die jungen Männer, die ziemlich zwanglos in der Gesellschaft der Weiber aufgewachsen sind, bei der Mannbarkeitserklärung mit einem Schlage zu willenlosen Sklaven von Sitte und Herkommen zu machen, unterwirft man sie einer Reihe sehr harter Prüfungen, durch die sie mit eiserner Strenge zu blindem Gehorsam gezwungen werden." Er meint, „daß die Aeltesten in der Mehrzahl der Fälle wohl nicht imstande wären, mit Waffengewalt ihren Willen gegenüber einer unbotmäßigen Männerwelt durchzusetzen", und demnach die Gefahr fürchten, „daß kleinere Gesellschaftsverbände durch ihr Bestreben, sich Sonderrechte zu verschaffen, den Fortbestand der gesellschaftlichen Vereinigung (d. h. alten Kalibers, d. Vf.) in Frage stellen könnte." Er fragt daher: „Wie bringen die Aeltesten es nun zuwege, daß alle übrigen in Furcht und Abhängigkeit gehalten werden?" Sie unterwerfen in einem Alter, „wo das Seelenleben des jungen Burschen, dessen Gemüt ja noch recht empfänglich sein muß, da es nur wenige tief gehende Eindrükke bekommen haben kann", die jungen Leute einer hochgradig suggestiven, körperlich und seelisch gleich nachhaltigen Beeinflussung, wodurch dann erzielt wird, „daß aus den ungebändigten jungen Burschen brauchbare Mitglieder des Gesellschaftsbundes werden". Die den Schluß bildenden äußerst schmerzhaften Prozeduren der Beschneidung und Tätowierung, welche der Soziologie auch so große Rätsel aufgegeben haben, sind dann als äußerlich erkennbare Narben nicht das geringste anderes, als ein jederzeit bleibendes Zeichen der überstandenen Weihehandlung, d. h. spielen in der Praxis genau dieselbe Rolle, wie in unseren schlichter und milder gewordenen Zeitläuften das *Abgangszeugnis* aus der Volksschule oder dem Gymnasium, zugleich die Naturuniform des betr. Stammes. Die Form der „Einschüchterung muß unter Verhältnissen, wo dieselbe nur wenige Wochen dauern kann und naive Formen haben muß, begreiflicherweise entsprechend brutaler und drastischer sein, als in zivilisierten Zeiten. Demnach aber ersetzt offenbar die „Jünglingsweihe" unsere „Schule": eine planmäßige, zielbewußte Einschüchterung der Jugend und Untergrabung jedes etwaigen Gedankens, einmal gegen den Stachel der Tradition löcken zu wollen.

Anfänge des Schulwesens.

Kommen wir dann zu den höher entwickelten Halbkulturvölkern, so finden wir hier meist schon eine Einrichtung, die wir als „Schule“ bezeichnen können. Meist erstreckt sie sich freilich nicht etwa auf die Gesamtheit des Volkes — derartiges zu unterhalten wären ja Halbkulturvölker noch ganz außerstande — sondern nur auf die Söhne gewisser *höherer Schichten*; nicht etwa, weil man diesen das Privileg einer geistigen Förderung damit angedeihen lassen wollte, sondern weil die Söhne derselben, als die späteren Träger *höherer Funktionen in Staat und Gesellschaft*, besonders wichtig sind und demgemäß auch ihr etwaiges Versagen oder gar ihre etwaige Widerspenstigkeit besonders gefährlich sein würde.

So wurden bei den alten *Mexikanern und Peruanern* die Söhne der drei herrschenden Stände in den Priesterschulen unterrichtet, und zwar in den kriegerischen Fertigkeiten, Schrift und Gesetzeskunde, historischen und heroischen Hymnen, Redekunst und ähnlichen politisch wichtigen Fertigkeiten. „Fasten und erhöhte Anstrengungen waren die Mittel der sehr strengen Zucht, der sie unterworfen waren“ (Barth S. 85).

Bei den *Indern* erhielten die Söhne der beiden obersten Stände Ausbildung in kriegerischen Fähigkeiten bzw. religiösen Schriften (ebenda S. 88).

China:

„Eine vom Staate organisierte Erziehung gibt es nur für die Kinder von Mandarinen.“ Ebenso war im alten Japan „nur die Erziehung der ... weltlichen Aristokratie vom Staate organisiert“ (Barth S. 91). Die staatliche Aktion ist hier um so auffälliger als (mindestens in China) ja die Familie so die maßgebende Organisation in der Gesellschaft geblieben ist, wie nirgends sonst auf der Welt. Aber der Staat erwies schon auf dieser bescheidenen Stufe der Entwicklung die Fähigkeit, seine massiven Herrschaftsinteressen moralisch zu verschleiern: „Der so intensive Familiensinn der Chinesen ist dem Staatsschulwesen nicht hinderlich, sondern förderlich gewesen“ führt Prälat Dr. K. A. Schmidt, Oberstudienrat und Gymnasialdirektor in seiner „Geschichte der Erziehung vom Anfang bis auf unsere Zeit“ aus (Band I „Die vorchristliche Erziehung“, Stuttgart, J. G. Cotta, 1884, S. 75): „Keine Erziehung, bemerkt Meng

Tse, sei ohne Ungehorsam, also ohne Erbitterung; Vater und Kinder aber dürfen sich nicht gegenseitig erbittern, wenn die Liebe nicht leiden solle; und *darum* sei es besser, die eigenen Kinder anderen Lehrern und namentlich öffentlichen Schulen zur Erziehung zu übergeben."[5] Und andererseits „beständen die beiden Hauptpflichten des Kaisers und seiner Regierung in der Fürsorge für das materielle Wohlbefinden und demnächst für die geistige Bildung des Volkes". Unter diesen Gesichtspunkten erhielten denn die Chinesen schon vor mindestens 3000 Jahren eine Schulorganisation; ihre Tradition führt sie sogar bis in das zweite oder dritte Jahrtausend vor Christo, ja bis in die mythische Zeit Jaos zurück. Lehrgegenstände waren Bogenschießen und Wagenlenken, Lesen und Schreiben, Musik und religiöse Gebräuche. Später überließ der Staat den eigentlichen Schulbetrieb Privatanstalten, kontrollierte aber streng das Vorhandensein der erforderlichen Anzahl von in seinem Sinn vorgebildeten Lehrern und sorgte durch ein kompliziertes System staatlicher Prüfungen, von deren Bestehen jede Anstellung abhängig ist, für gleichmäßige, korrekte Erziehung und Unterrichtung der Kinder, für geistige Uniformierung der Jugend gemäß seinen Interessen.

Wie überall, wo eine öffentliche Schule entsteht, wird auch in China alsbald das System der körperlichen Mißhandlung der Kinder zur „Bestrafung" von ungenügenden Leistungen oder anderen Vergehen üblich. In der „Frauenzeitung" (Beilage der Augsburger Allg. Ztg. vom 2. August 1925) berichtet E. Mann in einem längeren Aufsatz über „Chinesische Kinder" noch aus der gegenwärtigen chinesischen Schule: „Die Strafen . . . sind sehr auswahlreich: Niederknieen mit einem großen Topf voll kalten Wassers auf dem Kopf; die geringste Bewegung und er wird ausgiebig mit „wohltätigem Regen" überschüttet. Dem erfrischenden Bade folgt dann noch eine Tracht Prügel mit dem langen, biegsamen Bambusrohr."

In China ist überhaupt das „Altenrecht" (lies Kindersklaverei) in besonderem Ausmaß im Schwange. Leopold Katscher „Aus China — Skizzen und Bilder", (Reklamverlag, Heft 2256, S. 57 ff., „Eltern und Kinder") bringt interessante Angaben dafür. Ich zitiere S. 61:

5 Diese gewundene Argumentation des Meng Tse ist ganz augenscheinlich ein Versuch desselben, einen, mit dem eigentlichen chinesischen Denken und Fühlen unvereinbaren, aber doch tatsächlich nicht wegzuleugnenden Zustand sich und seinen Lesern irgendwie plausibel zu machen, und spricht daher noch besonders für die Richtigkeit unserer Auffassung.

„Es gibt kein Gesetz, das die Machtvollkommenheit der Eltern über ihre Kinder einschränken würde. Die Eltern dürfen ihre Kinder sogar verkaufen. Zuweilen verpfänden sie sie an Gläubiger . . . Auch die alten Juden hatten unbegrenzte Gewalt über ihre Kinder und pflegten diese bei Gläubigern zu verpfänden. Eine weitere Aehnlichkeit zwischen den alten Hebräern und den Chinesen liegt darin, daß auch diese über ihre Töchter ein noch ausgedehnteres Verfügungsrecht hatten, als über ihre Söhne. Bekanntlich besaß der Jude einst die Macht, die Eide seiner Töchter für null und nichtig zu erklären, während er dies mit denen seiner Söhne nicht tun konnte. Die Chinesen halten sich streng an den Spruch: „Wer die Rute scheut, verdirbt sein Kind." Die größte Liebe zu ihren Kindern hindert die Eltern nicht, dieselben unbarmherzig zu züchtigen. Stirbt ein Kind an der erlittenen Strafe, so werden die Eltern nicht zur Verantwortung gezogen! Unter der Flußbevölkerung ereignet es sich oft, daß aufgebrachte Mütter ihre schlimmen Kinder ins Wasser werfen und, wenn dieselben sich an die Boote klammern, sie wütend zurückstoßen, bis sie ertrinken! In den niedrigeren Schichten der Bevölkerung kommt es auch vor, daß sogar erwachsene Männer von ihren Vätern und mehr als dreißigjährige Töchter von ihren bejahrten Müttern geprügelt werden.

Die Chinesen halten die Bestrafung ihrer Kinder . . . für eine wichtige Pflicht. Daher rührt es, daß selbst den Söhnen vornehmer Bürger zuweilen zu Hause Fesseln angelegt werden, wenn sie spielsüchtig sind oder anderen lasterhaften Neigungen fröhnen" . . . Andere Väter ziehen es vor, ihre ungehorsamen Söhne in ein öffentliches Gefängnis sperren zu lassen. Die jungen Leute werden dann gewöhnlich mit Ketten an große Steine gebunden und tagsüber an den Haupttoren des Kerkerhauses aufgestellt.

Viel strenger werden die Kinder bestraft, die ihre Eltern schlagen. Bekanntlich schrieb auch das mosaische Gesetz vor, daß Kinder, die ihre Eltern schlagen oder beschimpfen, getötet werden sollen." Katscher zitiert dann Fälle, wo gegen solche mit den grausamsten Strafen verfahren wurde und nicht nur gegen sie allein, sondern auch gegen ihre Verwandten, das Oberhaupt ihres Geschlechts, die Beamten des Bezirkes, Nachbarn, die die Anzeige unterlassen hatten, die Mutter der mitschuldigen Frau, weil sie ihre Tochter so erzogen habe, die Studierenden des betreffenden Bezirks, und derlei Wahnsinn mehr.

Die Antike.

Jedem Gebildeten mehr oder weniger bekannt ist die staatliche Ordnung und Regelung der Jugenderziehung in der *Antike.* Sie spiegelt die allgemeinen Zustände der damals ständischen Gesellschaft vorbildlich wieder. „Die wesentliche Beschäftigung dieser ständischen Gesellschaft der Hellenen war der Krieg“ sagt Barth (S. 95) .. Darum war es durchaus notwendig, daß die Vorbereitung zum Kriege der wichtigste Teil der hellenischen Erziehung wurde . . . Ihr diente die Gymnastik der Jugend, die bei allen hellenischen Stämmen von Staats wegen organisiert war.“ Sowohl die Gymnasien wie die Palästren waren Eigentum des Staates, die an ihrer Spitze stehenden Lehrer und Leiter staatlich besoldete Beamte. „Die Kosten der öffentlichen Erziehung wurden aus den Erträgnissen der Staatsdomänen und aus den Steuern der Periöken gedeckt (Grasberger, S. 566).

Die Ziele der Gymnastik waren „die *strenge Zucht,* die *zum Kriege nötig* ist, und die Summe der *für den Krieg* Erforderlichen *Fertigkeiten*“. Letztere sind die des griechischen Fünfkampfes: Springen Laufen, Ringen, Speerwerfen und Diskuswerfen. „Der gefeiertste Mann war in der hellenischen Blütezeit der hellenischen Republiken nicht der Denker, noch der Dichter, sondern der Sieger in den olympischen Wettkämpfen“ (Barth, S. 97), der sogar das Recht auf eine Statue in seiner Vaterstadt hatte“ (98). Auch Gesang, Tanz und Instrumentenspiel bildeten damals ein nationales Phänomen und dienten patriotischer Erhebung, was wir heute nur noch in vereinzelten Ueberbleibseln nachempfinden können (die anstachelnde und mitreißende Wirkung des Regimentsmarsches, der Nationalhymne). Sogar bestimmte Instrumente hatten einen durchaus nationalen Gefühlscharakter; so war in Athen die Kithara, in Theben die Flöte das Nationalinstrument. Demgemäß war in den wichtigsten Staaten auch die Musik staatliches Unterrichtsfach und trug einen ganz anderen Charakter als unsere heutige Musik. Dagegen war der geistige Unterricht, der politisch-militärisch damals noch nicht ins Gewicht fiel, Privatsache, er wurde von Freigelassenen ausgeführt und war, wie jede Lohnarbeit, über die Achsel angesehen (101).

Alle Teile der staatlichen Erziehung „waren mit *harter Zucht* verbunden“ . . . Was der bekannte Vers des Mänander: ὁ μὴ δαρεὶς ἄνθρωπος οὐ παιδεύεται im allgemeinen empfiehlt, finden wir von der Praxis nur allzusehr befolgt: Die Eltern, die Turnlehrer, die Kitharisten und Elementarlehrer, alle hatten das Recht und die Gewohnheit, den Knaben zu schlagen. Nicht umsonst trugen die Erziehungsbehörden als Zeichen ihrer Würde einen Stab, nicht umsonst wird der Pädotribe immer mit Rute, Geißel oder Stock abgebildet. Im dritten Jahrhundert vor Christo gibt der Kyniker Teles noch folgende Schilderung vom Leben der griechischen Jugend:

„Ist der Knabe der Wärterin entschlüpft, dann befaßt sich mit ihm der Pädagoge, der Pädotribe, der Elementarlehrer, der Musik- und Zeichenlehrer. Mit der Zeit gesellt sich dazu noch der Rechen- und Meß-Künstler und der Pferdebereiter. — Am frühesten Morgen steht er vom Lager auf, niemals hat er eine freie Stunde. — Er ist kaum Ephebe, abermals fürchtet er sich, jetzt vor dem Kosmeten, dem Pädotriben, dem Fechtmeister, dem Gymnasiarchen; von allen diesen wird er gezüchtigt, überwacht, schikaniert. Ist er dann über die Ephebenzeit hinaus und bereits 20 Jahre alt, hat er noch immer Furcht und hütet sich vor dem Gymnasiarchen und dem Strategen. Heißt es irgendwo Posten stehen, so steht er dort; oder eine scharfe Nachtwache halten, so hält er sie; oder die Schiffe bemannen, so geht er auf die See" (Lorenz Grasberger „Erziehung und Unterricht im klassischen Altertum", Würzburg, 1881. II, 99; Grasberger II, 92/93: „Wie verschieden auch über die Frage der *körperlichen Züchtigung* gedacht worden sein mag, so dürfte der Nachweis ihrer *durchgängigen Anwendung* nicht schwer fallen. In der altattischen Erziehung wurde der Stock, wie in der Schule, so auch im Hause, häufig angewendet; noch die Epheben, die Jünglinge mit achtzehn Jahren, hatten in den Gymnasien den Stock der Vorstände dieser Anstalten, der Gymnasiarchen, zu fühlen. Inwiefern freilich die spartanische Knabengeißelung als Kultushandlung eine tiefere Bedeutung hat (??), können wir hier nicht untersuchen. Bekanntlich hatten in Sparta die Knaben, auf daß sie sich frühzeitig in den Gewohnheiten und Listen des Krieges übten (schmieriger, verlogener Vorwand), Erlaubnis, Lebensmittel zu stehlen (wahrscheinlich ließ man sie hungern, um sie dazu anzureizen!), nur durften sie sich nicht dabei ertappen lassen. Wer einen solchen Dieb ertappte, hatte die *Pflicht*, ihn auf der Stelle zu züchtigen oder es dem Paidonomos anzuzeigen, der die Strafe dann durch die Peitschenträger (μαστιγοφόροι), welche ihn stets begleiteten (!) vollziehen ließ (Plutarch, Lyk. 17) und stets als Generalprofoß Straßen, Ringplätze und Kasernen der Jugend besichtigte. Allein ungeachtet der häufigen und selbst grausamen körperlichen Züchtigungen bei den Spartanern läßt sich die Behauptung aussprechen und festhalten, daß eine solche

Menge raffinierter und selbst grausamer Schul- und Instituts-Strafen für Knaben durch Nachsitzen, Einsperren, Hungern usw., wie sie noch immer in der modernen Erziehung durch Verkehrtheit, Unfähigkeit und Egoismus der Beteiligten, trotz Basedow, eine Art Bürgerrecht behaupten und nicht selten an Leib und Leben schädigen, bei aller Strenge der athenischen Pädotriben und der „schlägereichen" römischen Schulmeister nicht erweislich ist."

Auch die Theorie betonte allenthalben kritiklos die Erziehung der Jugend als Staatsangelegenheit, da in engstem Zusammenhang mit dem politisch-militärischen Leben des Staates stehend. Plato und Aristoteles lassen keinen Zweig derselben vom Staate ungeregelt und man weiß ja, daß ihre theoretischen Ausführungen sich von der praktischen Wirklichkeit nicht wesentlich entfernten, jedenfalls nichts prinzipiell Neues einführten. In Platos „Staat" gehört das Kind schon mit dem dritten Jahre prinzipiell dem Staate. Und überall wird Körper, Geist und Seele gleichermaßen zum Staatsdienst, speziell zum Kriege, vorbereitet. Sogar um die den Kindern erzählten *Sagen* und um die Art ihrer *Spiele* sollen die „Pädanomen" sich kümmern; sogar, welche Tonarten der Musik zu gebrauchen oder zu meiden sind, wird unter dem Gesichtspunkt des Staatsinteresses vorgeschrieben. Der Krieg ist eben die spezifische Betätigung des Staates und daher die höchste und wesentlichste Leistung des Gemeinwesens.

Die altertümlichsten Zustände haben sich bekanntlich wie auf allen Gebieten, so auch auf dem der Erziehung, in *Sparta* erhalten. Hier galt noch in späten Zeiten der Einzelmensch, wie das Haus, nur etwas, soweit es dem Staate diente. Das Ephebentum, das sich an die [vom 7. bis vollendeten 18.] Schuljahre anschloß und etwa unserer militärischen Dienstzeit verglichen werden kann — die Jünglinge wurden dann zu militärischen Dienstleistungen, Marschübungen, Garnisondienst usw. verwendet und angelernt — dauerte in Sparta bis zum 30. Jahre, während sie in dem uns bekannten Athen nur zwei Jahre umfaßte. Hier treffen wir schon in heroischer Zeit eine umfassende Staatspädagogik und Lykurgos bezog dann seine ganze Gesetzgebung auf die Erziehung (vgl. Plutarch „Lykurgus" cap. 13/14). Aber auch in solchen hellenischen Staaten, wo die Erziehung, äußerlich betrachtet, einen mehr privaten Charakter trug, keinen öffentlichen, „hatte sie dennoch mit einer solchen ihrem Wesen nach die gleiche Tendenz, insofern sie von Seiten des Staates den Impuls und die Richtung empfing und durch das ehrwürdige νόμιμὸν bedingt war" (Dr. L. Grasberger „Erziehung und Unterricht im klassischen Altertum", Würzburg, Stahlsche Buch- und Kunst-Handlung, 1881, III, S. 556).

In *Rom*, wo ja an sich die geistige Bildung gering eingeschätzt wurde, scheint sich die Jugenderziehung staatlicherseits so ziemlich auf die militärische Schulung der Bürger beschränkt zu haben, alles weitere etwa darüber hinausgehende der patria potestas überlassen geblieben zu sein; doch wachte der Zensor darüber, daß sich keine dem Staat unerwünschten Sitten und Bräuche in die Erziehung der Jugend einschlichen, und der pater familias war verpflichtet, jedem Sohne die Gesetze der XII Tafeln zu lehren, welche jeder junge Römer auswendig wissen mußte (Barth, 109). Später, wenigstens in der römischen Kaiserzeit, scheinen Schulen mit Lehrern als Gemeindebeamten bestanden zu haben. Wie durchaus im Hinblick auf den *Staat* die Unterweisung eingestellt war, zeigt das bekannte Wort Ciceros: „Welches größere und bessere Geschenk können wir dem Staate darbringen, als wenn wir die Jugend unterrichten und erziehen!"

Zusammenfassend sagt Barth (S. 111): „Wenn wir so die Erziehung in der ständischen Gesellschaft des Altertums, des amerikanischen sowohl wie des asiatischen und des europäischen überblicken, so finden wir überall die Zucht streng, die Unterweisung, den Unterricht, die Belehrung durchaus nur den Zwecken der Gesamtheit" (lies: des Staates), „nicht dem Behagen des Einzelnen dienend".

Die Kirche als Schulherrin.

Eine besondere Beachtung erfordern endlich jene Fälle, wo die herrschaftliche Organisation einen religiösen Charakter trägt, d. h. eine *Kirche* besteht. Die Kirche ist im Grunde genau die gleiche Herrschaftsorganisation, wie der Staat, nur daß sie die Macht ihrer Krone und Bürokratie (hier „Hierarchie") aufgebaut hat auf dem religiösen Glauben, statt dem territorialen Patriotismus: Nach diesem Glauben ist das ewige Heil der Untertanen absolut abhängig von ihrem Gehorsam gegen die Anordnungen der kirchlichen Obrigkeit und nur durch Vermittlung ihrer Funktionäre sicherzustellen, genau so wie nach der Lehre des Fürsten die irdische Lebenssicherheit nur zu ermöglichen ist durch strikten Gehorsam gegen die Anordnungen des Staates, nur durch dessen Funktionäre zu erzielen. (In den schlichten Verhältnissen der primitiven Völker und vieler Halbkulturstaaten ist die Religion entweder Privatsache und dienen ihr die einzelnen seelisch dazu berufenen Zauberpriester, Schamanen usw. oder der Staat hat sich der Religion bemächtigt und die Priester der Schar seiner Staatsbeamten einverleibt. Eine eigentliche Kirche mit unabhängiger organisierter Priesterkaste bestand nur bei den Azteken Mexikos und den Peruanern des Inkareiches, bei den alten Juden, wo sie im Deuteronomium um 620 v. Chr. und sehr ähnlich bei den alten Arabern entsteht, im Christentum — als eine Art Konkurrenzorganisation gegen das alte römische Reich entstehend, und dann das ganze abendländische Mittelalter hindurch, in ständigem Kampfe mit dem neuen abendländischen Kaisertum um die Oberhand ringend; ganz ähnlich im Orient in Gestalt des Islam und endlich in neuerer Zeit noch als Jesuitenstaat in Paraguay, etwa von 1609 bis 1767 zu datieren.

Das natürliche Machtinteresse der Kirche legte ihr — ganz analog dem weltlichen „Staate" — nahe, dafür zu sorgen, daß die Glaubensgrundlage, auf deren unerschütterter Bewahrung in der Seele des Volkes ja ihre Machtposition durchaus beruhte, schon von frühester Jugend an in den aufnahmefähigen und vertrauensvollen Seelen der Kinder Wurzel schlug. So finden wir auch hier überall eine sorgfältige Pflege von Erziehung und Unterricht, verbunden mit strenger Zucht. Die Schulen bei den *Mexikanern und Peruanern* wurden bereits oben erwähnt. Die Schulen waren hier Priesterschulen und auf Ungehorsam und dergl. standen strenge Strafen. Neben Keuschheit der Mädchen (die bei kirchlicher Herrschaft überall eine besondere Rolle spielt) wurde Ehrerbietung gegenüber dem Alter verlangt. „In Gegenwart Aelterer wagten die Kinder kaum zu sprechen", sagt Barth (86). Auch im *Jesuitenstaat in Paraguay* herrschte Prügelstrafe (auch für Erwachsene, die ihre ihnen zugeteilte Arbeit nicht verrichteten). — Bei den *Juden* in Jerusalem und in der Diaspora richteten die Priester Knabenschulen (sogen. Beth Sahsepher) ein, in denen namentlich die Thora gelesen wurde, und seit Josua ben Gamla (Hoherpriester 62-65) war ihr Besuch allgemeine Zwangspflicht. Ebenso schuf bei den *Arabern*, sobald sie einen herrschenden Priesterstand hatten, dieser die allgemeine Schule, die Kuttah, wo ein Fiki (Laienmönch) in der Moschee den Koran lehrte, oft in Verbindung mit Schreiben-Lesen. Auch hier wird strenge Zucht und Ehrerbietung insbesondere gegen die Lehrer und Geistlichen durchgeführt. Dasselbe endlich entwickelt sich im abendländischen Christentum.

Für den Geist, den die jüdische Priesterherrschaft den Kindern gegenüber zur Geltung brachte, legen viele Sprüche der Bibel beredtes Zeugnis ab. Von irgendwelchen Rechten des Kindes oder auch nur karitativer Rücksichtnahme auf sie ist nirgends die Rede. Dagegen wird den Eltern — deren Ehrung ja ausdrückliches Gottesgebot ist — empfohlen:

„Laß nicht ab, den Knaben zu züchtigen; denn wo du ihn mit der Rute haust, darf (braucht) man ihn nicht töten" (nämlich wenn er später ungeraten wird). Spr. Salomonis 23, 13-14.

Du hauest ihn mit der Rute; aber du errettest seine Seele von der Hölle."

„Wer seine Rute schonet, der hasset seinen Sohn; wer ihn aber lieb hat, der züchtiget ihn bald" (früh). Ebenda 13, 24.

„Rute und Strafe gibt Weisheit; aber ein Knabe, ihm selbst gelassen, schändet seine Mutter." Ebenda 29, 15.

„Züchtige deinen Sohn, so wird er dich ergötzen und wird deiner Seele sanft tun." Ebenda 29, 17.

„Wer sein Kind lieb hat, der hält es stets unter der Rute." Sir. 30, 1.

„Wer seinem Kind zu weich ist, der (be)klagt seine Striemen und erschrickt, so oft es weinet. Ein verwöhntes Kind wird mutwillig wie ein wildes Pferd. Zärtle mit deinem Kinde, so mußt du dich hernach vor ihm fürchten; spiele mit ihm, so wird es dich hernach betrüben." Sirach 30, 7-9.

„Laß ihm seinen Willen nicht in der Jugend und entschuldige seine Torheit nicht. Beuge ihm den Hals, (der)weil er noch jung ist; bläue ihm den Rücken, (der)weil es noch klein ist, auf daß er nicht halsstarrig und dir ungehorsam werde." Ebenda 11-12.

Diese rohe und grausame Haltung gegenüber den Kindern, diese Tendenz, mittels rücksichtsloser Versklavung von klein auf Untertanengesinnung in ihnen zu züchten, ist keine Eigentümlichkeit der religiösen Herrschaftsorganisation, denn sie hat auch in der rein weltlichen des Staates, wie wir sahen, ausgiebig Anwendung allenthalben gefunden. Aber sie hat unter der Herrschaft religiöser Gesinnung besonders mitleidloses Leben entfaltet, weil ihr der Gedanke zugrunde liegt: Der Leib ist ohnehin vom Uebel und widerstrebt dem Guten; man muß daher den Leib ertöten, um die Seele zu retten. So hat denn die christliche Kirche des Abendlandes die jüdische Prügelpädagogik im Mittelalter und auch später, solange ihr Geist herrschend blieb, zu wahrer Blüte entfaltet. Die Klosterschulen waren die Brutstätten dieser Erziehungsmethode und wohl mit Recht glaubt E. L. Rochholz („Die Rute küssen“ in Pfeiffers „Germania“ I. 1856, S. 144) in der starken Wandlung der germanischen Kindererziehung von der ursprünglichen Milde zur mittelalterlichen Strenge *ihren* Einfluß zu erkennen. Aus den Klöstern ist Stock und Rute in die Kinderstuben gedrungen: „Die Moral des Asketismus und der gottgefälligen Züchtigung eroberte die Familie; die Erbsünde soll herausgezüchtigt werden“ (Steinmetz a. a. O., S. 630).

Solange das Kind nur in der Hand der eigenen Eltern ist, wirkt in seiner Behandlung immerhin noch mehr oder weniger doch die natürliche Liebe und persönliche Verbundenheit mit. Anders, sobald Kirche bzw. Staat als eine „fremde gefürchtete Autorität“ die Erziehung in die Hand nehmen, bei denen keinerlei Liebesgefühle, sondern *nur* Herrschaftsgelüste walten und das Kind unter allen Umständen zu bestimmten Leistungen und Verhalten gedrillt werden soll; zumal auf Grund einer gekünstelten, nicht naturgemäßen Moral, hinter welcher überirdische Gewalten stehen, die selbst mit ewigen Strafen drohen, entartete das Strafsystem und bot allen sadistischen Neigungen freie Bahn.

Der erste organisierte Unterricht der christlichen Gemeinden im römischen Reiche war Mittel zu besonderem Zweck: Vorbereitung für den Taufakt. Für die Ausbildung von Lehrkräften dienten besondere „Katecheten-Schulen“ zu Alexandria, Antiochia, Edessa (in Ostsyrien) und Nisibis (in Mesopotamien), — gewissermaßen primitive Hochschulen des Christentums. Als dann aber im 5. und 6. Jahrhundert die Taufe alsbald der neugeborenen Säuglinge allgemeine Uebung wurde, verfielen mit den die Taufe vorbereitenden Gemeindeschulen, in denen die Katecheten lehrten, auch die Hochschulen, auf denen diese geschult wurden. Aber der geistliche Stand, nachdem ein solcher sich herausgebildet hatte, mußte für seine Fortdauer sorgen, also die Möglichkeit schaffen, Kinder zu Klerikern zu machen, und dies konnte die Familienerziehung nicht leisten. So „verordnete 443 eine Synode zu Vaison, ... daß die Priester . . . . . Jünglinge ins Haus nähmen, um sie zu ihrem Nachfolger heranzubilden“ (Barth S. 161). Besonders die Bischöfe nahmen sich dieser Aufgabe an. So entstanden an ihren Sitzen .„Kathedralschulen“. Ebenso die seit Anfang des 4. Jahrhunderts hochkommenden freiwilligen Körperschaften der Klöster: Sie nahmen, um für Nachwuchs zu sorgen, sehr bald und in wachsendem Maße Knaben bzw. Mädchen, die Mönche bzw. Nonnen werden sollten, zu planmäßiger religiöser Belehrung im Kloster auf und erweiterten allmählich diese scholae interiores zu scholae exteriores, indem sie ihre Unterweisung auch auf Außenstehende ausdehnten, um christliche und speziell kirchliche Gesinnung zu pflegen. Eine Synode zu Beziers verordnete sogar 1246, daß *alle* Knaben vom 7. Lebensjahre an allsonntäglich in der Kirche im katholischen Glauben unterrichtet werden sollten. Doch blieb das freilich im wesentlichen auf dem Papier stehen.

Auch hier wurde die Züchtung demütiger, gehorsamer und der Kirche unbedingt ergebener Mentalität oberstes Leitmotiv. Nach der Benediktinerregel gibt's ja „nur eine Tugend, die *Demut*", und nach Hrabanus Maurus ist „die Hoffahrt (superbia) die Königin aller Laster", aus der dann sieben Hauptlaster entspringen: Das erste davon ist der Stolz (gloria), dem die Tugend der Demut gegenübersteht. „Die ganze Willensbildung, die sogenannte „Zucht", war darum auf Einpflanzung der Demut gerichtet und diese sollten, neben dem Gebet, namentlich demütigende Strafen fördern. „Rutenschläge auf den nackten Leib waren etwas sehr Alltägliches. Nicht bloß für kleinere und kleinste Verfehlungen, für unbedeutende Uebertretungen der Klostergesetze, sondern auch für kleine Unachtsamkeiten im Unterricht wurde die Rute, für schwerere die Peitsche geschwungen" (Barth S. 161).

Ebenso sagt Hans Boesch („Kinderleben". Monographien zur deutschen Kulturgeschichte, Bd. V — Eugen Diederichs, Leipzig 1900, S. 102): „Es wurde ganz exemplarisch gestraft; überhaupt spielten die Strafen eine große Rolle . . . . Namentlich in den Klosterschulen wurde schon frühzeitig barbarisch geprügelt. Der Stock und die Rute gehörten zu den unentbehrlichsten Hilfsmitteln des Unterrichts und Schläge waren das tägliche Brot der Jugend. — Das Siegel der Schule zu Höxter aus dem Jahre 1365 stellt einen Lehrer dar, der die Rute über einem knieenden Knaben schwingt. — Thomas Platter kam mit 9½ oder 10 Jahren zu einem Pfaffen in die Schule: „Der schlug mich grausam übel, nahm mich vielmals bei den Ohren und zog mich vom Herd auf, daß ich schrie wie eine Geiß, die am Messer stecket, daß oft die Nachbarn über ihn schrien, ob er mich wollte morden". — Noch Schlimmeres drohte den Schülern: Sie mußten sogar Spülwasser trinken oder mußten an den Hundetrog." Johannes Butzbach erzählt in seiner Selbstbiographie, „daß er . . . . an eine Säule angebunden und, während seine Kameraden ein Lied sangen, jämmerlich ausgepeitscht wurde." Und Caesarius von Heisternach († 1240) sagt: „In Wahrheit sind Schüler, die unschuldig leben und gern studieren, Märtyrer; denn auch das beste Kind bleibt von der Rute nicht verschont" (Bracken S. 65).

„Ebenso hart und grausam war die Zucht in den Domschulen jener Zeit. So schlimm war die Prügelwut, daß man für Leib und Leben der Schüler fürchten mußte. Daher sahen sich die erweiterte Regel Chrodegangs und ebenso das Konzil zu Aachen (816) genötigt, zu drohen, diejenigen magistri scholarum würden abgesetzt, die beim Züchtigen die Knaben irgendwie verwundeten"! (J. Hauser: „Zur Geschichte der körperlichen Züchtigung in der Erziehung" — Programm des Realgymnasiums Augsburg 1909).

Daß es u. a. mit Auspeitschen bestraft wurde, wenn Schüler sich untereinander in ihrer Muttersprache unterhielten, statt in lateinischer, wird man begreifen, wenn man erwägt, daß Latein eben die offizielle Nationalsprache und Muttersprache der — ihrerseits ja internationalen — Kirche war und letzterer daran gelegen sein mußte, aus ihren Zöglingen jeden engeren Nationalismus des Gefühls zu vertreiben. Es ist genau dasselbe, als wenn deutscherseits den Volksschullehrern in der Lausitz und Schlesien anbefohlen wurde, wendischen Schülern den Gebrauch ihrer Muttersprache untereinander mit den härtesten Prügelstrafen auszutreiben, wie dies noch in den achtziger Jahren vorigen Jahrhunderts der Provinzialrat Bock in Liegnitz, in Nochten, Geierswalde u. a. veranlaßt hat.

Der Staat aber billigte und unterstützte diese Entwicklung; denn „die soziale und staatliche Zweckmäßigkeit erforderte es, daß der neue christliche Glaube . . . auch wirklich geistiges Eigentum jedes einzelnen werde" (ebenda S. 158). „Verschiedene Kapitulare Karls des Großen drohten allen Untertanen Schläge an, die das Apostolische Glaubensbekenntnis und das Vaterunser nicht auswendig konnten" (Bracken S. 65). Erziehung zur Knechtschaft diente ja auch seinen eigenen Interessen. Ueberdies brauchte er gelehrte Funktionäre als höhere Beamte und solche konnte ihm Jahrhunderte hindurch nur der Klerus stellen.

Die spätmittelalterlichen „Stadtschulen".

Eine Wandlung der Verhältnisse entstand erst im Ausgang des Mittelalters durch die *Gründung besonderer Stadtschulen.* Das *Motiv* dazu war keineswegs etwa irgendeine kulturelle Tendenz, sondern ausschließlich wiederum *äußerer Machtkampf*: Der Staat des Mittelalters hatte der Konkurrenzorganisation der Kirche das Schulwesen neidlos überlassen können. Denn die höfisch-ritterliche Kultur war eine durchaus äußerliche, militärische und für die Vorbildung zu *ihr* genügten die für die bestehenden Einrichtungen, das Pagentum usw. Aber in den nunmehr hochkommenden Stadtrepubliken erwachte immer mehr eine rebellische Gesinnung und ein Unabhängigkeitsdrang gegenüber den großen Herrschaftsorganisationen der Kirche sowohl wie des Staates. Sie wollten mit der *Besetzung ihrer Beamten* und sonstigen Funktionäre nicht mehr *angewiesen* bleiben auf den *Klerus*, bzw. hinsichtlich deren Vorbildung auf die im wesentlichen die Kirchenlehre und das Latein umfassende der klerikalen Schulen. Daher gingen sie daran, eigene „Stadtschulen" oder „Ratsschulen" zu gründen, in denen das für das anwachsende Gewerbe und Handel immer nötiger werdende Schreiben, Lesen und Rechnen im Vordergrund stand und als Unterlagen dafür nicht fromme Texte, sondern Geschäftsbriefe, Vollmachten, Kaufverträge, Schuldanerkennungen und ähnliche Urkunden des praktischen Lebens standen. Als Lehrer wurden meist fahrende Schüler herangezogen, die zur Durchführung des Studiums nicht genug Geld oder Grips hatten; für das Rechnen wurde vom Rat häufig ein besonderer „Rechenmeister" berufen. Den Anfang machte Norditalien und die Niederlande. Bald aber übertrug sich die Bewegung auch auf Norddeutschland, zuerst die Hansestädte (Lübeck), dann auch das Binnenland (Braunschweig).

Die Aktion löste allenthalben die heftigsten *Kämpfe mit dem Klerus* aus, der sich sowohl der darin Ausdruck findenden politisch-kulturellen Emanzipation, als auch dem sehr materiellen Verlust lukrativer Betätigung hartnäckig widersetzte. Der Zwist führte nicht selten zu blutigen Schlägereien, ja, von der einen Seite zur Bannerklärung gegen die widersetzliche Stadt, von der anderen Seite zur Vertreibung der intransigenten Geistlichkeit. Schließlich ergab sich meist Beilegung des Streites durch Kompromiß: Man entschädigte etwa den Klerus für die ihm entgehenden Nebeneinkünfte oder man übernahm die kirchlichen Schulen in eigenes Patronat, so daß die klerikalen Lehrkräfte weltlicher Anweisung und Kontrolle unterstanden, oder der Rat ernannte zwar die Lehrer nach eigenem Ermessen, aber der „Scholastikus" verpflichtete sie eidlich und erhielt einen Bruchteil des Schulgeldes.

So erhielt in Wien der Rat 1296 das Recht, den Schulmeister des Stiftes zu St. Stephan zu ernennen und alle Schulen disziplinarisch zu beaufsichtigen. In Lübeck siegte der Rat 1262 erst nach zehnjährigem Kampfe, während in Hamburg 1281 das Domkapitel einstweilen das Feld behauptete. In Brüssel erhielt der Rat erst nach langem Streit 1320, dank dem Einschreiten des Herzogs von Brabant, die Genehmigung des Scholastikus, „kleine" oder „niedere" Schulen zu gründen, die aber nur kleinere Dinge lehren durften. Um 1500 hatte wohl jede bessere Stadt in Deutschland neben ihrer Lateinschule auch ihre „deutsche Schule" oder „Schreibschule".

Die Reformation und die Schule.

Die Errichtung der Stadtschulen war nur ein erster Vorstoß gegen das kirchliche Monopol des Unterrichts. Der zweite und nachhaltigere Stoß kam von den seit der Renaissance- und Reformations-Zeit erwachsenden neuen Territorialstaaten. Wie diese neuen Machtzentren sich bilden und sich die Kirche unterordnen, gehört in ein anderes Kapitel; hier rechnen wir einfach mit der Tatsache als solcher. Um ihre neue Macht durchsetzen zu können, — nicht etwa um religiöser Skrupel willen —, nahmen sie sich der neuen religiösen Emanzipationsbewegung, der Reformation, an oder benutzten mindestens diese Bewegung, um auch in katholisch bleibenden Landen sich mehr oder weniger zum Herrn der nun zur „Landeskirche" gewandelten religiösen Organisation zu machen. Als summi episcopi hatten nunmehr die Landesherren die formale Handhabe, ihrerseits auch die Schulorganisation in die Hand zu nehmen. Denn „die Kirchenordnung umfaßte zugleich die Schulordnung, da die Schule in erster Linie als Vorbereitung für die Kirche galt; die Schulordnungen sind daher nur „Anhänge von Kirchenordnungen", aber nun ebenso, wie letztere selbst, „ein Stück weltlicher Gesetzgebung". (Spranger „Luther", S. 20 und „Zusammenhang von Politik und Pädagogik", S. 73.)

Die Reformationsbewegung war im Urgrund eine revolutionäre Bewegung gegen die Kirche als eine *Macht*organisation mit einer herrschenden Beamtenkaste, dem Klerus, und einer monarchischen Spitze, dem Papst, gegenüber der misera contribuens plebs der Laien als Untertanen. Diese äußerliche Macht der Kirche war zuerst von den Albigensern und Waldensern angegriffen und bekämpft worden; aber diese Revolution wurde durch einen blutigen Kreuzzug gegen die „Ketzer" unterdrückt. In Wiklif und Hus lebte sie erneut wieder auf und hatte schon gewisse bleibende Erfolge. Luther endlich brachte eine durchgreifende Erschütterung und — *gegen* seine Absicht — schließlich Spaltung der Kirche. Er hatte die Religion zu einer reinen Herzenssache machen wollen, durchaus ohne äußerliche Regelung und Regierung. „Nicht minder als der radikale Flügel der Hussiten hat Luther mit Berufung auf das Urchristentum den geistlichen Stand als solchen bekämpft. In seiner Schrift „An den christlichen Adel deutscher Nation“ (1520) erklärt er: „*Alle* Christen sind wahrhaft geistlichen Standes und ist unter ihnen kein Unterschied, denn des Amtes halben allein“ ... „Wir werden allesamt durch die Taufe zu Priestern geweiht“, wie Sankt Peter (1. Petri 2) sagt: „ . . . Ihr seid ein königlich Priestertum und ein priesterlich Königreich“ . . . „Was aus der Taufe hervorgegangen ist, das mag sich rühmen, daß es schon zum Priester, Bischof und Papst geweiht sei“ usw. (Barth S. 260). Aber als die radikalen Sekten — die Wiedertäufer, Schwarmgeister, rebellierenden Bauern — Ernst mit seinen Lehren machten und seiner eigenen Clique bedrohlich wurden, da appellierte er angstvoll an die starke weltliche Gewalt und wurde damit zum Inaugurator der staatlichen Landeskirche.

Die neue religiöse Richtung hatte nun begreiflicherweise ein starkes *Propaganda*-Bedürfnis. Diesem Zwecke diente neben der deutschen Bibelübersetzung vor allem auch der *Lutherische Katechismus*, der eine Art *„programmatische Werbebroschüre“* der neuen Bewegung darstellt und für dessen möglichste Verbreitung die Reformatoren zu sorgen bemüht waren. Er entspricht etwa auf anderen Gebieten Marx‘ „Kommunistischem Manifest“ oder Strauß‘ „Altem und Neuen Glauben“ oder Häckels „Welträtseln“. Die Reformatoren wußten nun sehr wohl: Wer die Jugend hat, der hat die Zukunft. Daher legten sie von vornherein allen Eltern ans Herz, schon den kleinen Kindern die neue Lehre in Fleisch und Blut übergehen zu lassen. Da dies aber nicht genugsam geschah, schienen ihnen offizielle Unterweisungen notwendig. „Vielleicht schon die Hussiten, jedenfalls aber die Böhmischen Brüder haben den allgemeinen religiösen Unterricht der Kinder eingeführt“ (Barth 264). Das gleiche erstrebten nun auch die Reformatoren: In der „Deutschen Messe und Ordnung des Gottesdienstes“ verlangt daher Luther für die ganze Jugend 2 Wochentage für Katechismuslehre, während an den andern Tagen die Evangelien und Epistel gelesen werden sollen; außerdem in Städten, da man Schulen hat, noch Gesang lateinischer Psalmen und lateinische Lektionen aus dem Alten wie dem Neuen Testament, und zwar in der Kirche.

Da die Organisation der neuen religiösen Richtung nicht imstande war, dies aus eigener Kraft durchzusetzen, wendete man sich an die *Fürsten* in ihrer neuen Eigenschaft als summi episcopi und stellte ihnen vor: Es sei ihre Christenpflicht, der Reformation, deren sie sich (wenn auch aus politischen Gründen) angenommen hatten, nun auch propagandistisch zu helfen. Den Interessen der Fürsten aber kam diese Anregung durchaus entgegen. Denn diejenigen, die nach dem Grundsatz „cujus regio, ejus religio" sich und damit ihr Land und Volk der Reformation offiziell angeschlossen hatten, während tatsächlich natürlich der alte katholische Glaube in den Massen starke Wurzeln hatte, außerdem aber auch innerhalb der reformatorischen Bewegung noch Lutheraner, Zwinglianer, Calvinisten, Wiedertäufer und andere Richtungen und Sekten durcheinanderwogten und sich oft erbitterter bekämpften, als die alte Kirche, so hatte der Landesherr das vitalste Interesse daran, die Untertanenschaft nicht nur zwangsweise und äußerlich, sondern auch seelisch vollkommen der für den Staat gewählten religiösen Richtung einzuverleiben, auf „daß nicht Zwietracht, Rotten und Aufruhr sich unter den Untertanen erheben" (Argument Luthers, zitiert bei Spranger „Politik und Pädagogik" S. 19).

Ein Bedenken des Staates, die Kirche zu stärken, lag nicht mehr vor; denn sie war ja nicht mehr, wie einst im Mittelalter, eine mit dem Staat rivalisierende und ihm oft überlegene Machtorganisation, sondern als „Landeskirche" nun eine abhängige Abteilung der Staatorganisation selbst geworden. Aber eine, die weit stärkeren Einfluß auf die Volksseele hatte, als irgendeine Anhänglichkeit an das Fürstenhaus, die damals erst in den ersten Anfängen der Entwicklung stand, oder als ein allgemeiner Patriotismus, der noch gar nicht existierte. Wenn irgend etwas imstande war, das Volk auch einem harten, verschwenderischen, unbeliebten Fürsten gegenüber in Gehorsam und Unterwürfigkeit zu halten, so war es die evgl. Kirche, welche ihm bei Verlustgefahr des ewigen Seelenheils lehrte: „Seid Untertan der Obrigkeit, die Gewalt über euch hat", und überdies das Interesse des Volks nur für jenseitige Dinge in Anspruch nahm und damit von etwaigem kritischem Nachdenken und „Raisonnieren" über Fürsten und Politik ablenkte.

Des weiteren war die Schule ein ausgezeichnetes Mittel, die Bevölkerung des beherrschten Territoriums von klein auf zu bequemen Untertanen überhaupt zu drillen. *Was* ihnen da gelehrt und beigebracht wurde, war verhältnismäßig gleichgültig. Die Hauptsache war, daß sie, von Kindesbeinen an, an widerspruchslosen Gehorsam, geduldiges Stillehalten und Autoritätsglauben gewöhnt wurden. *Stillesitzen, Maulhalten, aufs Wort gehorchen und blind glauben, was der Erwachsene, ge-*

schweige nun gar der Vertreter des Staates, sagt und lehrt, — *das* sind die unschätzbaren Errungenschaften, welche der vieljährige Schulbesuch der Kinder vom Erwachen ersten Denkens bis zur eigenen Erwerbsfähigkeit dem Staate einträgt.

So wird im katholischen Landschulreglement für Schlesien (1765) von Friedrich II. ausdrücklich anbefohlen, „nebst den Pflichten, welche sie Gott, dem Nächsten und sich selbst schuldig sind, auch *die Pflichten der Treue, des Gehorsams und der unverbrüchlichen Ergebenheit* deutlich und faßlich zu erklären, *die sie Uns als ihrem Souverän und Unseren untergeordneten Obrigkeiten schuldig sind.* Wir erinnern sie, es nicht dabei bewenden zu lassen, der Jugend etwa hierüber ein paar Sätze ins Gedächtnis zu bringen; sie sollen, wie in allen andern Dingen, ihren Verstand auch hierüber aufklären, ihnen aus der Religion sowohl als aus der Vernunft die Gründe dieser Pflichten vortragen, daß sie solche einsehen und folglich begreifen lernen" (zitiert bei Spranger, Politik und Pädagogik, S. 293).

Streben zur Vereinheitlichung des Volkes.

Wesentlich ins Gewicht fiel ferner folgender Gesichtspunkt: Die Staaten jener Zeit waren ja nichts weniger, als ein organisch gewachsenes und innerlich einheitliches Ganzes, vielmehr aus zahlreichen Einzelgebieten verschiedenster politischer Herkunft — Erbschaft, Tausch, Eroberung, Lehnsrecht usw. — und demgemäß verschiedenster Stämme, Dialekte, Wirtschaftsgebiete, Rechtssysteme, Sitten und Bräuche, von verschiedenen ständischen Landtagen geleitet, usw. zusammengewürfelt. Auch nichts weniger, als ein sicherer Besitz: „Fast bei jedem Friedensschluß kommen neue Territorien hinzu; aber was so entsteht, ist ein tausendfach zersplitterter Staat und enthält Zündstoff zu immer neuen Konflikten. . . . Aller Partikularismus der einzelnen Territorien . . . fand in den einzelnen ständischen „Landtagen" seine verfassungsmäßige Stütze" (Spranger, Politik und Pädagogik, S. 152). Da lag es im natürlichen dringlichsten Interesse eines jeden Fürsten, die Untertanenschaft seines Territoriums zu einer möglichst gleichartigen Masse auszugestalten, von einheitlicher Mentalität getragen und von der des „Auslands" geschieden. Auch diesem Zwecke diente ausgezeichnet die Schule, in welcher nach einheitlichen Gesichtspunkten und Vorschriften und an Hand einheitlicher

Schulbücher in gleichartigen Formen eine einheitlich schablonisierte Untertanenschaft zusammengeschmolzen wurde. In richtiger Erkenntnis dieser Verhältnisse sagt Clausnitzer-Rubin (a. a. O.):

„*Da der junge preußische Staat aus den verschiedenartigsten Elementen zusammengesetzt* war (Brandenburg, Preußen, Hinterpommern, Magdeburg, die rheinischen Lande), so mußte es eine *Hauptaufgabe* des Regenten sein, *die* in nur lockerem Zusammenhang miteinander stehenden *Teile* durch *gemeinsame Interessen, Einrichtungen und Gesetze zu einem Ganzen zu verschmelzen*." — *Darum* erließ Fr. W. I. gleich im Jahr des Regierungsantritts seine „Gymnasien- und Schul-Ordnung". Sie ist inhaltlich rein kirchlich abgestellt: „nach Anleitung des zu Berlin recipirten heydelbergischen Catechismi", der das Monopol für alle Kirchen und Schulen erhielt (Vereinheitlichung der Konfession!): Die Rektoren und Lehrer (auch der Lateinschulen) „haben darauf zu sehen, daß die Jugend fleißig den öffentlichen Gottesdienst besucht", wohin sie in corpore geführt wurde, und auch „wohl darauf zu sehen, daß sie selbst durch einen ordentlichen Christlichen Wandel der Jugend ein gut Exempel geben."

Was ihnen gelehrt wurde, das bestimmte aber nunmehr der Staat als Schulherr selbst und konnte da (neben der natürlich in erster Linie stehenden Religion) alles hineinbringen, was er bei seinen Untertanen wünschte. Auf sonderliche Entfaltung der geistigen Fähigkeiten wurde dabei freilich weniger gesehen. Die Kabinettsorder Friedrichs II. vom 9. September 1779 dürfte so ziemlich der allgemeinen Auffassung in den fürstlichen Kreisen entsprochen haben, in der es heißt: „Sonst ist es auf dem platten Lande genug, wenn sie ein bißchen lesen und schreiben lernen; wissen sie zu viel, so laufen sie in die Städte und wollen Sekretärs und so was werden; deshalb muß man auf'm platten Land den Unterricht der jungen Leute so einrichten, daß sie das Notwendige, was zu ihrem Wissen nötig ist, lernen, aber auch in der Art, daß die Leute nicht aus den Dörfern weglaufen, sondern hübsch dabeibleiben" (zitiert bei Spranger, Politik und Pädagogik, S. 295).

In gleichem Sinne sagen des Ministers Zedlitz „Betrachtungen über den gegenwärtigen Zustand der öffentlichen Schulen und die Möglichkeit, sie dem bürgerlichen Leben angemessener und nützlicher zu gestalten": „Die bisherigen Schulen sind unzeitgemäß, weil sie *keine brauchbaren Untertanen erziehen*". Das Heilmittel sei, „jeden Schüler gemäß seiner Bestimmung zu unterrichten und ihm nicht mehr und

nicht weniger zu lehren, als das, was er in seinem künftigen Lebenskreise wissen muß und verwerten kann" (ebd. S. 294).
Dagegen suchte man die Kinder tunlichst in solchen Fähigkeiten und Fertigkeiten zu schulen, die für den *Staat* von Interesse waren.

Was den *Kindern als solchen* nützlich zu tun und treiben wäre, das existierte für die Schule nicht. Viel wünschenswerter, als patriotische Geschichte, als Ueberfütterung mit religiösem Gedächtnisstoff, selbst als Lesen und Schreiben wäre z. B. etwa Unterweisung über den menschlichen Körper und seine Organe und ihre Funktionen, die häufigsten Erkrankungen und zweckmäßiges vorläufiges Eingreifen bei solchen und bei Unglücksfällen gewesen. Ferner einiges über das Wesen und Leben der Pflanzen und Tiere, namentlich rationelle Pflege der Haustiere auf dem Lande. Ferner Heimatkunde, Zeichnen, Schneidern u. dergl. mehr. Aber all dieses hatte (und hat noch heute) für den *Staat* ja kein Interesse, demgemäß auch nicht für seine Institute, die Schulen.

Andererseits wurde der Schuljugend alles *verboten*, was *ihre natürlichen Triebe und Bedürfnisse* sie zu tun hießen. Die Heidelberger Schulordnung von 1587 verbietet das Baden im Neckar, das Schleifen (Schliddern), Schlittenfahren und Schneeballen, bei Androhung körperlicher Züchtigung im Uebertretungsfalle; ebenso heißt es in den Gesetzen des Geraer Gymnasiums von 1608 (die bis 1780 auf hölzernen Tafeln in der Aula desselben hingen): „Das Belegen mit Spitznamen wird mit Karzer und Stockhieben bestraft (!) ... Die Schüler sollen nicht fischen, vogelstellen, nicht in Flüssen und Teichen zur Sommerzeit sich baden, noch schwimmen, wegen Gefahr des Leibes und der Seele (!), auf dem Eise nicht huscheln und nicht fahren, nicht schnellballen" (Bracken, S. 69 und 70). In den Schulgesetzen des Rektors Valentin Friedland aus Trotzendorf (1563), lautet das 18. Gesetz: „Sie sollen weder Sommers in kaltem Wasser baden, noch Winters sich dem Eise anvertrauen oder mit Schneeballen werfen." Ebenso verbietet es die Strafiburger Schulordnung, „ut pericula vitentur, cujusmodi multa sund in digladi ando, natando, poscando, venando" (Schmid II, 2, S. 297). Sogar der verständige Arnos Comenius (Komensky) führt in den „Präcepte morum" III, 783 als verbotene Spiele neben Würfel- und Karten-Spielen auch Klettern, Ringen, Fechten, Faustkampf und Schwimmen „und andere zwecklose, gefährliche und den Anstand verletzende Dinge" auf (Schmid III, 2, S. 248).

Für die staatliche Schule war (ist und wird immer sein) eben nur das der Beachtung wert, was geeignet ist die Schüler zu *guten und bequemen Untertanen* zu machen. Und nur unter diesem Gesichtspunkt hatten und haben auch die Schulen Interesse für den Staat. Die Jungens *sollten* eben Stubenhocker, verschüchterte, befangene „Nulpen" werden! Das gibt die besten Untertanen!

Staatliche Volksschulen.

Die *Kosten* der Schulunterhaltung wußte sich der Staat meist trefflich abzuhalsen. Da es sich in erster Linie um ein kirchliches Interesse handelte, so sah er es als durchaus angemessen an, daß die Schulmeisterei von den Funktionären der Kirche, den Küstern oder gleichstehenden Pfarrergehilfen nebenamtlich gehandhabt wurde. Ja er schlug wohl gern zwei Fliegen mit einer Klappe, indem er seine Verfügungsgewalt über die Schulorganisation nun dazu benutzte, um Personen, die er selbst sonst irgendwie zu alimentieren gehabt hatte, durch diese Tätigkeit zu versorgen. So hat Friedrich II. sie bekanntlich planmäßig als Ablagerungsstätte für Invaliden seines Heeres verwendet. Die übrigen Lasten wurden hauptsächlich den Gemeinden und ergänzend den Eltern der Schüler aufgepackt. Besonders gewandt darin war Friedrich Wilhelm I. — „sein Christentum durfte nicht teuer sein" sagt Spranger (Politik und Pädagogik, S. 160) —: Nach dem Regulativ von 1736 gab der König dem Schulmeister — was ihm nichts kostete! — freies Bau- und Brennholz, einen Morgen Land und Steuerfreiheit vom Kopf- und Horn-Schoß. Die Gemeinde mußte als Schulsozietät für Errichtung und Erhaltung des Schulgebäudes und Naturallieferungen an den Lehrer sorgen. Die einzelnen Bauern hatten ebenfalls Naturalbeiträge zu leisten, nach den verschiedenen Stufen ihrer Hörigkeit. Die Kirche mußte ihm für seinen Kirchendienst vier Thaler, den Ertrag des zweiten Klingelbeutels und Gefälle aus Konfirmationen und Hochzeiten gewähren. Endlich hatten die Eltern 15 preuß. (oder 4 „gute") Groschen für jedes Kind zu entrichten. Dem Lehrer selbst wurde gestattet, ein Dorfhandwerk zu betreiben und in der Ernte sechs Wochen auf Tagelohn zu gehen.

Aus diesen Gesichtspunkten heraus entstanden die staatlichen Volksschulen, zunächst rein als Propagandastätten der lutherischen Bewegung: „In den ersten Dezennien dieser Periode war die deutsche Volksschule nichts anderes, als eine an die Katechismuspredigten angeschlossene Katechisation, welche der Pfarrer zu bestimmter Zeit mit den Kindern, sowie mit anderen Gemeindemitgliedern, namentlich Dienstboten, in der Kirche vornahm" (Dr. H. Heppe „Geschichte des deutschen Volksschulwesens". Gotha, F. T. Perthes, 1858, S. 15). In den ältesten (protestantischen) Kirchenordnungen wird demgemäß auch angeordnet, z. B. in der lübeckischen von 1531: „Der Dorfküster soll auch dem jungen Volk den Katechismus helfen besonders lehren, nach Befehl des Pfarrers, und soll auch fleißig dem Volk christliche Gesänge lehren". Ebenso in der Pommerschen von 1535: „Auf jedem Dorfe soll ein Pfarrherr sein, der da halte einen bescheidenen Küster, der ihm helfen könne, den Katechismus lehren in der Kirche oder im Hause, wo es ihm der Pfarrherr verordnet". Analog in der Hessischen von 1537: „Opfermänner sollen die Superintendens, mit Rat, Wiesen und Willen der Pfarrherren und Pfarrkinder jeden Orts bestellen nach Gelegenheit. Es soll aber mit nichten gelitten werden, daß die Opfermänner heimliche oder öffentliche Lehre treiben, sie wären denn hiezu tauglich von dem Superintendens und Synode angesehen und zum Predigen verordnet." — Die Lippische von 1538: „Die Küster auf den Dörfern, da keine Schulen sind, sollen des Sonntags zu Mittag die Kinder und die Jugend, so zur Lehre bequem sind, zusammenfordern und den kleinen Katechismus D. Martini langsam und beständig vorlesen." — Im Meißnischen Visitationsabschied von 1540 heißt es: „Die Kirchner sollen die Kinder fleißig lehren singen und, wo sich's leiden will, die Zehn Gebote, Vater Unser und den kleinen Katechismus der Jugend vorsagen." — In den Sächsischen Generalartikeln von 1557: „Die Dorfküster sollen verpflichtet sein, alle Sonntag nachmittags und in der Woche auch auf einen gewissen Tag die Kinder den Katechismus und christliche Gesänge mit Fleiß und deutlich zu lehren." — Analog in der Brandenburgischen Kirchenordnung von 1572 u. a.

Dabei herrschte im allgemeinen der Grundsatz amtlicher Nötigung mit Strafbestimmungen gegen pflichtvergessene Eltern.

Durchweg finden wir in den Kirchenordnungen evangelischer Fürsten die religiöse Jugendpflege so organisiert, daß die überall ja vorhandene Hilfskraft des Pfarrers, Küster, Meßner, Kirchendiener, Glöckner, Sigrist, Opfermann oder wie sie nach Landesbrauch nun hieß — unter der Autorität des Pfarrers die Jugend zu unterweisen hatte, und zwar hatte sie ihr insbesondere den Wortlaut des Katechismus sowie eine größere Anzahl von Liedern des Gesangbuchs nach Text und Melodie einzuprägen, welch letztere die Kinder dann meist am Sonntag als Kirchenchor zu singen hatten. Gesangbuch und Katechismus waren demnach auch die einzigen „Schulbücher". (Bezeichnend ist, daß heute noch im Dialekt der Stromer und Landstreicher der Ausdruck „Vaterunsermacher" das Wort für „Lehrer" jeder Art ist.) Von Methode war gar keine Rede: „Die Schulkinder setzten sich meist ebenso regellos, wie sie kamen, in der Schulstube zusammen, wo der Schulmeister — der, ohne daß es Anstoß erregte, während des Unterrichts zugleich sein ehrsames Handwerk trieb, — die Schüler nacheinander hervortreten und sie einzeln ansagen ließ oder sie verhörte (Heppe, S. 34). Im übrigen standen alle Vorschriften meist nur auf dem Papier und der Besuch war höchst ungeordnet.

Ein Irrtum ist es, daß diesen Unterweisern auch Unterricht im Schreiblesen und Rechnen aufgetragen wurde. So ordnet zwar die Württembergische Kirchenordnung von 1559 an, „daß daselbst teutsche Schulen zusammen mit den Meßnereien eingerichtet und darauf zur Versehung der teutschen Schulen von unseren verordneten Kirchenvätern geschickte und zuvor examinierte Personen, so *Schreiben und Lesen* wohl berichtet, auch die Jugend im Katechismus und Kirchengesang unterrichten könnten, verordnet werden". Das bedeutet aber offensichtlich durchaus nicht, wie Paul Barth (a. a. O. S. 271) interpretiert, „die Umwandlung der blos religiösen Küsterschule (Meßnerei) in eine „deutsche Schule", die außer den religiösen Stoffen auch Lesen und Schreiben und, wie aus den a. a. O. folgenden Bestimmungen hervorgeht, wenn irgend möglich noch Rechnen *lehren* solle". Sondern es bedeutet lediglich, daß der bisher wohl zum Teil faktisch bestehende Zustand einer mit der Meßnerei (Wohnung und Amtszimmer des Küsters) verbundenen „Küsterschule" zum religiösen Unterricht der Jugend nunmehr allgemein und pflichtgemäß gemacht würde, und daß darum als Küster nur solche Personen angestellt werden sollten, welche sich darüber auswiesen, daß sie *ihrerseits* lesen und schreiben konnten (um an Hand der Drucktexte kontrollieren zu können, daß sie auch der Jugend den korrekten Wortlaut einprägten). Genau so wird in den „folgenden Bestimmungen", d. h. der Kursächsischen Schulordnung von 1580, wie Barth ehrlicher Weise selbst zugestehen muß, „das Rechnen zwar als Gegenstand des Examens, das der künftige Schulmeister vor dem Superintendenten abzulegen hat, aber nicht als Schulfach genannt". (Der Küster brauchte nämlich das Rechnen in kirchlichen Angelegenheiten: Kollekte, Schulgeldeinsammeln usw.!) Trotzdem folgert Barth naiv, daß sogar in den württembergischen Schulen", wenn irgend möglich, noch Rechnen gelehrt werden soll". Da nun überdies der Schulmeister hier angewiesen wird, auch die Jugend aus benachbarten Dörfern, „so nicht seine Schulkinder sind", mit heranzuziehen, so kommt Barth zu der naiven Schlußfolgerung: „Damit ist in einigen protestantischen Ländern die allgemeine, nicht mehr ausschließlich religiösen, sondern auch weltlichen Unterricht bietende Volksschule im Prinzip eingeführt, wenn auch wohl noch nicht durchgeführt". Und ebenso treuherzig naiv schreiben alle anderen Historiker der reformatorischen Bewegung und den sie unterstützenden Landesfürsten das Verdienst der Einführung eines allgemeinen Unterrichts der Untertanen zu, so Schmidt (II, S. 203): „Damit war die Volksschule in ihrer ursprünglichen Gestalt tatsächlich ins Leben gerufen". Quid volumus, credimus libenter.

Der Ausdruck „Volksschule" erscheint überhaupt erst im 19. Jahrhundert, weil da erst das Volk „als homogene Einheit, als im staatsbürgerlichen Rechtsstaat geeinte Nation auftritt", jetzt erst der Begriff einer für alle Berufe und Stände gleichartigen Bildungsanstalt versändlich wird (Spranger „Der Zusammenhang von Politik und Pädagogik in der Neuzeit" in „Deutsche Schule", J. Klinkhardt, Leipzig-Berlin, Jgg. 1914, S. 73).

Die katholische Kirche hatte an sich kein Bedürfnis nach einer allgemeinen religiösen Unterweisung der Kinder. Diese waren ja den Eltern gegenüber zu Pietät und Gehorsam verpflichtet, deren Zucht- und Strafrecht in der Praxis ziemlich unbeschränkt war. Die Erwachsenen aber hatte die Kirche durch die Ohrenbeichte und andere Einrichtungen genugsam an der Kandare, so daß sie auch der Kinder indirekt sicher war. Aber in dem Maße, wie der Protestantismus allgemeine Volksunterweisung einführte, sah sich die katholische Kirche doch veranlaßt, ihr ein Paroli zu bieten. Namentlich in Ländern, wo der Kampf zwischen den beiden Parteien lange hin und her schwankte — wie in Frankreich, wo sich Dezennien hindurch nicht übersehen ließ, ob es in Zukunft katholisch oder evangelisch sein werde, und der König je nach dem Wechsel der Majorität immer abwechselnd zu der einen und anderen Konfession übertrat! — konnte sie der Werbetätigkeit des Protestantismus nicht mit verschränkten Armen zusehen. Es war dieselbe Situation, wie wir sie auf parteipolitischem Gebiete vor einem Menschenalter in Deutschland erlebt haben, wo die alten „vornehmen" und „demokratischen Wahlkämpfen" an sich höchst abgeneigten Rechtsparteien — Konservative,

Nationalliberale, Reichspartei — durch die intensive und erfolgreiche Massenagitation der Sozialdemokraten nach Fallen des Sozialistengesetzes sich widerwillig genötigt sahen, auch ihrerseits Volksversammlungen abzuhalten und zum Stimmenfang „auf die Dörfer zu gehen".

Die Hilfstruppe, welche sich in den katholischen Landen dieser Aufgabe widmete, war der ja ausdrücklich zu Zwecken der Gegenreformation gegründete *Jesuitenorden*, besonders ihr „Collegium Romanum". Dem Katechismus Martin Luthers stellte er den großen und kleinen Katechismus des Peter Canisius entgegen, der in allen katholischen Gebieten von den Pfarrern und Küstern zuerst den Erwachsenen zusammen mit den Kindern, später den Kindern allein gelehrt wurde. In solchen Gebieten, wo sich später in den evangelischen Unterrichtsorganisationen Unterweisung in Lesen und Schreiben dazu gesellte, führten auch die Jesuitenschulen dies durch. Auf Veranlassung des Papstes Pius V. erteilten sie in ihren Kollegien einen unzweifelhaft guten Unterricht, zu dem sie auch die Kinder protestantischer Eltern bereitwillig zuließen. Ja, sie gewährten mittellosen Schülern auch Nahrung und sogar Kleidung! Auf diese Weise gelang es ihnen vielfach, in protestantischen Kreisen wieder Ueabertritte zu bewirken.

In erster Linie diese Umstände waren es, welche Johann Georg von Brandenburg zur Organisierung des staatlichen Schulunterrichts, auch auf dem Lande, bewogen.

Es handelte sich im ganzen bei der „Schule" des Patrimonialstaates in den ersten etwa zwei Jahrhunderten nach der Reformation kaum um mehr, als daß in den protestantischen Staaten die Regierung aus Zweckmäßigkeitsgründen die allgemeine Unterweisung des Volkes in der Landeskonfession übernahm und die katholischen Staaten dies mehr oder weniger nachahmten. In den protestantischen Staaten war der Landesfürst nun auch Inhaber des kirchlichen Regimentes. Veit Ludwig von Seckendorf, der bekannte Gelehrte und Staatsmann, konstatiert in seinem „Teutschen Fürstenstaat" (Frkf. a. M., 1660, S. 197, zitiert bei Barth, S. 351), „daß seit dem Westfälischen Frieden 1648 die Landesherren des protestierenden Teils . . . nebenst dem weltlichen auch das geistliche Regiment ... zu führen haben", was, wie er S. 25 f. darlegt, de facto schon seit der Reformation, also über ein Jahrhundert ausgeübt worden sei. Die *Schulen* aber „werden billig vor *Werkstätten und Vorbereitungsörter der christlichen Kirchen* geachtet, auch deren Verordnung und Bestellung vor eine Verrichtung des geistlichen Regimentes, dabei gleichwohl auf den ferneren Zweck, nämlich die

Unterrichtung in anderen nützlichen Dingen und Wissenschaften, auch mit gesehen“ (zweiter Teil des (nicht paginerten) Kap. 14, vgl. Barth, S. 361). Luther noch hatte an den „christlichen Adel deutscher Nation“, d. h. die Landesherren der neuen Territorialstaaten, nur in dem Sinne petitioniert, daß sie in ihrer Eigenschaft als *Christen* ihre einflußreiche Stellung benützen müßten, um der Kirche in ihrer Notlage zu helfen. Aber „der Landesherr betrachtete sein Landeshoheitsrecht als ein *Regal*, erst in zweiter Linie als seine Christenpflicht“: er „sieht es für seine Aufgabe an, für das Seelenheil seiner Untertanen zu sorgen, das enthält eine *Erweiterung des bisherigen Machtbereichs*; denn Religion umfaßte damals noch Sitte, Geistesleben, Kulturleben, überhaupt), ferner für die Reinheit der Lehre wachsam zu sein . . . . Eine Art von theokratischer Auffassung findet sich hier vertreten. Die *Schule* ist *ein für das Seelenheil bestimmtes Institut*. Auch die Wissenschaften . . . sind nur wertvoll als Hilfsmittel für die Kenntnis der Bibel“ (Spranger, „Politik und Pädagogik“, S. 20). Das führte zu dem, den Interessen des Landesherrn äußerst förderlichen Grundsatz, daß Schulen, gleichviel von wem sie eingerichtet sein mögen, dem juri episcopali und der landesobrigkeitlichen Aufsicht unterworfen seien. Auch die ganze Reglementierung des Schulwesens — Anordnung des Lehrplans, Revisionen, Fixierung des Schulgelds, Strafgelder (für Schulversäumnisse usw.) und besonders die spartanische Schuldisziplin — bedeutete praktisch eine gewaltige *Verstärkung der Staatsidee* und ihrer direkten Einwirkung auf das Volk. Im preußischen Generalschulreglement (zitiert bei Spranger, „Politik und Pädagogik“) heißt es: „Es ist „unser ernster und fester Wille, daß sie ihre Kinder während des Schuljahres unter keinerlei Vorwand von der Schule abhalten, vielmehr selbige in solcher Zeit ansehen müßten, *als wenn sie mehr dem Staate denn ihnen gehörten*“!!

Der „Bet-Ernst“.

Die ersten großen beiden Vorbilder solcher — noch als Anhang der Kirchenordnung erlassenen — Schulordnungen sind die *Kursächsische* von 1528 von Melanchthon und Luther und die *Straßburger* von 1538 von Johannes Sturz; dazu drittens die (durch letztere großenteils angeregte) *Württembergische* von 1559. Diese weist schon ein beachtenswertes Maß staatlicher Zentralisierung auf, Uniformierung des Kirchen- wie Schulwesens und Beteiligung weltlicher Staatsbeamter. Dann aber bedeutet einen Markstein der Entwicklung der *Gothaische* „Schulmethodus" von 1642.

Der 30jährige Krieg hatte den Unterweisungen der Jugend so ziemlich den Garaus gemacht. Küster, die des Lesens und Schreibens kundig waren, gab es überhaupt kaum noch. Dies gab dem Herzog Ernst von Gotha den Anstoß einzugreifen. Er war ein Frömmler ersten Ranges. Selbst der Prälat Schmid berichtet von ihm (nach Ehrenfels II, S. 33): „Sein Hof glich einem Kloster, da kein Tag ohne Besuch des Gottesdienstes oder eine Betstunde, teils in der Kirche, teils in den Gemächern, hinging. Keine Reise war so eilig, daß der Gottesdienst darüber versäumt wurde. So bekam er den Spitznamen „Ernestus Precator" („der Bet-Ernst") und scheint noch stolz darauf gewesen zu sein". Nach Uebernahme der Regierung ging er alsbald an die Erneuerung des Geistes im Lande. „Als vornehmstes Mittel hierzu erkannte er die Erneuerung sittlicher Zucht und die Wiederherstellung wahrer Gottesfurcht durch planmäßige *Unterweisung* im *Christentum*" (Schmid, IV, 1, S. 26). „Grundursache der allgemeinen Verderbnis ist — dieser Satz des Herzogs war der Ausgangspunkt — der Mangel an Religionsunterricht und die Fehler desselben. Man muß in allen Dörfern und Städten eine erste teutsche Schule errichten, in der der Religionsstoff nicht nur eingelernt, sondern auch erklärt würde" (ebd. S. 17), und zwar plante er dies „zugleich mit *katechetischer Unterweisung und Prüfung aller Untertanen überhaupt*, worüber viel gespottet wurde (Heppe). Damit wurde es nun zwar nichts, aber sein „Schulmethodus" führte nun tatsächlich zum ersten Male den *Schulzwang* ein für alle Kinder im Herzogtume *vom 5. bis zum 12. Lebensjahre*, unter Androhung strenger Strafen für „halsstarrige" Eltern. Die Kinder hatten täglich vormittags, wie nachmittags je drei Unterrichtsstunden; nur der Samstag (und in den Städten auch Mittwoch) nachmittag blieb schulfrei. Der Schulmethodus war die erste Verordnung, welche als *selbständiges Staatsgesetz* (nicht mehr als Anhängsel einer Kirchenordnung) erschien, womit zum ersten Male ausgesprochen war, daß die Schule eine eigene Abteilung der Staatsverwaltung und *reine* Staatsangelegenheit sei. Schließlich sind darin — neben dem, natürlich an erster Stelle stehenden und weit überwiegenden religiösen Stoff — *erstmalig auch die Realien* berücksichtigt (wennschon in inniger Verbindung mit der Religion); namentlich wird hier auch *zum ersten Mal das Rechnen zum Pflichtfach* gemacht (Kap. 10).

Es bleibt aber nicht bei den Vorschriften für den Schulunterricht selbst, sondern im Jahre 1654 erschien dann ergänzend noch eine „Kurtze Anleitung, wie die gemeine Schuljugend fürnehmlich in und außer den gewöhnlichen Schul-lectionibus sich zu verhalten“[6], in welcher ihr *gesamtes Privatleben geregelt* wird: Beim Aufwachen sollen sie sich mit dem Kreuze segnen, beim Ankleiden laut einen christlichen Morgengesang singen, dann dem Morgensegen mit Katechismus, Gebet, Sprüchen und einem Kapitel aus der Bibel beiwohnen. Ebenso wird das Mittagessen, das Spielen, Abendessen, Schlafengehen, das Verhalten während des Sonntags usw. genau vorgeschrieben. Selbstverständlich ist auch hier wieder das Baden und Schwimmen als gesundheitsschädlich und lebensgefährlich streng untersagt (Schmid, IV, 1, S. 46; Heppe a. a. O., namentlich auch Dr. Brügel (Nagold) „Herzog Ernst der Fromme von Gotha“ in den „Pädagogischen Blättern“, Hgb. Karl Muthesius, Gotha, E. F. Thiemann. Bd. XXXI 1902, S. 1 ff.).

Mit diesem Gesetz war zuerst eine deutsche Volksschule entstanden.

Freilich war in gewissem Sinne Weimar schon vorausgegangen, dessen — vom Hofprediger Kromayer ausgearbeitete — Schulordnung von 1619 die erste war, die als selbständiges Staatsgesetz, nicht mehr lediglich als Anhang einer Kirchenordnung erschien und ebenfalls den Schulzwang schon aussprach. Ihr erster Satz lautete: „Es sollen, soviel möglich, alle Kinder, Knaben und Mägdlein, mit allem Ernst zur Schule gehalten werden, damit sie je zum wenigsten neben dem heiligen Katechismo, christlichen Gesängen und Gebeten, recht lernen lesen und schreiben.“ Die praktische Durchführung blieb aber hier stark hinter dem Papier zurück. Sie war überhaupt überall schwierig und lückenhaft, namentlich wo die Jugend den adligen Gutsherren dienstpflichtig war.

Nachdem nun Gotha mit so eindringlicher Durchführung des Schulprinzips auf den Plan getreten war, folgten jetzt schnell 1649 Württemberg, 1651 Braunschweig, 1652 Magdeburg, 1656 Hessen, 1658 Hanau, 1659 Bayern und andere Staaten; Brandenburg-Preußen erst 1717 und Sachsen gar erst 1763/5. In Preußen blieb sie überdies — trotz der angedrohten „nachdrücklichen Straffe“ für jeden, „welcher seine Kinder etwa davon abhält oder sie nicht fleißig zur Schule schickt“ (Spranger, S. 7) ziemlich auf dem Papier stehen, bis sie Friedrich Wilhelm I. durch sein „Principia Regulativa“ von 1736 und das General-Landschul-Reglement von 1736 in die Praxis überführte. — In einem gewissen Abstand hinter

6 Von 1657 ab in den „Schulmethodus“ mit aufgenommen.

den protestantischen Territorien kamen dann auch die katholischen, so Oesterreich unter Josef 1781.

Der Pietismus.

Wennschon somit in den deutschen Ländern nunmehr eine formell und offiziell rein staatliche Volksschule eingerichtet war — im Ausland blieb es meist noch lange bei einer überwiegend religiösen Unterweisung der Jugend durch religiöse Gemeinschaften (so in Frankreich der Doktrinarier bzw. Ursulinerinnen und namentlich der Jesuiten) — und wennschon die Aufnahme von Realien neben dem rein religiösen Lesestoff offiziell sichergestellt war, so blieb doch auch im deutschen Gebiet der Schulunterricht ganz und gar vom kirchlichen Geist durchdrungen. Dies wurde noch wesentlich stärker, als sich in gewissem Gegensatz zu der in der Landeskirche immer mehr Geltung gewinnenden verknöcherten Orthodoxie und scholastischem Dogmatismus und Ausbildung eines veräußerlichten Kirchentums der auf individuelles gefühlsmäßiges Seelenheil hinarbeitende, aber auch desto feindseliger jeder individuellen Bildung gegenüberstehende *Pietismus* sich ausbreitete und an maßgebenden Stellen Herrschaft gewann, wo man der Ausdehnung solchen Geistes in der Volksschule aus begreiflichen innerpolitischen Tendenzen heraus nur gern entgegenkam. Die vom Pietismus propagierten Tugenden waren wie ausgeklügelt diejenigen, die den *Fürsten* bei ihren Untertanen erwünscht sein mußten. Benjamin Franklin faßt in seinen (bei Sombart „Der Bourgeois", Duncker & Humblot, Leipzig-München 1913, S. 154 f., auszugsweise wiedergegebenen) Memoiren folgende Haupt-Bürgertugenden, denen er nachzuleben strebt, zusammen: Mäßigkeit, Schweigen, Ordnung, Entschlossenheit, Genügsamkeit, Fleiß, Aufrichtigkeit, Gerechtigkeit, Mäßigung, Reinlichkeit, Gemütsruhe, Keuschheit und Demut. Sie entsprachen ungefähr auch dem sittlichen Ideal des Pietismus, der sie entsprechend religiös untermauerte. Spener (1635—1705) brachte die Katechesierungen wieder in Aufnahme, die schon in vielen süddeutschen Gebieten aufgenommen, nach seiner Berufung zum Oberhofprediger in Dresden durch sächsischen Landtagsbeschluß für das ganze Kurfürstentum eingeführt wurden; und im gleichen Geiste wurde Aug. Herm. Francke (1663-1727), der Gründer des Waisenhaus- und Armenschul-Wesens in Preußen, maßgebend, während er in etwas maßvollerer Art in Württemberg das Kirchenregiment selbst für sich gewann. In Preußen stand namentlich Friedrich Wilhelm I. unter seinem Geist. Die byzantinische Legende hat den preußischen Soldatenkönig ganz besonders zum „Vater der Deutschen Volksschule" gestempelt. Man bedarf wohl keiner großen psychologischen Einsicht, um sich zu sagen, daß dieser roheste und ungebildetste Patron, der je auf einem Hohenzollernthron gesessen hat, — dessen einzige Freude seine „langen Kerls", dessen einzige „geistige" Erquickung die derben Späße des Tabakkollegiums waren, — der mit dem ingrimmigen Ressentiment des beschränkten Kopfes jede Spur von Bildung verachtete, haßte und verfolgte, wo er sie fand, seinem begabten Sohne dessen Bildungsbedürfnis geradezu aus dem Leib zu prügeln suchte, — daß nicht ausgerechnet dieser üble Banause den Drang verspürt haben dürfte, bei den breiten Massen des von ihm beherrschten Volkes „die Bildung zu heben". Aber die Volksschule kam ihm wundervoll zu Paß als Institution zur planmäßigen Dressur bequemer und willfähriger Untertanen. Inhaltlich beschränkte sich diese „Schule ausschließlich auf eine flache Christenlehre; als „Lehrer" fungierten Dorfhandwerker und dergleichen, die lesen, schreiben meist selbst kaum konnten und vornehmlich die Pflicht hatten, Sonntags dem Ortspfarrer als Küster und Kantor, Kirchendiener und Glöckner dienstbar zu sein, und daneben während der kalten Monate von der Ernte bis zur Saat neben der oft gleichzeitigen Ausübung ihres Handwerks den Dorfkindern den Katechismus einzubläuen.

Der Pietismus züchtete eben alle „bürgerlichen Tugenden" und deshalb wurde er von den Fürsten allenthalben willkommen geheißen und insbesondere für den Schulbetrieb begünstigt. Noch zu Franckes Lebzeiten wurden denn auch in fast allen evangelischen Ländern in seinem Geiste Armenschulen und Waisenhäuser angelegt, Schulordnungen publiziert und Schulbücher gedruckt. Wie der Betrieb in den Halleschen Stitfungen war, besagt schon der Umstand, daß die Kinder darin täglich fünfundeinehalbe Stunde Religionsunterricht hatten, wozu dann noch jeweils zwei „Betstunden" kamen: (vgl. „Ordnung und Lehrart der Waisenhaus-Schulen" in „A. H. Franckes Pädagogische Schriften", hsgb. von G. Kramer, Langensalza 1876, S. 188—246, bes. S. 225). Schmid (IV, 1; S. 232) berichtet darüber: „Zur Schule müssen die Kinder nicht nur täglich vor- und nachmittags, sondern auch Sonntags vor und nach der Kirche kommen. Denn wenn sie, wie in den meisten Schulen gebräuchlich, Mittwoch und Sonnabends Feiertag" (d. h. den Nachmittag frei!) „haben und Sonntags hingehen mögen, wo sie wollen, so werden sie dadurch mehr zerstreut und oft sehr verwildert (!), daß die Präzeptoren genug zu tun haben, mit dem Anfang der Woche sie wieder in einige Ordnung zu bringen.

Der Hauptzweck der Schulen ist die Gottesfurcht (!). Deshalb wird mit ihnen nicht nur fleißig gebetet, sondern auch Gottes Wort und der Katechismus Luthers sowohl in der Kirche als Schule täglich getrieben.

Daher werden die Kinder täglich eine Stunde vor der Betstunde durch einen gewissen Katecheten im Katechismus unterrichtet und dann . . . in die Betstunde geführt.“ —

Die Schuldisziplin.

Wie es unter solchem Geist in anderen, gewöhnlichen Volksschulen herging, das läßt nachstehender, mit offenbarem Wohlgefallen gegebener Bericht Heppes über die musterhafte Schule eines Lehrers Stab in dem preußischen Dorf Kley erkennen:

„Die Kinder mußten ihm nicht nur ungefähr zur rechten Zeit in der Schule erscheinen, sondern auf den Glockenschlag; . . . . . es durfte auch nicht die allergeringste Unordentlichkeit an ihnen gefunden werden . . . . . Mit dem Glockenschlag begannen und endigten die Lektionen. Alles, was befohlen wurde, mußte auf den leisesten Wink und sogleich auf der Stelle geschehen. Alle Schüler mußten, sowie der Lehrer in die Schule trat, vor ihm langsam vorüberziehen und die Musterung passieren. Ein jeder hatte seinen, mit einer Nummer bezeichneten und mit zwei Strichen (!) abgemessenen Platz; nur auf diesen durfte er sich setzen. Kein Tisch, keine Bank, keine Tafel, keine Tabelle durfte nur im geringsten verrückt werden. Kein Buch, keine Schreibtafel, kein Tintefaß etc. etc. durfte anders angetroffen werden, als auf der ihnen ein für alle Mal angewiesenen Stelle. Die Schulgesetze mußten vom Größten bis zum Kleinsten auf‘s Genaueste befolgt werden; auch die allergeringste Uebertretung wurde sogleich bemerklich gemacht und gerügt . . . . Bei einer jeden Abteilung der Schule stellte er einen geübteren Schüler als seinen kleinen Untermeister an . . . . Sie mußten darauf achten, daß die ihrer Untermeisterei übergebenen Schüler ihre Bücher, Schiefertafeln etc. etc. vorschriftsmäßig bei sich hatten, mit denselben gut umgingen, ordentlich und rein erschienen und blieben . . . und sonst dem Lehrer zur Hand gehen . . . . . So lange sich der Lehrer mit den Geübteren beschäftigte, durfte schlechterdings kein Wort gesprochen, kein Geräusch gehört werden" (Heppe S. 232 f.).

Mußte da nicht jedem preußischen Unteroffizier das Herz im Leibe lachen? Selbstverständlich aber herrschte in dieser „Schule" vollkommen die Prügelpädagogik, wie man sie von den früheren kirchlichen Schulen her gewohnt war. Luther war zwar selbst so hart und streng erzogen worden, daß man denken sollte, er hätte ein Haar in solcher „Erziehung" gefunden: „Wegen einer armseligen Nuß hatte ihn einst seine Mutter blutig geschlagen (!) und sein Vater züchtigte ihn einstmals so, daß er ihn floh, ihm feind wurde und sich nur nach und nach wieder an ihn gewöhnte". Und doch eifert er gegen die „Verzärtelung der Kinder" . . . : Die Kinder seien nur zu geneigt, Böses zu tun (!), weshalb es eine Sünde (!) der Eltern sei, ihnen nicht zu wehren und die Strafe zu unterlassen. Leute, die dies tun, würden die Sünden der Kinder tragen, als hätten sie diese selbst begangen (!); es sei ein greulicher Mord (!), wenn ein Vater sein Kind ungestraft lasse. Durch die Rute errette er des Kindes Seele von der Hölle (!) . . . Diejenigen aber, welche ohne Strafe blieben, würden zu Buben und Meister Hans (der Henker) müsse sie mit der tötlichen Rute strafen (!)" (Boesch, S. 47/48). Und an anderer Stelle hat er „allen Eltern ans Herz gelegt", ihren Kindern die „geistige Salbe des eichenen Butterwecken" nicht vorzuenthalten" (Hauser, S. 20/21).

Solchen Lehren folgte denn auch die Lehrerschaft allenthalben nur allzu treulich nach: „Unaufhaltsames Prügeln, Drohen, Schimpfen, Fluchen, Vorwerfen körperlicher Gebrechen und dergl. galt als das wirksamste Mittel der Disziplin, der Belehrung und Erziehung, weshalb die Schule in der Vorstellung des Volkes und vor allem der Schulkinder durchaus als Zuchtanstalt, in der nur Brutalität und erbarmungslose Härte zu Hause war, aufgefaßt wurde" (Heppe, S. 37). Und über die Baseler Lehrer wird geklagt bzw. gefordert, „daß sie die Knaben nicht auf eine barbarische und henkerische Weise tractiren, ja nicht, wie bisweilen geschieht, Löcher in den Kopf schlagen, das Fleisch der Beeren an den Fingern solchermaßen zerquetschen, daß das Blut zwischen den Nägeln herausspritzt, oder Büschel Haare ihnen ausreißen oder sie sogar mit Füßen treten" (Fechter „Geschichte des Schulwesens von 1589 bis 1733", S. 33).

Die Behandlung war so, daß selbst die Schulordnungen zuweilen dagegen angehen mußten, nur freilich nicht wirklich durchgreifend. So verfügt die Eßlinger Schulordnung von 1548: „Der Lehrer soll seine Schüler nicht an den Kopf schlagen, sie weder mit Tatzen, Schlappen, Maultaschen und Haarrupfen, noch mit Ohrumdrehen, Nasenschnellen und Hirnbatzen strafen, sondern — allein ihnen das Hinterteil mit Ruten streichen". Die Nordhauser Schulordnung von 1583 z. B. aber schärft den Lehrern ausdrücklich ein, sie sollten sich des Stockes und der Rute nicht schämen, sondern die Schüler „weidlich ausfitzen".

Rute und Stock waren denn auch das stehende Symbol der Schule und des Lehrers und die Maler des 15. und 16. Jahrhunderts malen niemals einen Lehrer anders, als mit Rute oder Stock in der Hand (Hauser, S. 15). Im Ausland wars nicht anders: Auf dem Siegel einer englischen Schule aus der Zeit Eduards VI. ist ein Schulknabe abgebildet, der die Rute bekommt. Und Robert von Sorbonne zu Paris schrieb den Gebrauch des Stockes in der Schule ausdrücklich vor (Bracken, S. 70/71).

Daß diese rohe und rücksichtslose Unterdrückung des Kindes nicht etwa nur ein bedauerlicher Ausfluß der allgemeinen Rauheit der Zeit, sondern bewußte und gewollte Versklavung war, erkennt ein Fachmann, wie Kurt Kaser, an, wenn er („Geschichte Europas im Zeitalter des Absolutismus usw." — F.A.Perthes, Gotha 1923, S. 34) sägt: „Die Staatsgewalt — die keine Grenzen mehr anerkennen wollte — griff mit rauher Hand auch ins Privatleben ein, beschränkte auf's Peinlichste die persönliche Freiheit des Untertanen. *Ausgehend vom Gedanken, daß der Gehorsam der Kinder gegen die Eltern auch die Autorität des Souveräns befestige, wurde die elterliche Gewalt in einem Maße verstärkt, das in Tyrannei auszuarten drohte. Die Eltern wurden befugt, ihre ungeratenen Kinder einkerkern zu lassen.*"

In humoristischer Weise schildert das der bekannte niederdeutsche Prediger Johannes Sackmann (1648-1718) in seiner Leichenrede auf den Küster und Schulmeister zu Limmen, Michel Wichmann: „Erst kreeg he Oorfygen, herna Handsmette oder Knypkens, dann kreeg he eenen leddernen Aars vull, den tog he ööm ganz stramm in de Höögde, dat dat Hinnerkasteel ganz prall word, mit dem Stock vor de Boxen; nu wenn he et gar to grov maakt hadde, endlik eenen rechten met der Raude vor den blooten Steert . . . De Rauden hadde he vorher int Water leggt, dat se beter dörtrekken" (zitiert bei Boesch, S. 102/3).

Aber so humoristisch, wie es hier ausgesprochen wird, war denn doch die Sache nicht. Im „Freimütigen Jahrbuch der allgemeinen deutschen Volksschulen" I., S. 9, schreibt der Pädagoge Fr. H. Chr. Schwarz (1666-1737), viele Augenzeugen könnten berichten, „wie das Schlagen alsbald nach dem

Morgengesang in förmlicher Exekution wegen der Sünden des vorigen Tages die Weihe war, womit man den neuen Schultag anfing, und regelmäßig die Beendigung der Schule, um die neuen Sünden, die während der Schulstunden hinzugekommen waren, nun auch noch büßen zu lassen. Das gehörte in manchen Schulen so zur Ordnung, daß die Schüler immer zitterten und zagten, wenn das „Amen" des Morgengebetes herannahte. Denn dann sah man den Lehrer sich schon mit Stock und Rute rüsten ... Wir denken noch mit Schaudern daran, wie manchmal ein Knabe dazu verurteilt war, *Wochen lang jeden Morgen* mit dieser Exekution — (und das vielleicht entblößt) — den Zug der kleinen Missetäter anzufangen, bisweilen auch ihn zu beschließen" (zitiert von Heppe, S. 220).

Ein schwäbischer Schulmeister, Joh. Jac. Häberle, hat über die während seiner 51jährigen Amtstätigkeit von ihm ausgeteilten Prügel gewissenhaft Buch geführt. Er verzeichnet:

911 527	Stockhiebe,
124 010	Rutenhiebe,
20 939	„Pfötchen" und Klopfe mit dem Lineal,
136 715	„Handschmisse",
10 235	Maulschellen,
7 905	Ohrfeigen,
1 158 800	„Kopfnüsse",
22 763	„Notabene" mit Bibel, Katechismus, Gesangbuch (!) und Grammatik,
777	Knieen auf Erbsen,
613	Knieen auf einem dreieckigen Holz,
50 001	„Esel tragen",
1 707	Rute halten.

Dazu kamen dann noch einige Strafen besonderer Art, die Häberle im Einzelfall aus dem Stegreif erfand. („Pädagogische Unterhaltungen für die Erzieher und das Publikum", III. Jahrgg., IV. Quartal, S. 407. — Zitiert bei Heppe, S. 220/1 sowie bei Boesch, S. 102.)

Der Schulmann Balthasar Schuppius (1610—1661; Professor der Geschichte und Beredsamkeit) bezeichnete in seiner Schrift „Der deutsche Lehrmeister" die Schulen als *„privilegierte Mördergruben*, wo die Kinder noch sehr glücklich sind, wenn sie mit heilen Beinen herauskommen" (zitiert bei V.

Bracken, S. 76), und der bekannte Pädagoge Samuel Heinicke, Schöpfer des Taubstummen-Unterrichts, ruft aus: „Wenn ich einen *Hund* hätte, den ich liebte, würde ich ihn diesen *Bestien* nicht untergeben, geschweige denn einen Sohn“ (ebenda). Und es ist Bracken gern zu glauben, wenn er erklärt: „Die Fälle, die wir angeführt haben, sind nicht Einzelvorkommnisse. Man kann sie beliebig vermehren. In Geschichtswerken, Biographien, Schulordnungen und Akten liegt noch eine Unmenge von Nachrichten über die *barbarische Schulzucht* der vergangenen Jahrhunderte“ (S. 74).

Die Erlasse der *Behörden* nehmen freilich vielfach gegen diese Mißhandlungen Stellung. Aber sie hielten sich wohlweislich im Rahmen wohlaffektionierter Ermahnungen und waren weit entfernt davon, durch strikte konkrete Verbote oder gar Strafandrohungen eine wirkliche Remedur dieser sadistischen Ausartungen zu schaffen. Und da sie die Schulmeister offiziell mit Stock und Rute begabten und andererseits nachdrücklich Schul*disziplin* verlangten, so leuchtet ein, daß ihre „Vermahnungen“ nicht mehr als eine heuchlerische Beschwichtigung der Stimme des Publikums und evtl. des eigenen Gewissens waren. Auch in dem berühmten Gothaischen „Schulmethodus“ Ernst des Frommen, von dem Dr. Brügel sagt, daß seine „trefflichen Bestimmungen über die Zucht in einer rohen Zeit zuerst ein menschenwürdiges Verhältnis zwischen Lehrer und Schüler herstellen sollten“, heißt es: „Die Rute soll geziemend gebraucht werden“, nur „es soll nicht auf den Kopf oder in das Angesicht mit der Faust oder mit Büchern geschlagen werden“! Und in § 22 des Preuß. Schulreglements heißt es: „Die Disziplin muß weislich geschehen, so daß den Kindern die Eigenliebe als Quelle aller Sünden entdecket und ihre Abscheulichkeit gewiesen, der Eigensinn oder Eigenwille mit Fleiß gebrochen“ wird. (Beckedorff, „Jahrbücher“ II, S. 39.) Haben sich doch bis heute die deutschen Zentralbehörden nicht dazu aufgeschwungen, den Lehrern das körperliche Strafen von Schülern unter Androhung sofortiger Entlassung ohne Pensionsberechtigung glatt zu verbieten, was ein unverzügliches Aufhören aller Schülermißhandlungen zur Folge haben würde. Dem Staat ist eben unter allen Umständen die „Aufrechterhaltung der Autorität“ viel wichtiger, als das leibliche und seelische Wohl der Kinder!

Ist es verwunderlich, daß wir nach generationenlang erduldeter derartiger „staatlicher Schuldisziplin“ ein dermaßen verprügeltes unterwürfiges Volk mit Lakaienseelen geworden sind?

Die Toleranzidee.

Die Schule war nunmehr aus einer ursprünglich kirchlichen Einrichtung ein reines Staatsinstitut geworden. Das besagte aber nicht, daß sie mit dieser formal-juristischen Aenderung ihren religiösen Gehalt eingebüßt hätte. Im Gegenteil, es wurde bereits erwähnt, daß ein wesentlicher Beweggrund zur Ueberahme der Schule für den Staat der Gesichtspunkt gewesen sei, durch das Mittel der Schule der jeweiligen Landeskonfession mehr und mehr wirkliche Herrschaft im Volke zu verschaffen. — In vulgärpädagogischen Werken kann man nun lesen, wie mit der wachsenden Bildung und Zivilisation immer mehr die Toleranzidee den Sieg gewonnen und der Gedanke religiöser Neutralität des Staates allmählich in der staatsrechtlichen Theorie Fuß gefaßt habe, bis schließlich die Regierungen erkannt hätten, daß sie den einseitigen Charakter der Schulen zugunsten der Landeskonfession angemessener Weise mildern und die Bildungsinstitute interkonfessionell gestalten müßten. Vom Staate aus gesehen, lag aber der Ideenkonnex doch ein wenig anders: Die konfessionelle Einheitlichkeit der Staaten hatte sich trotz aller Bemühungen nicht durchsetzen lassen; die brutalen Verfolgungen Andersgläubiger und ihre oft massenhafte Auswanderung beeinträchtigte die politischen Interessen des merkantilistischen Staates, dessen intensivstes Streben ja dahin ging, den Bevölkerungsstatus tunlichst zu heben und namentlich fleißige und intelligente Arbeiter im Lande zu behalten. So trat dem Staat, namentlich in stark religiös gemischten Gebieten, immer lebhafter vor Augen, daß eine zielbewußte Bevölkerungs- und Industrie-Politik für seine Machtstellung wichtiger sei, als eine intransigente Kirchenpolitik, und daß er einen Weg finden müsse, um die erstere in den Vordergrund zu schieben.

Auf der Suche nach geeigneten und plausiblen Argumenten, um der Kirche und sich selbst gegenüber diesen Umfall zu rechtfertigen, stieß er mit Interesse auf die neuen „naturrechtlichen“ Ideen, nach welchen Staat und Recht nicht mehr als Ausflüsse der christlichen Offenbarung, sondern der allgemein-menschlichen Vernunft aufzufassen, demgemäß als natürliche allgemeingültige Einrichtung neutral über den verschiedenen Kirchen und Konfessionen zu stehen hätten, daß die Religion wohl ein pädagogisches Mittel zur Erziehung des Volkes sei, die Staatsraison aber über allen anderen Gesichtspunkten stehen und die Nützlichkeit das höchste und entscheidende Prinzip in der Politik sein müsse. Daraus ergab sich dann plausibel, daß das Staatsinstitut der Schule nicht mehr den Zweck des Seelenheils in die erste Linie zu setzen habe, sondern die Erziehung geeigneter Untertanen, die „schlechthin vom Interesse des vollkommenen Staates getragen sein“ dürfe (Konsistorialrat Dr. Heinrich Stephani „Grundriß der Staatserziehungswissenschaft“, Weißenfels und Leipzig, 1797).

Am deutlichsten tritt dieser Sachzusammenhang in *England* zutage: Hier hatte Jacob noch rücksichtslos die Vorherrschaft der — ihrerseits dafür den königlichen Absolutismus verfechtenden — Episkopalkirche durchzudrücken gesucht. Damit hatte er die Katholiken enttäuscht — er selbst war Katholik! — und zur „Pulververschwörung von 1605“ gebracht, die Prebyterianer aufs tiefste verletzt. Und als sein Sohn und Nachfolger Karl I. ebenfalls in seinen Bahnen wandelte, kam es zur Revolution und der Lord-Protektor Cromwell an der Spitze eines puritanischen Heeres wurde Herr von England. Es hätte nun eine konfessionelle Gegenaktion der neuen revolutionären Regierung nahegelegen. Aber der Cromwell persönlich nahestehende, seit 1645 als Staatssekretär amtierende fromme John Milton selbst entwickelte in einem Promemoria an das „Lange Parlament“ 1657 aus weisen staatspolitischen Gründen in Anbetracht der vielen dortigen Kirchen und Sekten das Prinzip der Trennung von Kirche und Staat —, mit echt politischem „cant“ aus dem protestantischen Glaubensbegriff heraus: Grundlage des Christentums sei die Bibel, ihre Auslegung aber Sache jedes einzelnen; demgemäß könne jede kirchliche Gemeinschaft ihre Auslegung festlegen und Dissentierende ausschließen, nur nicht gewaltsam bekämpfen. Der Staat aber habe alle neutral zu behandeln; nach Bayle sogar Juden und Mohammedaner, nach Locke selbst Heiden.

Zu diesen innerpolitischen Gesichtspunkten kamen auch noch wichtige außenpolitische: Gerade Cromwell zwar betrieb noch eine bewußt protestantische Außenpolitik (aus triftigen machtpolitischen Gründen: Einerseits gaben ihm die protestantischen Minderheiten in katholischen Staaten eine ausgezeichnete Handhabe, sich in deren Politik bestimmend einzumischen, andererseits wußte er durch das lockende Bild eines Zusammenhaltens aller protestantischen Staaten gegen die Macht des Papstes und der katholischen Großstaaten diese sich politisch zu attachieren und damit den Grund zu Englands Großmachtstellung in Europa zu legen). Aber gleiche außenpolitische Rücksichten mahnten die *fremden* Staaten, sich *nicht* mit einer Konfession zu identifizieren:

Ihre weltpolitische Aktionskraft blieb unverhältnismäßig freier und wirksamer, wenn sie als Staat religiös *neutral* waren.

Diese nüchternen machtpolitischen Erwägungen waren es, welche nunmehr den „Sieg des Naturrechts und der Toleranzidee" bewerkstelligten, und eine logische Konsequenz dieser neuen Einstellung des Staates war denn auch *die Neutralisierung der Schule*: wo der Staat sie in Händen hatte und nicht, wie England, prinzipiell die Erziehung als Privatsache behandelte.

Die Schulen des neueren Frankreichs.

In *Frankreich* herrschte zunächst noch ganz die Intoleranz der Gegenreformation: Auf Betreiben der (ganz kirchlich organisierten) Universität Paris verbot 1624 der höchste Gerichtshof, das „parlement", bei *Todesstrafe*, „irgendwelche Grundsätze abweichend von den alten Autoren zu lehren". Reformierte konnten in keiner Fakultät akademische Grade erwerben. Die Lehren von Descartes und Gassendi wurden streng verboten und unterdrückt. Die Studenten der Universität Paris mußten an jedem Tag einige Zeilen der Bibel auswendig lernen. — Man kann sich vorstellen, wie es im Mittelschul- und Elementar-Unterricht aussah, der, wie schon erwähnt, ganz in den Händen der Jesuiten usw. lag. Des eigentlichen Volksschulunterrichts, soweit man von einem solchen reden kann, nahmen sich namentlich die Doktrinarier und für Mädchen die Ursulinerinnen an, welche den Kindern Hand in Hand mit religiöser Unterweisung etwas Lesen und Schreiben lehrten (damit sie die religiösen Schriften lesen könnten). Die sogenannten „petites écoles", welche in den wenigen größeren Städten für Schulgeld von privaten „maîtres" gehalten wurden (analog den „Deutschen Schulen" in deutschen Städten) waren der Aufsicht des Kantors von Notre-Dame unterworfen, während der Staat nur darauf sah, daß sie ihre Unterweisung nicht über die Elementarfächer hinaus erstreckten und damit irgendwie den Kollegien usw. Konkurrenz machten.

Ludwig XIV. schützte das Jesuitentum und seine Tendenzen rücksichtslos, weil er in ihnen die unbedingten Vertreter seines radikalen Absolutismus fand, während er in anderen Richtungen — hauptsächlich in den Hugenotten — Gegner seiner politischen Machtgelüste sah. Aber ebenfalls aus politischem Interessenkonflikt begann gegen Ende des 18. Jahrhunderts der Zusammenbruch der Jesuiten in den romanischen Ländern: Zuerst in Portugal, dessen leitender Minister Marquis von Pombal, nach Abtretung Paraguays von Spanien an Portugal dort den bisherigen selbständigen Jesuitenstaat aufhob. Außerdem führte er im Interesse staatlicher Wirtschaftsautokratie ein schutzzöllnerisches Handelssystem durch, was von den im Besitz des Außenhandels befindlichen Jesuiten, welche den übelsten Handelspraktiken huldigten, maßlos bekämpft wurde, bis Pombal sie schließlich 1759 aus Portugal und all seinen Kolonialgebieten auswies. Da sie durch diese ihre Handelspolitik (insbesondere die unter Leitung des Pater Lavalette äußerlich scheinbar als Missionsunternehmen gemachten Gründungen und die damit verbundenen großen Mißbräuche, auch die wirtschaftlichen Interessen Frankreichs schädigten und überdies die allmächtige Marquise de Pompadour und ihren Günstling den Minister Coiseul befeindeten, hob auch die französische Krone 1764 den Orden auf und verwies die Mitglieder des Landes. In den nächsten Jahren folgten dann Spanien, Neapel, Parma.

Nun hatte, wie erwähnt, fast das ganze Schulwesen Frankreichs in Händen der Jesuiten gelegen. Mit ihrer Ausweisung — ihre Schulen wurden schon 1762 geschlossen — entstand ein Vacuum, das ausgefüllt werden mußte. Der Staatsanwalt am Parlement de la Bretagne, Louis René de Caradeur, unterbreitete daraufhin 1763 seinem Parlament einen „Essai d'Education *Nationale*" in dem es heißt:

„Wie hat man glauben können, daß Menschen, die auf den Staat keinen Wert legen, die gewöhnt sind, einen Mönch über alle Staatsoberhäupter zu stellen, ihren Orden über das Vaterland, ihre Regel und ihre Konstitution über die Gesetze, befähigt wären, die Jugend eines Reiches zu erziehen und zu unterrichten." *Die Erziehung ist allein Sache des Staates*: „Ich will für die Nation zurückverlangen eine Erziehung, die nur vom Staate abhängen soll, da sie ihm wesentlich gehört, da jede Nation ein unveräußerliches und unverjährbares Recht hat, ihre Mitglieder zu unterweisen, da endlich die Kinder des Staates von Mitgliedern des Staates unterwiesen werden müssen". (Bei Barth S. 373 zitiert nach der zweiten Ausgabe, Genf 1763, S. 18 u. 24.) „. . . So ist es durchaus notwendig, daß die Königliche Regierung eine Kommission einsetze, die die Lehrfächer aller Erziehungsanstalten, sowie auch die besten Methoden des Lesenlernens und des Sprachunterrichts zu bestimmen, die Lehrer zu ernennen oder für ihre Vorbildung zu sorgen und die Abfassung guter Lehrbücher zu veranlassen hätte" (a. a. O. S. 221 ff.).

Der Minister A. R. J. Turgot nahm seine Gedankengänge auf: In seiner Denkschrift von 1775 über die municipalités an den König führt er aus: „*Es gibt keinen Gemeingeist*, weil es keine sichtbaren und bekannten Gemeininteressen gibt." Um sie zu erzeugen, „dafür sei der erste und wichtigste Schritt die Bildung einer *nationalen* Unterrichtsbehörde („Conseil de l'Instruction Nationale"), die alle Unterrichtsanstalten, von den Elementarschulen (petites écoles) bis zu den Akademien zu leiten hätte". (Oeuvres de Turgot, Paris, 1844, S. 505 ff., zitiert bei Barth, S. 376.) Aus diesen nationalpolitischen Gründen wünscht er auch, „daß die Unterrichtsbehörde in *einheitlichem* Geiste für ganz Frankreich geeignete *Schulbücher* schaffe, in denen das Studium der *Pflichten gegen* Familie und *Staat die Unterlage aller anderen*, nach ihrem Nutzen zu ordnenden Fächer" wäre (a. a. O. S. 506). „In jedem Kirchspiel müsse es einen Lehrer geben, der . . . auch Lesen, Schreiben, Rechnen, Messen und die Anfangsgründe der Mechanik lehre" (S. 508). Dann würde in zehn Jahren das Volk nicht wiederzuerkennen sein: „Durch seine Bildung, seine guten Sitten, seinen aufgeklärten *Eifer für des Königs und des Vaterlandes Dienst* würde es über die andern Völkern unendlich erhaben sein" (S. 508).

Aber ein Jahr später versank Turgots Ministerium und, sein Plan mit ihm.

Erst die *Revolution* brachte den wirklichen Durchbruch der Staatsschule in Frankreich. Die Revolution beseitigte das Königtum. Dieses aber war bislang der einzige Faktor, der das Land politisch zusammenhielt. An seine Stelle trat nunmehr als das *einigende Band* des Volkes das Bewußtsein der *Sprachgemeinschaft* und der *demokratischen Verfassung*. Beide vereinigten sich in dem nun von den regierenden Kreisen und herrschenden Schichten vertretenen neuen Begriff des „*Patriotismus*". „Patriot" war damals in den reaktionären Kreisen aller Länder demgemäß das Schimpfwort wie jetzt „Bolschewist". („Patriot, Schlag ihn tot, Napoleon, Den Hundskujon"!) Diesen neuen Kitt zu pflegen und im ganzen Volke durchzusetzen, war erstes Ziel der machtpolitischen Interessen des neuen demokratisch gesinnten Staates.

Ein Freund und Schüler Turgots, der Marquis von de Condorcet, erneuerte dessen Pläne mit Erfolg und einer der grundlegenden Artikel der Verfassung von 1791 besagte:

„Es soll ein öffentlicher Unterricht geschaffen und eingerichtet werden, gemeinsam für alle Bürger, unentgeltlich für die allen Menschen unerläßlichen Unterrichtsgegenstände. Die dafür bestimmten Anstalten sollen in einer, der Einteilung des Königreiches entsprechenden Anordnung stufenmäßig verteilt werden. Dementsprechend sollten nach dem von Condorcet 172 der gesetzgebenden Versammlung unterbreiteten Organisationsplan *auch die Primärschulen schon die Elemente der Politik lehren* (entsprechend Turgots „instruction morale et sociale"). Begabte unbemittelte Schüler sollten als „éléves de la patrie" auf Staatskosten alle Bildungsanstalten durchlaufen können, unter Gleichstellung beider Geschlechter. (Barth, S. 377 ff.) — Man braucht das Volk nunmehr als politische Bürger; dazu muß man es geistig schulen und ihm die erforderliche Mentalität beibringen.

Noch stärker werden dann die Grundgedanken der siegreichen Revolution zum Ausdruck in dem Erziehungsplan, den *Michel Lepelletier* ausgearbeitet und nach seinem Tode *Robespierre* — freilich erfolglos — vertreten hat: Danach sollten alle Kinder mit dem fünften Lebensjahre ihren Eltern abgenommen und — die Mädchen bis zum 11. die Knaben bis zum 12. Jahre — in öffentlichen Schulanstalten gemeinschaftlich erzogen werden, damit in ihnen ein neuer, von allen Vorurteilen und Einflüssen der alten Gesellschaft abgeschiedener Stamm von republikanischen Staatsbürgern heranwüchse. Eine Verlängerung dieser öffentlichen Erziehung bis zum Ende des Jünglingsalters empfiehlt der Verfasser selbst als einstweilen wohl nur schönen Traum. (Barth, S. 565.)

Auch der Marquis de Mirabeau der Jüngere erstrebte analoge Ziele: Vier Reden, die er für die Assemblé Constituante vorbereitet hatte, wurden nach seinem Tode 1791 unter dem Titel „Travail sur l'Education Publique" von P. J. G. Cabanis herausgegeben.

Der praktische Vollstrecker aller dieser Bestrebungen wurde dann Napoleon in seinen Gesetzentwurf über das Unterrichtswesen vom 7. März 1808, in dem nunmehr die *Ausnützung von Erziehung und Unterricht zu machtpolitischen Staatszwecken* ganz unverhüllt zu Tage tritt.

„Das Schulwesen im ganzen Reich »ist einzig und allein dem Staate anvertraut."

„Keinerlei Schule oder sonstige Unterrichtsanstalt darf ohne Genehmigung des Leiters des Reichs-Unterrichts-Verbandes oder außerhalb des letzteren errichtet werden."

„Alle Staatsschulen sollen die *Anhänglichkeit . . . an das Napoleonische Herrscherhaus* als Träger der Einheit Frankreichs und aller in der Verfassung verkündeten freiheitlichen Ideen zur *Grundlage ihres Unterrichts* machen."

Die *Disziplin* wird ganz *militärisch* vorgesehen. Die vorgeschriebenen Religionsübungen waren nur noch ganz äußerliche; dem Klerus blieb das Schulwesen ganz entzogen.

Privatschulen suchte das Gesetz durch Besteuerung, Beschränkung der gestatteten Unterrichtsfächer und Bevorrechtung der Staatsschulen tunlichst ganz zu unterdrücken.

(Vgl. H. Taine „Die Entstehung des modernen Frankreichs", deutsch von L. Katscher III, 2 Leipzig, namentlich S. 146—152 und 169—172; sowie Barth, S. 433, 551.)

Die Schule des neuen Preußen.

In *Preußen* wurde die endgültige Ablösung des Schulwesens von der Kirche durch das noch von Friedrich II. vorbereitete, unterm 20. März 1799 publizierte „Allgemeine Landrecht für die Preußischen Staaten" stabiliert, das in Teil II, Titel 12, § 1 unmißverständlich sagt: „Schulen und Universitäten sind *Veranstaltungen des Staates*". § 2 sagt: „Dergleichen Anstalten sollen nur mit Vorwissen und Genehmigung des Staates errichtet werden. Und nach § 4 sind etwaige irgendwie genehmigte private Unterrichtsanstalten „der Aufsicht dieser Behörde unterworfen" (nämlich der zuständigen lokalen Schulverwaltungsbehörde). § 9 endlich wiederholt nochmals: „Alle öffentlichen Schulen und Erziehungsanstalten stehen unter der Aufsicht des Staates und müssen sich den Prüfungen und Visitationen desselben zu allen Zeiten unterwerfen". Auch eine Relation des (aus Vertretern des Rationalismus zusammengesetzten) lutherischen Oberkonsistoriums zu Berlin vom 18. Juli 1799 spricht nochmals ausdrücklich aus: „Es ist unleugbar, daß die Schulen als Institute des Staates und nicht als Anstalten einzelner Konfessionen zu betrachten sind", daher der Religionsunterricht auf die allgemeinen Wahrheiten der Religion und die den Konfessionen gemeinsame Sittenlehre zu beschränken sei. — Daß gleichwohl in der Praxis der Religion immer noch ein ziemlich breites Feld in der Schule belassen wurde, das hatte zur Ursache „bei den Vertretern der Staatsgewalt das Gefühl, daß die Erziehung nur möglich ist auf dem Grunde einer Weltanschauung, die nicht der Staat, nach aber die Kirche bieten könne" (Barth, S. 572). Also man wollte noch wie vor die Religion als den großen Wachthund verwerten, der das Volk im

Zaum hält; man ließ ihn nur nicht mehr zu eigenem Recht agieren, sondern legte ihn an die Kette der Staatssuprematie.

Wie wenig „geistige Bildung" des Volkes der Regierung am Herzen lag, das bekundet deutlich eine gleichzeitige Kabinettsorder Friedrich Wilhelm III. vom 3. Juli 1798, die ausdrücklich „gutgesinnte, gehorsame und fleißige Bürger" „als höchstes Interesse des Staates hinsichtlich der Erziehung" erklärt, sowie eine Zirkularverfügung vom 31. August 1799 betr. die Garnisonschulen, die offenherzig sagt: „Soldaten und Unteroffiziere werden ihre Tagesmärsche vollenden, ohne die Länge und Breite der Oerter zu wissen. Zu welchem Zweck will man denen, welche, wenn sie zum Marsch beordert werden, nicht einmal fragen dürfen „Warum?" und „Wohin?", von den Verhältnissen der Staaten untereinander Unterricht geben?" Sie sollen sich lieber in den nachmittäglichen Industrieschulen ein paar Thaler verdienen.

Die Schule als Staatsmonopol. — Die Lehrer als Staatsbeamte.

Ein Nebenerfolg, den die Staaten mit der Uebernahme des allgemeinen religiösen und elementaren Unterrichts gewannen, war, daß sie nun die Handhabe hatten, auch die selbständig entstandenen *städtischen* Schulen in *staatliche* Regie zu nehmen. Diese bildeten ja anfänglich den einzigen *wirklichen* Unterricht. Wie wenig die Reformatoren selbst bei ihren Bemühungen um allgemeine religiöse Unterweisung des Volkes die Vorstellung einer „Volksschule" hatten, ist daraus zu ersehen, daß sie, wenn sie von „Schulen" sprechen, dabei immer nur an die gewissermaßen höheren Schulen dachten, die von den städtischen Regierungen zur Förderung der städtischen Wirtschafts- und Verwaltungs-Interessen gepflegt wurden: „So oft er auf die Schule zu sprechen kommt, ist es ihm um den kirchlichen Nachwuchs zu tun", sagt Spranger von Luther („Luther" in der Sammlung pädagogischer Aufsätze: „Kultur und Erziehung", 1925, Quelle & Meyer, Leipzig, S. 22). „Für die niederen Schulen fordert er vor allem christliche Zucht und Lehre, d. h. vor allem Lesen der Schrift und die Erlernung des kleinen Katechismus". „Von staatlichen Schulen, nationaler Bildung und weltlichen Wissen steht in seinen Schriften nichts" (ebd. S. 23). An die Christen in Riga schrieb er (*de Wette*, Bd. I, II, S. 595): „Ich habe nun viel gepredigt und geschrieben, daß man in *Städten* sollte gute Schulen aufrichten, damit man *gelehrte* Männer und Weiber aufzöge, daraus christliche gute *Pfarrer* und *Prediger* würden und das Wort Gottes reichlich im Schwange bliebe". Ebenso sagt er in dem „Sermon, daß man die Kinder zur Schule halten solle": „Ich halte aber, daß auch die Obrigkeit hier schuldig sei, die Untertanen zu zwingen, ihre Kinder zur Schule zu halten. Denn sie ist wahrlich schuldig, die obgesagten Aemter und Stände zu erhalten, daß *Prediger, Juristen, Pfarrherren, Schreiber, Aerzte, Schulmeister* und dergleichen bleiben; denn man kann deren nicht entbehren" (Heppe, S. 5).

Auch Melanchthon kennt noch keinen anderen Zweck der Schule, als den der Erziehung von Predigern u. a. Beamten. In dem sogenannten „Sächsischen Schulplan", der das letzte Kapitel des „Unterricht der Visitatoren an die Pfarrherren im Kurfürstentum Sachsen" bildet, heißt es: „Es sollen auch die Prediger die Leute vermahnen, ihre Kinder zur Schule zu tun, damit man Leute aufzieht, *geschickt zu lehren und sonst zu regieren*". —

Diese städtischen Schulen in die Gewalt zu bekommen, lag nun wahrlich im Interesse des Staates. „Denn die *weltliche Gewalt ... braucht* Theologen, dann aber auch Juristen und Kanzlisten", wie Luther an anderer Stelle noch einmal konstatiert (Spranger, „Politik und Pädagogik", S. 19). Und die Bevölkerungsschichten, aus denen sich die Schüler dieser Schulen rekrutierten, waren die *herrschenden Klassen*, auf die die Regierung noch aller Orts angewiesen war. Ein Zögling des Dessauer „Philanthropin", K. Spaziers, berichtet in seiner Autobiographie:

„Der größte Teil der Zöglinge war aus dem *Adel*, also meistens zu Militär- oder Zivildiensten[7], die übrigen meist zum Kaufmannstand und anderen praktischen Berufsarten[7], die wenigsten zu eigentlichen Gelehrten bestimmt" (zitiert bei K. A. Schmid, IV, 2, S. 255).

Die sogenannten Lateinschulen lebten noch ganz im Geiste der alten Kloster- usw. Schulen: Die Frankfurter Schulordnung von 1654 stellt z. B. noch den Gebrauch der deutschen Sprache innerhalb der Schule in eine Reihe mit Gotteslästerung und strafbaren Unanständigkeiten![8] Alle diese, sowohl Latein- wie deutsche Schulen in den Städten wurden nun im Laufe des 16. Jahrhunderts mit konfessionellem Religionsunterricht durch-

---

7 Für diese Schichten wurden denn weiterhin namentlich die Ritterakademien und die Realschulen eingerichtet.

8 „Die anders denn latine oder etwas Ungebührliches oder Gottlästerliches reden, sollen je nach Gelegenheit der Uebertretung gezüchtigt werden."

setzt und der allgemeinen staatlichen Schulorganisation mehr oder weniger einverleibt, wobei jedoch die scharfe Scheidung zwischen Stadt- und Land-Schulen aufrechterhalten bleibt. (Schon dies läßt erkennen, daß von einer eigentlichen allgemeinen Volksschule damals noch keine Rede war.) Uebrigens wurden die „Deutschen Schulen" dabei allenthalben ziemlich stiefmütterlich behandelt: In der Württembergischen großen Kirchen- und Schul-Ordnung von 1559 z. B. befassen sich von den rund 100 Seiten Text nur die letzten 6 mit ihnen. Dagegen werden die „Partikularschulen", also die Bildungsstätten für den ersten Unterricht in Latein und Griechisch, sorgsam behandelt; freilich eben namentlich in dem Sinne, daß man nun auch diese Schülerschaft „mit dem Gebet und Katechismo" und mit „Psalmensingen" „christlich auferzog". — Immerhin wurde grundsätzlich Errichtung deutscher Schulen in allen Flecken mit Meßnereien vorgeschrieben. Jedoch: „von Büchern nur Fibel mit Katechismus, Sprüche Salomonis, Jesus Sirach und Neues Testament zugelassen" (Schmid, S. 209).

Die Hauptsorge der Fürsten war nunmehr, sich das *völlige Monopol des Unterrichts* zu sichern, also zu verhüten, daß irgend jemand außer ihnen noch Schule halte und damit die Möglichkeit habe, auf andere Weise auf die Kinder einzuwirken.

Schon gleich im Anfang des preußischen Volksschulwesens wendet sich ein Königliches Reglement von 1738 nachdrücklich gegen die privatim, verächtlich sogenannten „Klippschulen" in Berlin, und das Preußische Schulreglement Friedrichs II. vom 12. August 1763 verordnet in § 15: „Daher denn alle Winkelschulen, sie mögen von Manns- oder Weibs-Personen gehalten werden, hiedurch bey Strafe gänzlich *verboten* seynn sollen".

Wie die Napoleonische Schulgesetzgebung alle Privatschulen unmöglich zu machen bestrebt war, sahen wir bereits. Auch das Allg. Preuß. Landrecht wurde schon zitiert, das a. a. O. in § 6 noch ausdrücklich vorsieht, sogar „auf dem Lande und in kleineren Städten, sollen keine Neben- und sogenannte Winkel-Schulen ohne besondere Erlaubnis geduldet werden und solche, wenn etwa wirklich genehmigt, der Staatsaufsicht unterstellt sein. Ebenso verordnet, um noch ein Beispiel anzuführen, das Preußische „Reglement für die Privatschulen in den Städten und Vorstädten Berlins" vom 16. Oktober 1738 gleich in § 1:

„Es muß sich *niemand* des Schulehaltens anmaßen, sondern ein jeder bei dem Inspector und den Predigern des Kirchspiels, wo er Schule halten will, sich melden, von ihnen sämtlich examinirt werden und wenn er tüchtig befunden, auch deshalb ein schriftliches Testimonium erhalten, resp. sich dem evang.-reformirten Kirchen-Directorio und Magistrat allhier sistiren und Confirmation suchen. Ohne solch Testimonium des Ministerii wird keiner angenommen."

Das ließe sich ja nun als eine dankenswerte Fürsorge dafür auslegen, daß der Unterricht der Kinder nur wirklich fähigen Personen anvertraut werden sollte. Aber bei staatlichen Verordnungen, welche den Behörden eine bestimmte Auswahl unter den Bewerbern um Amt und Tätigkeit vorschreiben, werden wir immer sehr mißtrauisch sein müssen darüber, welche Grundsätze denn nun für diese Auswahl zur Anwendung gelangen. So finden wir denn im erwähnten Gesetz alsbald unter II vorgeschrieben:

„§ 1. Vor allen Dingen müssen sowohl die Schulmeister, wie die Schulmeisterinnen das Zeugnis einer wahren und ungeheuchelten *Gottseligkeit* haben und mit einem *exemplarischen Christenwandel* in der Schule, bei öffentlichem Gottesdienst und überall ihren Kindern vorgehen, ja gegen jedermann sich unsträflich zu beweisen suchen.

§ 2. Und da sie solcher Gewalt die Erkenntnis der Wahrheit in reinem Gewissen zu bewahren trachten sollen, so müssen sie sich *vor allen unnützen* und der Gottseligkeit hinderlichen *Nebenmeinungen und Irrtümern hüten*, hingegen bei den heilsamen Worten unseres Herrn Jesu Christ und bei der Lehre von der Gottseligkeit sorgfältig bleiben, damit sie ihre Kinder auf den Grund lauterlich führen und bauen können, den sie selber legen."

Das klingt ziemlich harmlos. Damit war aber gleich von Anfang an Vorsorge getroffen, daß vermittelst der den Pastoren überlassenen Direktive und Kontrolle nur solche Personen an die Jugend herankamen, von deren Gesinnungstüchtigkeit der Staat Wahrung seiner Interessen erwarten konnte.

Durch das *Generalschulreglement vom 23. Sept. 1763*, welches endgültig die *allgemeine Schulpflicht* einführte, wurde dann aber auch die *Lehrertätigkeit* als ein besonderer neuer *staatsamtlicher* Beruf anerkannt und nunmehr, während er bisher lediglich ein Accessorium des Pfarramtes gewesen war und seine Beaufsichtigung der Kirche obgelegen hatte, unter die ordentliche *Aufsicht und Leitung einer eigenen Staatsbehörde* gestellt. Auch jetzt wurde aber noch den kirchlichen Anschauungen in der Schule durchaus Rechnung getragen und in keiner Weise den aufklärerischen Lehren, welche die Zeit beherrschten, in der Schule irgendwelcher Einfluß eingeräumt. (Heppe, S. 33.) Man sieht: Der König, obwohl persönlich durchaus von der Unsinnigkeit der kirchlichen Lehren überzeugt, ließ bewußt das Volk in diesem Glauben bestärken. Er hatte keineswegs Neigung, dem Volke wissenschaftliche Wahrheiten zur Hebung seiner Geistesverfassung nahe zu bringen. Die Schule war eine Einrichtung des Staates und sollte dessen Machtinteressen dienen; denen aber konnte Aufklärung und Bildung des Volkes unter Umständen abträglich sein.

Auch die Lateinschulen, ja sogar die städtischen Schreib- und Rechen-Schulen wurden in solchem Sinne meist religionisiert und „erfuhren durch deutsche Psalmen, gute Sprüche aus der Schrift und den Katechismus eine wertvolle Ergänzung“ (Schmid II, S. 204). Die Lehrer an den Lateinschulen waren und blieben meist Theologen, erhielten aber Beamtencharakter, indem sie dem Bürgermeister einen Amtseid ableisten mußten.

Aber der Beamtencharakter der Lehrer gab dem Staat noch nicht genügende Sicherheit seiner Schulherrschaft. Zunächst erfolgte jetzt *Vereinheitlichung der Lehrbücher*, damit der einzelne Lehrer ja nicht irgendwie Möglichkeit habe, individuelle Seitensprünge zu machen. Sodann wurde die staatliche Schulverwaltung selbst vereinheitlicht: Unter Friedrich II. wurde dem Oberkonsistorium 1750 die zentrale Aufsicht über das gesamte Schulwesen des Staates übertragen (Clausnitzer-Rosin, S. 15). Sein Nachfolger schuf dann für die Schulverwaltung ein besonderes selbständiges „Oberschulkollegium“, dem sämtliche Anstalten von den Universitäten bis zu den Landesschulen unterstellt wurden. Nach Heppe („Gesch. d. dtsch. Volksschule“ III, S. 48) geschah dies namentlich „aus dem Grunde, ... um . . . . die Schule so besser zur Dienerin seiner orthodoxen Religionsansichten zu machen“ und „dem Götzen der Aufklärung die Wege zu verschließen . . . . Hierzu schien vor allem die vollständige Centralisation der Verwaltung des Unterrichtswesens erforderlich zu sein, damit von Einer Centralbehörde aus Ein Geist allen Schulen eingehaucht und in denselben erhalten werden könnte.“

Schließlich wurde das Schulbeamtentum nun jeweils einem vom Konsistorium ganz unabhängigen rein weltlichen Schulkollegium oder Schuldirektorium als oberster Behörde unterstellt, das direkt von der höchsten Landesbehörde ressortierte; so in Preußen 1787 durch denselben Minister v. Zedlitz.

Gegen diese rein staatliche Organisation des Schulwesens erhob sich hier und da lebhafter Widerstand der Geistlichkeit. (In Braunschweig z. B., wo der rationalistische J. H. Campe zum Leiter des Schuldirektoriums ernannt wurde, mußte das letztere infolge heftigen Einspruchs der Kirche zunächst wieder aufgehoben werden.) Aber im allgemeinen setzte sich die reine Verstaatlichung des Schulwesens nunmehr durch.

Auch die geistige *Ausbildung der Lehrerschaft selbst* in einem seinen Wünschen und Interessen entsprechenden Sinne ließ der Staat sich nunmehr angelegen sein. Er richtete dafür früher oder später besondere Lehrerseminare ein, in denen die späteren Erzieher der Jugend in gesinnungstüchtiger Weise planmäßig vorbereitet wurden. Daß man sie auch in fachlicher Hinsicht dabei entsprechend vorzubereiten suchte, soll natürlich nicht bestritten werden. Aber das lag den Regierungen doch erst in zweiter Linie am Herzen. (Friedrich II. z. B. legte, zum Schmerz seines Ministers Zedlitz, den Hauptwert darauf, daß als Lehrer Personen angestellt wurden, welche die — Seidenraupenzucht verstanden und zu pflegen bereit waren, die er aus staatswirtschaftlichen Gründen in Preußen einzuführen suchte; erst in zweiter Linie fiel dann ihre Vertrautheit mit der (damals maßgebenden) „Vorteilhaften Lehrart des Pfarrers Fuhrmann in Berlin" ins Gewicht.)

Das Prüfungs-Unwesen.

Einen besonders wichtigen Schritt aber tat der Staat dann noch auf dem Gebiete des *höheren* Schulwesens, dem ohnehin angesichts des sich immer mehr fühlbar machenden *Mangels an gebildeten Beamten* für das weltliche, wie das Kirchen-Regiment die Hauptsorge des Königs galt. (Clausnitzer-Rosin, S. 2): die Einführung der *Examina*, insbesondere des Abiturientenexamens beim Gymnasium. Durch Erlaß des Oberschulkollegiums vom 23. Dezember 1788 wurden die Provinzialschulkollegien angewiesen, jährlich zu Neujahr und Johanni unter Vorsitz eines staatlichen Kommissars an allen gelehrten Schulen die Abiturienten auf ihre Kenntnisse in den alten und neuen Sprachen, in Deutsch und den Schulwissenschaften, *besonders Geschichte*, schriftlich und mündlich zu prüfen und darauf ein Zeugnis auszustellen.

Ueber die verhängnisvolle Wirkung des Examenswesens sind sich heute alle Fachkreise einig: „Ganz abgesehen davon, daß, wo ein Examen in Aussicht ist, der Schüler dauernd unter der Sorge steht, ob er es bestehen wird, vor allem ist das ganze Lernen und Lehren, aktiv und passiv, vollkommen unter den Gesichtspunkt eingestellt, daß die Prüfung bestanden werden muß. Da nun Prüfungen naturgemäß sich nur auf sinnfällige Aeußerlichkeiten beschränken können und überdies jeder Schüler in jedem Fach auch bei den günstigsten Verhältnissen nur eine relativ sehr kurze Zeit geprüft werden kann, und da überdies die Menschen bekanntlich verschieden veranlagt sind und es — neben Examenstalenten, welche mit ein paar Wissensgroschen klappern können, daß es klingt, als hätten sie ein Vermögen in der Tasche, welche mit Geschick und Geistesgegenwart unbequeme Fragen umbiegen und ablenken können und durch ein gewandtes Mundwerk verblüffen können, — andere gibt, denen bei an sich reichem Wissen just im Augenblick nicht das Gefragte einfällt oder die zu schüchtern sind, ihr Wissen zu zeigen, so ist über den faktischen Unwert der Prüfungen heute eigentlich nur eine Stimme." (Ernst Müller-Holm, Die Zwangsschule, S. 107.)

„Um den ganzen Widersinn der an unseren Schulen abgelegten Examina, die ganz unglaubliche Oberflächlichkeit, die dabei herrscht, zu erkennen, muß man dabei als Prüfender beteiligt gewesen sein. Von all den unzähligen Laien, die auf die Examina schimpfen, ahnt kaum einer, in welcher Weise so ein Examen, das doch für zahlreiche Menschen eine Lebensfrage . . . . ist, übers Knie gebrochen wird". M.-H. schildert dann den Verlauf eines solchen Kollektivexamens und sagt: „Welche Rolle da Zufälligkeiten spielen können und wieviel selbst im günstigsten Falle die Prüfenden von den Schülern zu sehen bekommen, das mag sich jeder selbst sagen". Aber: „Man mag über die pädagogische Unzulänglichkeit, ja Schädlichkeit dieses Mittels noch so oft, so überzeugend dartun, danach fragt die Obrigkeit nicht. Ist doch über die Schädlichkeit der Examina seit fünfzig Jahren und länger nur eine Stimme, haben doch die berufensten Autoritäten sie in Grund und Boden verdammt, und dennoch: Hat die Regierung je nur einen Finger gerührt, um sie einzuschränken?" (ebd. 102). Die Fachpädagogen sind sich längst darüber einig, daß das Examenswesen ein grober Unfug ist: durchaus unzulänglich, um ein Urteil über die von dem einzelnen Schüler erlangte Reife und Bildung zu geben, höchst nachteilig in seiner Wirkung auf die Schülerschaft, sowohl auf ihre Nerven und ihre Schulmoral, wie auf die Art ihres Lernens. Warum wird das alte Uebel dennoch weiter aufrecht erhalten?

Man antwortet heute stets darauf, der Staat, welcher die Gymnasien usw. erhalte und leite, müsse eine Garantie dafür haben und geben, daß den Universitäten nur solche Abiturienten zugeleitet würden, die sich dem akademischen Studium mit Erfolg unterziehen könnten. Die objektive Unrichtigkeit dieser Begründung erhellt aus nichts besser, als aus der Tatsache, daß bei den ersten Versuchen mit solchen Reifeprüfungen in Preußen 1728 (Halle) und 1729 (Königsberg) sowie der das einheitliche zu fordernde Mindestmaß festsetzenden Königlichen Verfügung von 1735 von Rücksicht auf die Universitäten noch gar nicht die Rede war und daß selbst die Instruktion von 1788, nach welcher „alle von öffentlichen Schulen abgehenden Jünglinge vorher auf der von ihnen besuchten Schule geprüft werden und ein detailliertes Zeugnis über ihre dabei befundene Reife oder Unreife erhalten" sollen, ein Nichtbestehen der Prüfung nicht im geringsten den Besuch der Universität unterband oder auch nur erschwerte. Lediglich Freitische und Stipendien wurden dann versagt. Sonst aber, heißt es in den Bestimmungen, „will man die bürgerliche Freiheit nicht so weit beschränken, daß es nicht einem Vater freistehen sollte, auch einen unreifen und unfähigen Jüngling zur Universität zu schicken". Und auch die bei der großen Neuordnung des Schulwesens durch Wilhelm von Humboldt 1812 ausgearbeitete Prüfungsordnung, welche zum ersten Male die Klassifizierung der Prüfungsergebnisse in I „Unbedingt Tüchtige", II „Bedingt Tüchtige" und III „Untüchtige" einführt, denkt noch nicht daran, die dritte Gruppe von der Universität auszuschließen; man überließ es vielmehr der Universität, ihre Qualitäten vom Gesichtspunkt der Tauglichkeit für akademische Anforderungen aus durch eine Aufnahmeprüfung zu klären! Das Bestehen der Abgangsprüfung hatte also für die Universität nur den Sinn, daß sie unter solchen Voraussetzungen von einer Aufnahmeprüfung als überflüssig absah.

Wohl aber war von vornherein die Prüfung nicht etwa dem Lehrerkollegium allein überlassen, sondern vorgesehen, daß „ein *königlicher Kommissar* aus dem Konsistorium" (der heutige „Schulrat") *der Prüfung beiwohnte.* Das gibt uns den Fingerzeig für die eigentliche Bedeutung der Prüfung: Der Kommissar (Schulrat) war nicht etwa, wie ein naives Gemüt meinen könnte, als Sicherheitsmaßnahme für den *Schüler* gedacht, um etwaige ungerechte Behandlung eines solchen zu verhindern, sondern als *Kontrollinstanz für den Staat gegenüber den Lehrern,* ob diese sich darin, was und wie sie unterrichteten und was sie den Schülern faktisch beibrachten, auch korrekt an die ihnen vom Staate zur Wahrung seiner Interessen gegebenen *Vorschriften* hielten.

Gerade die Zeit, in welche die Einführung der offiziellen Prüfungen fällt, bildet ja den Höhepunkt der Bevormundungstechnik. Der Historiker Egon Fridell sagt vom Schulbetrieb im damaligen Oesterreich („Der Kaiser Josef". Voss. Ztg. vom 21. August 28): „Die Einteilung der Lektionen war so genau vorherbestimmt, daß man in Wien in jeder Minute wußte, welche Seite des Lehrbuchs jetzt von den Schulkindern der ganzen Monarchie gelesen wurde". Wenn dies auch heute nicht mehr ganz so gilt, wie in der Hoch-Zeit des aufgeklärten Absolutismus, grundsätzlich hat der Staat am Prinzip der Reglementierung festgehalten. Wenn er aber die Schule bevormunden will, so muß er einleuchtenderweise auch Mittel und Wege finden, um die Durchführung seiner Vorschriften zu kontrollieren. Solche Möglichkeiten gibt es zwei: Die eine ist die *Inspektion*, wie sie in den examenlosen Volksschulen geübt wird: „In der Volksschule ist der Herr Inspektor ein häufiger Gast, der sich oft auf ganze Wochen in der Schule wohnlich einrichtet und in alle möglichen Dinge seine Nase hineinsteckt. . . . . Manche tun noch ein übriges: sie lassen sich die Klassenschränke öffnen und sehen nach, ob Schwamm, Tafeltuch und Lineal in gehöriger Ordnung daliegen. Sie messen nach, ob der Rand der Hefte nicht zu breit und nicht zu schmal ist. In den Stunden passen sie auf, ob auch alle Kinder die Hände auf dem Tisch, den Rücken an der Banklehne haben, und was dergleichen hochwichtige Dinge mehr sind" (Müller-Holm, S. 102. NB.: Diese Quisquilien sind für den Staat, dem es vor allem beim Schulbetrieb auf die Disziplinierung der Jugend ankommt, aber gar nicht so unwichtig, wie es dem nur den geistigen Gewinn im Auge habenden Autor scheint). „Aufsicht ist nötig . . . . . Aber sie ist trotzdem ein sehr klägliches Mittel. Nur die allergröbsten Pflichtwidrigkeiten kann sie erfassen und auf der anderen Seite ist der Schaden, den sie stiftet, wahrhaft unberechenbar. Wenn man aber auf sie verzichtet, muß man zum *Examen* greifen. In seinen „Deutschen Schriften" erklärt Paul de Lagarde, durch den Examensunfug habe Preußen — und das wolle wahrlich viel sagen — alles wieder wettgemacht, was es auf dem Gebiet des Schulwesens Gutes gestiftet habe . . . . . Er vergißt, daß Preußen, wenn es überhaupt auf dem . . . . . Wege der Bevormundung der Schule bleiben wollte, mit Notwendigkeit auch zur Einführung des Examenszwanges kommen mußte. Macht man die Schule zur Staatseinrichtung, regiert man sie vom grünen Tisch aus, ... so darf man sich nachher über die Früchte des Bürokratismus nicht wundern. De Lagarde glaubt (ebenso wie die große Menge), die Examina seien der Schüler wegen da. Nicht doch! ihr Hauptzweck ist, die Lehrer vor Seitensprüngen zu bewahren. Wenn der Staat Lehrer anstellt, so will er sie auch beaufsichtigen .... Würden die Examina heute aufgehoben, so müßte morgen eine andere Form der Beaufsichtigung an ihre Stelle treten" (Müller-Holm, S. 100 f).

Eine besondere Zierde des Examens wurde noch die Zensurierung, mit der es versehen wurde. Es wurde nun im Abgangszeugnis nicht nur bestätigt (um was es sich eigentlich ausschließlich handelte), ob der betreffende Schüler sich das „Pensum" angeeignet habe oder nicht, sondern ob er es genügend, gut oder sehr gut getan habe. Die moralische Konsequenz war, daß wenn jemand das Ziel „nur" erreicht hatte, dies eigentlich schon als etwas mir Minderwertiges empfunden wurde, also alle üblen Nebenwirkungen des Examens an sich sich hinsichtlich seiner Zensurierung noch einmal geltend machten.

Das Berechtigungswesen.

Das wirklich Verhängnisvolle ist nun aber das erst am Examenswesen hängende *Berechtigungswesen:* Dank der verlockenden leichten Methode, mittels der Zeugnisse aus den Bewerbern die besten auswählen zu können, ist ein Erwerbszweig nach dem anderen dazu übergegangen, die Zulassung vom Bestandenhaben bestimmter Schulprüfungen oder Erreichthaben bestimmter Klassenreife abhängig zu machen. So kommt es zu dem „unaufhaltsamen Wettrennen der Berufe um die Hinaufsetzung der Vorbildung. Das überhebt den Anstellenden so bequem der Notwendigkeit, selbst die Augen aufzumachen und sich ein Urteil zu bilden bzw. entschuldigt ihn, wenn seine Wahl unkritisch war. Ein Abbau aus Vernunft ist da auch gar nicht abzusehen. „Solange der Aufbau der *Beamtenhierarchie* und ihrer Besoldung (!) so stark orientiert ist an dem Vorhandensein bestimmter Schulreifezeugnisse, ist gar nicht daran zu denken, daß der standespolitische Druck (!) auf die Erhöhung der Vorbildung irgendwie geringer wird .... Solange mit jedem Jahr verlängerter Schullaufbahn lebenslängliche finanzielle und gesellschaftliche Vorteile verbunden sind, wird natürlich das Wettrennen um diese Jahre andauern, und wenn sie auch für die Anforderungen des Berufes so nutzlos und überflüssig, wie nur möglich wären" (Gertrud Bäumer „Unser Schulkreuz", Voss. Ztg. 13. Okt. 28).

In Wirklichkeit steht aber hinter den übrigen Gründen, mit denen das Examens- und Berechtigungs-Unwesen immer noch beschönigt wird, ein ganz anderer, für den Staat viel wichtigerer, aus dem es auch dem Staat trotz aller schönen Reden nur erwünscht ist, daß der Berichtigungsfimmel sich immer intensiver ausgestaltet. Die in den Zeugnissen bestätigten *Kenntnisse* machen dabei am wenigsten aus. Sie dienen sozusagen nur als Symbol. (So etwa, wie im Ehescheidungsprozeß der Nachweis erfolgter Ehebrüche oder Mißhandlungen nur die eingetretene „tiefe Zerrüttung der Ehe" dartun.) Das Maß der erzielten Kenntnisse könnte ja auch jederzeit nachträglich festgestellt werden, wo es erwünscht scheint. Das Wesentliche, um das es sich dreht, ist, zu bestätigen, daß der Prüfling 8 oder 10 Jahre getreu und unterwürfig die Schule besucht hat, ihren Vorschriften nachgekommen ist, ihm demnach das Rückgrat gebrochen, mithin er ein „brauchbarer Mensch", ein ungefährlicher Untertan bzw. Angestellter geworden ist. Die auf der Schule erworbenen *Kenntnisse* sind ja für das praktische Leben ohnehin nichts wert, — außer gerade Lesen, Schreiben und Rechnen, von deren Vorhandensein sich jeder schnell durch ein paar kurze Fragen überzeugen kann. Aber das Abgangszeugnis gewährt dem Staat die Garantie, daß der von ihm eingeführte Schulzwang, auch ohne alle äußerlichen Anordnungen und Maßnahmen zum Schulbesuch, durch den Druck des Systems selbst aufrecht erhalten bleiben und auch nicht erschüttert werden kann, wenn selbst einmal die Elternschaft in Massen rebelliert oder gar die Schülerschaft selbst streikt: Ohne den Fetzen über abgelegte Prüfungen in der Hand steht auch der begabteste und fleißigste und kenntnisreichste Schüler hilflos in der Welt: Von jedem Pikkolo und Schornsteinfegerlehrling wird heute erst mal Vorlegung des Dokumentes über die erfolgreich durchlaufene Volksschule verlangt, sonst stellt ihn kein Prinzipal an; es gibt ja Massen genug, die sich anbieten und korrekte Zeugnisse in Händen haben. Wem solche fehlen, der ist schon von vornherein soupconnös und eine greifbare Bescheinigung darüber, daß er ein unterwürfiger Schüler war und gewisse Kenntnisse besitzt, hat man dann überhaupt nicht. Wer gar die Schule nicht besucht hat, mag sich auf anderen Wegen die trefflichsten Kenntnisse und Fähigkeiten beschafft haben —, jeder, der über Anstellungen verfügt, wird ihn abweisen und gar die Behörden natürlich und alle für den Staat wichtigen höheren Laufbahnen bleiben ihm strikte verschlossen. So arbeitet die ganze Bevölkerung demütig dem Staat in die Hände und hilft ihm, die Ketten zu schmieden, in welche die Untertanenschaft gelegt wird, und jeden aus einflußreicheren Posten fernzuhalten, der nicht durch ein entsprechendes Prüfungszeugnis dokumentieren kann, daß ihm 8 oder 10 Schuljahre lang das Rückgrat gebrochen ist.

Schule und Revolution von 1789.

Eine einschneidende Wandlung der Verhältnisse erwuchs, wie auf allen Gebieten, so auch auf dem der Schule aus der französischen Revolution. Zunächst in Frankreich selbst wurden die Ideen des Nationalismus und Demokratismus in die Erziehung der Jugend übertragen. Die Universitäten wurden in reine Staatsanstalten verwandelt und der Staat bezahlte auch die Lehrkräfte, nachdem durch das Dekret vom 17. Aug. 1792 alle religiösen Korporationen und ihre Einrichtungen aufgehoben waren. Zugleich kam der neue Staat nun auf den Plan zurück, den bereits im Jahre 1763 der Staatsprokurator Louis-René Caradeur de la Chalotais dem Parlament der Bretagne unterbreitet hatte, mit der Begründung, „daß man an die Stelle einer Erziehung, die höchstens für die Schule geeignet war, eine solche setzen kann, welche *Untertanen* für den Staat *bildet*", und den dann in gleichem Sinne Turgot bereits dem König unterbreitet hatte — beide, ohne — begreiflicherweise — damals höheren Ortes Interesse zu finden: „eine alle Klassen des Volkes umfassende einheitliche Nationalerziehung". Die der Nationalversammlung 1789 vorgelegten Denkschriften der Stände sprachen sich mit großer Einhelligkeit für ein Unterrichtssystem aus, das „ . . . . eine bürgerliche Erziehung durch eine nur vom Staate abhängige und herangebildete Lehrerschaft vermitteln sollte." Und in der am 4. Sept. 1791 vom König beschworenen Verfassung heißt es: „Eine öffentliche, allen Bürgern gemeinsame, für die allen Menschen unentbehrlichen Gebiete des Unterrichts unentgeltliche Erziehung wird ins Leben gerufen und organisiert werden" (Schmid IV, Erste Abtlg., S.454).

Die Ideen der siegreichen französischen Revolution brachten auch die anderen westeuropäischen Länder in gewaltige Gährung, und nicht zuletzt die deutschen Staaten. *Die Furcht vor einem Uebergreifen der Revolution* brachte die Fürsten dazu, Umschau zu halten, wie sie durch geistige Beeinflussung ihres Volkes sich vor solcher Katastrophe schützen könnten, indem sie die fatalen freiheitlichen Ideen dem patrimonialstaatlichen Interesse ein wenig anpaßten. Aber ehe sie diesen Weg noch einschlagen konnten, kam es in Preußen zu der großen Katastrophe von Jena und nun mußte man, wenn man nicht über kurz oder lang sich abgesetzt und das eigene Land Frankreich einverleibt sehen wollte, an eine innere Umgestaltung der Regierungsweise herangehen. Natürlich immer so gemäßigt, wie möglich. So wurde durch das berühmte Edikt vom 9. Oktober 1807 die verhaßte Erbuntertänigkeit zwar prinzipiell aufgehoben, aber nur, wo der Grundherr zustimmte und nur gegen hohe Entschädigungszahlung des Bauern. So wurde eine Volksvertretung zwar feierlich versprochen, aber ihre Durchführung vorläufig noch verschoben. So ließ man auch auf *schul*politischem Gebiete die Ideen eines Rousseau, Pestalozzi und anderer verwandter Geister, die eine unverkünstelte Entfaltung der gesamten menschlichen Naturanlagen verlangten, vorsichtig durchschimmern, aber doch nicht zur vollen Geltung kommen. Wenn man den begeisterten Volksheeren der französischen Revolution ein Paroli bieten können wollte, so war die erste Voraussetzung, auch im eigenen Volke *opferwillige Liebe für seinen Staat* zu erwecken, um auch hier eine *allgemeine Wehrpflicht* durchführen zu können. Welch ein wunderbares Instrument für die Erreichung dieses Ziels die *Schule* war, das war den Regierungen keinen Augenblick unklar. Schon die Kabinettsordre vom 3. Juli 1797 sagt von Unterricht und Erziehung in den Schulen, „daß ihr Einfluß auf die Wohlfahrt des Staates von höchster Wichtigkeit ist". Angesichts der Wirkungen, welche der verspottete „Patriotismus" der Franzosen erzielte, begann man jetzt auch in den deutschen Staaten sich der Männer zu entsinnen, welche, wie Herder, gegen die Römer und Griechen als Vorbilder der Jugend polemisiert, wie Herbart, vor der formalen antikisierenden Bildung gewarnt, wie Thomasius die französelnde Gestaltung der Kultur angefeindet, wie Stein einen sittlich-religiösen „vaterländischen Geist" im Volke zur Herrschaft bringen wollten, wie der Minister v. Massow schon 1799 in seinen dem König unterbreiteten „Bemerkungen über die Schulreform" zum ersten Male aussprach: „Das Objekt der Reform ist *National*erziehung und das Terrain müssen sämtliche preußische Staaten sein". Der Religionsunterricht sollte demnach, um alles Trennende zu verschleiern, auf die „allgemeinen Wahrheiten der Religion und die allen Parteien allgemeine gemeinschaftiche Sittenlehre eingeschränkt werden", der konfessionelle Unterricht Sache der Geistlichen bleiben (Bericht des Oberkonsistoriums vom 18. Juli 1799). Dagegen wird zur Züchtung des patriotischen Nationalgefühls jetzt die *Muttersprache* in den Lehrplan der Bürgerschule eingefügt! Napoleon, der zunächst der bewunderte Abgott aller Unterdrückten und Ausgebeuteten in allen Staaten war, der als Befreier begrüßt wurde, wo er den heimischen Staat niederwarf und den französischen Ideen der Freiheit, Gleichheit, Brüderlichkeit Bahn brach, mußte aus den Herzen der Jugend beseitigt werden, indem man deren Begeisterung für den eigenen Nationalstaat anfachte, als dessen natürlicher Feind Napoleon dann dastand. So stimmen alle die preußischen Politiker nach dem Niederbruch des Staates — die Altenburg, Stein, Gneisenau, Scharnhorst, Humboldt — mit Fichte und den anderen romantisch-nationalen Theoretikern überein, daß man den niedergebrochenen Staat nur dann wieder aufrichten könne, wenn es gelänge, das ganze Volk mit idealem Geist zu erfüllen, wie er in einem seltsamen Mischmasch von einerseits den liberal-kosmopolitischen Ideen, andererseits den in Deutschland romantisch-religiös gefärbten Ideen des Nationalismus nun die neue Idee des allgemeinen Staatsbürgertums schuf, die Untertanenschaft zu einer aktiven Nation zu machen versprach, in welcher Gleichheit der Rechte und Pflichten aller Untertanen verbürgt war.

Das Ziel der Schulbildung mußte unter diesen Umständen nun sein: „Ausbildung aller Kräfte der Menschen zur freien und höchsten Verwendung *inner*halb des *Staats*gefüges" (Spranger, „Politik und Pädagogik", S. 425), und zwar für jeden, auch den Aermsten und Niedrigsten.

Süverns Entwurf eines allgemeinen Schulgesetzes.

Daß der Staat damals die Neugestaltung des Schulwesens nur in eigenstem *politischem Interesse* vornahm, erhellt aus jeder Seite der einschlägigen Materialien: In der Schrift von Wilhelm Traugott Krug „Der Staat und die Schule" (Leipzig 1710) heißt es unter §81 unzweideutig: „Die Schule . . . . . . ist ein für den *Staat* notwendiges Mittel zur vollständigen Erreichung seiner gesamten Zwecke" (insonderheit der allgemeinen Wehrpflicht, der Landwehr und des Landsturms) und Spranger, der dies zitiert, sagt selbst (P. u. P. S. 58): „Die Wichtigkeit, die man dem Schulwesen für die Gesundung des Staates zuschrieb, erhellt daraus, daß der König aus eigenem Antrieb 1817 ein besonderes Ministerium für die geistlichen und Schul-Angelegenheiten errichtete." An dessen Spitze trat allerdings in Allenstein ein vorsichtiger Leisetreter, welcher gegenüber den Stein, Schön usw. stets die Befürchtung vertrat, daß ein allzu reformerisches Vorgehen den Verdacht des Korsen erwecken könne, der dann evtl., ehe man genügend stark geworden sei, der Existenz des ganzen preußischen Staates ein Ende machen könne. Immerhin kam als glänzendste Frucht dieser neuen Geistesrichtung in der Regierung der „Entwurf eines Unterrichtsgesetzes für die preußischen Staaten" zustande, den der liberale Schulmann Johann Wilhelm Süvern [geb. 1775, bis 1807 als Lehrer, später Rektor, dann als Gymnasialprofessor tätig, 1808 ins Ministerium berufen und dort später unter Humbold Geh. Staatsrat und Mitdirektor] in dem neuen Kultusministerium als Vorsitzender einer dafür gebildeten Sonderkommission ausarbeitete und 1817 veröffentlichte. In der begründeten Denkschrift tritt ebenfalls das *Staatsinteresse* an der Reform ausgesprochen zu Tage. Es heißt da:

„*Der Staat* ist eine *Erziehungsanstalt* im großen, indem er . . . . . . durch alles, was von ihm ausgeht, seinen Genossen eine bestimmte Richtung und ein eigentümliches Gepräge des Geistes wie der Gesinnung gibt (!) . . . . Eine *notwendige Vorbereitung* einer solchen National-Erziehung ist die *nationale Jugend-Erziehung*" . . . . . . Soll dieses Streben, auf dessen Lebendigkeit und Dauer so sehr die weiteren Fortschritte des Staates im Innern und Aeußern beruhen, einen festen, sein Gelingen verbürgenden Grund haben, so muß dieser Grund in der *Jugend* des Volkes gelegt werden. Will der Staat dies, so ist die erste Erfordernis, daß er die allgemeinen Prinzipien, wonach er zunächst in seinen öffentlichen Unterrichts- und Erziehungs-Anstalten die Bildung seiner Jugend anlegt, und alles, was darauf Bezug hat, eingerichtet wissen will, einfach und klar *gesetzlich aufstellt.* Daß der preußische Staat hierzu schreite, ist um so notwendiger, als er aus so *verschiedenen Teilen* besteht, denen es an aller gemeinschaftlichen Bindung in Ansehen der Jugenderziehung fehlt . . . . . In den ehedem französischen und westfälischen Provinzen ist an die Stelle des dem Geiste unseres Staates ganz Widersprechenden noch nichts besseres getreten. Dasselbe ist auch in beschränktem Maße in den polnischen Provinzen der Fall." Süvern empfiehlt daher, „daß zunächst eine *allgemeine Schulordnung für den ganzen Staat* die Grundprinzipien aufstelle", zu denen dann Provinzialschulordnungen die genaueren Ausführungsbestimmungen erlassen sollen. Den Entwurf solle eine ministerielle Kommission beschließen, da alle Ministerien dabei interessiert seien: „*Mit dem Interesse des Kriegsministeriums hängt das Schulwesen, der allgemeinen Verpflichtung zum Kriegsdienste wegen, jetzt sehr genau zusammen!*"

In dem ihr vorausgeschickten „Promemoria", vom 8. Aug. 1817, in dem er die grundlegenden Ideen des Gesetzes entwickelt, bezeichnet er als Endziel „die freie Entwicklung der Nationalkräfte, die ja nichts anderes als die allgemein-menschlichen unter der besonderen Form der Nationalität sind." Der Staat wird darin als „Erzieher im höchsten Sinne" aufgefaßt, — um Sprangers Ausdruck darüber zu benutzen: als ein „von lebendigen Kräften und sittlichen Mächten durchströmter Organismus": „Jeder Staat wirkt durch seine ganze Verfassung, Gesetzgebung und Verwaltung erziehend auf seine Bürger ein, ist gewissermaßen eine Erziehungsanstalt im großen, indem er unmittelbar durch alles, was von ihm ausgeht, seinen Bürgern eine bestimmte Richtung und ein eigentümliches Gepräge des Geistes wie der Gesinnung gibt." (Man sieht, wie klar Süvern das immanente Streben des patrionalen Staates zur Gestaltung und Beherrschung der Mentalität seiner Untertanen erkennt und zu fördern bereit ist; nur daß es jetzt bei veränderten Verhältnissen „mit geändertem Vorzeichen" geschehen sollte.)

Ueber das Gesetz selbst sagt Spranger (Politik und Pädagogik S. 562): „Der Gedanke einer allgemeinen, vom Beruf losgelösten Menschenbildung steht an der Spitze des ganzen Unterrichtsgesetzes und bildet die Grundlage der gesamten Nationalerziehung." Elementarschule und Gymnasium, zwischen welche noch die Stadtschule tritt, sind organisch zusammenhängende Stufen und bilden „eine einzige große Anstalt für die Nationaljugendbildung. Durch die unterste Stufe soll jeder hindurchgehen müssen." In seinem Promemoria sagt Süvern selbst klar und deutlich: „Der allgemeine Charakter dieser Schulen bringt es mit sich, daß sie unter ihren Zöglingen nach den Verschiedenheiten ihres Standes und sonstiger Verhältnisse durchaus keinen Unterschied machen" (Zitiert „Deutsche Schule", S. 520 in dem Aufsatz von Dr. R. Wagner-Berlin über „Bernhard Christoph Ludwig Natorp"). Süvern erkennt sogar Privatschulen unter Aufsicht und Genehmigung des Staates an. Ja, er ging so weit, junge Lehrkräfte nach der Schweiz zu dem radikalen Pestalozzi, dem Ehrenbürger der französischen Revolution, in die Lehre zu senden. (Allerdings konnte er sich darauf stützen, daß dieser merkwürdig zwiespältige Mann, wennschon wirtschaftlich für Freiheit und Gleichheit eintretend, den Staat ganz im alten patrimonialen Sinne auffaßte, nach Art einer großen Familie, wobei jeder Einzelne innerhalb seiner Standesgrenzen zu verbleiben hatte. Er spricht durchaus gegen die Gleichheit aller Menschen, steht vielmehr ganz auf alter aristokratischer Grundlage: Fürst, Minister und Adel haben zu bestimmen, die Dorfräte nur beratend mitzureden. Selbst wirtschaftlich ist sein eigentliches Ideal der industrielle Verleger, den er in „Lienhard und Gertrud" als den Mustermenschen des ganzen Dorfes schildert. — Insofern mochten sich die höheren Stellen mit seinen radikalen pädagogischen Gedanken leichter abfinden.)

Nach den Ideen von 1789 sind ja alle Menschen von Grund auf gleich. Die logische Folge daraus war, daß auch alle Kinder zu gleicher Entwicklung ihrer angeborenen Kräfte und Fähigkeiten zu bringen sind. Es darf also nur einerlei Anstalten und einerlei Erziehung und Unterricht geben, nicht mehr verschiedene Schulgattungen, wie Ritterakademien, Kadettenhäuser, bischöfliche Knabenseminare usw., sondern nur eine allgemeine Volksschule, welche dann alle zwangsweise besuchen müssen. Es ist nur ein Irrtum, nun anzunehmen, wie es immer in der Geschichte der Pädagogik geschildert wird, diese Ideen hätten sich durch die Kraft ihrer Wahrheit damals oder heute durchgesetzt. Es lag vielmehr einfach so, daß das heraufkommende Bürgertum Gleichstellung mit Adel, Klerus usw. verlangte und daher in dem Maße, wie es politisch zur Herrschaft gelangte, begierig nun zu diesen Lehren griff, um mit ihrer theoretischen Unterstützung seine Interessen im Schulwesen durchzudrücken. In dem Maße, wie die vormalig herrschenden Mächte aber wieder zur Uebermacht kamen, drängten sie dann die in solcher Hinsicht unternommenen Vorstöße wieder zurück, indem sie zu ihrer Rechtfertigung jene Theoreme als falsch darstellten. Man muß sich immer gegenwärtig halten, daß die Entfaltung der *pädagogischen Lehren* etwas selbständiges und ganz anderes ist, als die Entfaltung der *faktischen Unterrichtspolitik.* Die erstere schafft *Erkenntniswerte* — wahre oder falsche —, die letztere *politische Bestrebungen.* Erstere haben an sich auf letztere gar keinen Einfluß: Quod non volumus, non credimus. Letztere aber findet immer irgendwo theoretische Lehrmeinungen, mit denen sie ihre politischen Interessen verbrämt und verschleiert. Das Ergebnis wird dann jeweils von den Kreisen, welche diese Theoreme für richtig halten, so ausgelegt und dargestellt, daß diese sich nunmehr endlich „durch die Gewalt ihrer Wahrheit zum Siege durchgerungen" haben. Dasselbe Schauspiel sehen wir z. B. auch bei dem Streit darum, ob der Staat oder die Gemeinden die Schulverwaltung in Händen haben sollen: Der Liberalismus arbeitete dahin, die Schulverwaltung den Gemeinden zu übertragen, der Konservativismus, sie dem Staat zu überlassen. Später kehrte sich das Verhältnis um: Diesterweg verlangt die Organisierung der Erziehung von *Staats*wegen, nicht, wie es bislang der Fall war, seitens der Gemeinden, die nur innerhalb der ihnen vom Staate gewiesenen Grenzen mitzuwirken, das Aeußere der Schule zu betreuen hätten, während Lehrplan, Methode und sonstiges Inneres von sachverständigen Staatsbehörden zu besorgen sei, die allein die notwendige Einheitlichkeit herbeiführen könnten. Der theoretische Zwiespalt bzw. Wandel der Ansichten erklärt sich sehr einfach, wenn man erwägt, daß anfänglich der Liberalismus in vielen einzelnen Gemeinden Oberwasser hatte, im Staat dagegen noch nicht auf vollen Sieg rechnen konnte, während später er hoffte, den Staat ganz in seine Gewalt bekommen zu können und demnach das Interesse hatte, nicht etwa gewichtigen einzelnen Gemeinden, in denen die Reaktion sich halten könnte, autonome Schulherrschaft zuzugestehen. Der Staat des 19. Jahrhunderts fand schließlich den ausgezeichneten Ausweg, daß er zwar die eigentliche Leitung des Schulwesens behielt (um eine zielbewußte Schulpolitik treiben zu können!), den Gemeinden aber, damit sie nicht leer ausgingen, die — finanziellen Lasten auferlegte!

Die Reaktion.

Süverns Schulgesetzentwurf hatte einen einzigen großen Fehler: daß er zu spät kam und darum niemals Gesetz wurde. Ehe er nämlich das Licht der Welt erblickt hatte, war im Jahre 1815 Napoleon schon entscheidend geschlagen und nach Elba verbannt, und nach seinem nochmaligen Wiederauftauchen erneut niedergeworfen und in St. Helena endgültig in Sicherheit gebracht worden. An irgend eine Gefahr von dieser Seite war jetzt nicht mehr zu denken. In Frankreich war die legitime Dynastie der Bourbonen wieder an der Herrschaft, zwischen Preußen, Oesterreich und Rußland die „Heilige Allianz“ geschlossen, welche eine starke Gegenseitigkeitsversicherung der drei sich als Werkzeuge Gottes fühlenden Kaiser gegen Frankreich und die Demokratie auf reaktionär-bigotter Grundlage bedeutete. Damit war bei den maßgebenden Stellen Preußens jede Neigung geschwunden noch weiter mit den freiheitlichen Ideen der französischen Revolution zu kokettieren oder gar das eigene Volk irgendwie auch nur in verdünntester Essenz mit ihnen zu verseuchen.

Die Karlsbader Beschlüsse vom 23. März und 1. Juli 1819 machten jeder Spur liberalisierender Tendenzen in regierenden Kreisen ein Ende. Das System Metternich begann seine Herrschaft, — in Preußen in Person des Fürsten Wittgenstein als Oberkammerherr des Königs. Und schon begann der König einen zielbewußten Gegenstoß in der Schulpolitik: Auf allerhöchsten Befehl unterbreitete der Bischof Eylert unterm 16. Oktober 1819 seine „Freimütigen Bemerkungen über das Verderben der jetzigen Zeit und Vorschläge, wie demselben entgegengearbeitet werden könne“. Darin wird — neben der „Anarchie der evangelischen Kirche“ und der „Humanität der Staatsbehörden" — die Quelle alles Uebels gefunden: „in der einerseits verkehrten Richtung, die unsere Volksschulen, Gymnasien und Universitäten nahmen", nachdem seit 1809 der Staat selbst „revolutionäre und demagogische Tendenzen" in sich aufgenommen habe. (Spranger P. u. P., 284): „Hier hat eine einseitige intellektuelle Bildung oder die sogenannte „Aufklärung" eine höchst verderbliche Richtung genommen: Durch ein unaufhörliches Experimentieren seit 30 Jahren her, durch ein unendliches Abändern und Vervielfachen der Lehrobjekte, durch eine mit jedem Jahr größer werdende Flut von Schul- und Lehrbüchern (!) ist eine heterogene Masse unverdauten Wissens in das Volk gekommen, wodurch es mit seinem Berufe entzweit, flach und raisonniersüchtig zwar schlauer und pfiffiger, aber moralisch schlechter geworden ist." (!) Als *Gegengift* empfahl er *Beschränkung des Unterrichts hauptsächlich auf Religion*, — sogar auf den Lehrerseminarien.

In diesem Sinne wurde denn auch regiert. Der Kongreß von Troppau gab den Ausschlag für die Marschrichtung: Eine Kabinettsordre vom 20. November 1820 verfügte entsprechende Reform der Lehrmethode und zugleich scharfe Untersuchung gegen die gesamte Lehrerschaft, damit die Schulen und Universitäten, ja sogar die Behörden von allen Verführern und Verführten gereinigt würden. Wie die wirtschaftlichen Reformen im wesentlichen rückgängig gemacht, die feierlich zugesagte Volksvertretung „vergessen" wurde, so versank auch die Schulreform im Orkus. Humbold, Beyme und Boyen schieden aus dem Ministerium, Süvern hatte das Glück, rechtzeitig zu sterben, sein Entwurf kam „z. d. A.".

Von vornherein hatten der Schulreform natürlich alle Kreise feindselig gegenüber gestanden, für die der absolute Staat eine Versorgungsanstalt gewesen war, deren Privilegien nun aufgehoben waren und denen es sehr unbequem war, daß nun, Dank gleicher Schulbildung, lediglich die einem jeden erlangbare Tüchtigkeit im praktischen Leben konkurrieren sollte. Ebenso der ganze Klerus, der von geistiger Bildung des Volkes Sinken seines Einflusses befürchtete. Besonders erbitterten Einspruch erhoben die katholischen Bischöfe mit der Begründung: Nach dem kanonischen Recht, den Beschlüssen des Tridentiner Konzils, dem Westfälischen Frieden und dem Reichsdeputationshauptschluß seien alle Schulsachen „causae ecclesiasticae". In allen katholischen Anstalten (konfessionelle Schulen waren auch nach Süverns Entwurf noch beibehalten worden) habe der Bischof die Lehrer zu ernennen und die Lesebücher zu bestimmen. Die Lehrer wären überhaupt, namentlich für die höheren Schulen, am besten aus dem geistlichen Stande zu entnehmen; die Lehrerseminare jedenfalls unter Leitung des Bischofs zu stellen, der auch die Direktoren und Lehrer für sie zu ernennen und Stipendien für sie ohne ministerielle Genehmigung zu verteilen haben müsse.

Alle diese Regenwürmer krochen jetzt wieder aus der Erde, in die sie unter dem Unwetter der Revolutionsjahre vorsichtig und stille verschwunden waren: „Als nach 1815 die Ruhe wieder hergestellt war, ... da begann der Einfluß jener Partei. Die nationale Erhebung wurde als ein momentaner Rausch dargestellt", das Verlangen nach einer Verfassung als dreistes Streben nach Beeinträchtigung der Königsmacht; „Thron und Altar wären in Gefahr," so lehrte man jetzt offen, wenn jenem „Treiben" nicht ein Damm entgegengesetzt würde. . . . „*Umkehr*" wurde die Parole" (Spranger „Politik und Pädagogik", S. 83). „Der Syvernsche Entwurf galt in ihren Augen als eine Frucht der verhaßten freiheitlichen Bestrebungen, die in den Freiheitskriegen hochgekommen waren und damals auch hatten geduldet werden müssen, jetzt aber mit allen Mitteln von ihr bekämpft wurden" (Unterstaatssekretär Heinrich Schulz „Der Weg zum Reichsschulgesetz, 1920, Leipzig, Quelle & Meyer, S. 9). „Es erhoben sich Stimmen, die die verhaßte demagogische Bewegung *aus* der seit 1808 angebahnten höheren Volksbildung herleiteten; die Volksschulen seien „Brutstätten des unruhigen Geistes", die Volksschullehrer seien mit ihrer „Halbbildung" die Sendboten der Revolution; die alten, aus Schneider- und Schuhmacher-Gewerben rekrutierten Lehrer seien vollständig genügend, dem Volk die nötige Bildung beizubringen." (Spranger, P. u. P., S. 83.) Aber auch sonst wurden die Schulausbaubestrebungen vielfach jetzt als unbequem empfunden, namentlich aus finanziellen Gründen: „Besonders der größte Grundbesitz stemmte sich mit Hand und Fuß dagegen" (Spranger, S. 85).

Diese Strömungen verwertete nun die Regierung jetzt zur Rechtfertigung ihres schnöden Umfalls: „Die Regierung schloß sich in jener Zeit wieder enger denn sonst an Geistlichkeit und Großgrundbesitz, der zur damaligen Zeit noch mit dem Adel fast gleichbedeutend war. . . . . . Ueberdies war die Steuerkraft des Landes zu anderen, den regierenden Kreisen wichtiger erscheinenden Zwecken" — (nämlich Heer und Bürokratie!) — „angespannt genug. Da kamen die Anklagen gerade recht. Jetzt hatte man den Grund, die Schule zu bekämpfen, weil sie die Demagogik förderte, und konnte die Hand auf dem Beutel behalten" (Spanger, S. 85). Fürst Hardenberg, der vormalige Genosse Steins, schwenkte schleunigst wieder zur Reaktion hinüber und alles, was man regierungsseitig von liberalen Ideen in der Not zu Hilfe holen zu müssen gemeint hatte, wurde endgültig wieder eingesargt.

Lediglich der *Patriotismus* wird aus der Napoleonischen Zeit beibehalten, aber in ein sehr anderes Kleid gesteckt: Als theoretische Eideshelfer werden jetzt die Romantiker herangezogen, welche mit einer Art religiösen Verbrämung die *Heiligkeit des Staates* predigen. Andacht vor dem Staat fordern, in feierlichem Licht das Legitimitätsprinzip verherrlichen, mit Fichte etwas Mystisches, fast Sakrales in der territorialen Machtorganisation finden, in den Staat alles Geistige und Sittliche, selbst das rein Kirchliche hineinfühlen, mit Hegel den preußischen Staat als Höhepunkt der Menschheitsentwicklung verkünden, Kirche und Staat als Seele und Körper, die Fürstengewalt als durch göttliche Gnade übertragen empfinden, mit Haller den Staat auf patriarchalische Naturautorität des pater familias in der Sippe und auf die magische Tradition des Grundeigentums zurückführen.

1817 wurde auf persönliche Veranlassung des Königs ein besonderes „Ministerium für den Unterricht und die geistlichen Angelegenheiten" begründet und als Chef desselben der ängstlich-gewissenhafte Leisetreter Karl Frhr. v. Stein zum Altenstein berufen (der 1808 Steins Nachfolger als Finanzminister geworden war, 1810 aber hatte entlassen werden müssen, weil er dem König den „patriotischen" Vorschlag gemacht hatte, statt Zahlung der Kriegskontributionen Napoleon die Abtretung Schlesiens anzubieten!). Er beherrschte 20 Jahre lang die Kirchen- und Schulverwaltung und berief 1821 als Spezialreferenten der Volksschulabteilung einen rechtsstehenden Schriftsteller v. Beckendorff, der am Hessischen und Bernburgischen Hof Prinzenerzieher gewesen war und sich, neben reaktionären Aufsätzen, durch ebensolche Rede am Grabe des ermordeten Kotzebue neuerdings in empfehlende Erinnerung gebracht hatte; einen total reaktionären Mann (den er 1827 wieder entlassen mußte, weil er seinen Uebertritt zur katholischen Kirche vollzog. Der König rief ihn dann freilich wieder in einen religiös neutralen Posten zurück!) Er brachte das Schulwesen zur vollständigen Verchristlichung. Schon in einem Promemoria der „Kommission über den gegenwärtigen Zustand des Schul- und Erziehungswesens in der Preußischen Monarchie" vom 15. Februar 1821, in dem sein Stil erkennbar wird, wird der Schule an allen beklagten Mißständen der bisherigen liberalen Bürokratie, dem Wirken der Fichte und Schleiermacher, Jahn und Arndt Schuld gegeben und empfohlen, zu „verhüten, daß durch Spekulation und Kritik nicht ferner wie bisher die Grundlagen der Kirche und des Staates angegriffen und erschüttert werden." Man sollte das Interesse auf die Real Wissenschaften, die mechanischen und schönen Künste ablenken! „Nur Festigkeit und Einigkeit im Glauben . . . . . . vermögen die schon wankende *Treue* im kirchlichen und im bürgerlichen Leben wieder zu sichern" (zitiert bei Spranger, P. u. P. S. 233).

Als ursprünglicher Journalist versäumte v. Beckendorff nicht, auch propagandistisch wirksam zu sein: Er gab während seiner ganzen Amtstätigkeit die halboffiziellen „Jahrbücher des Preußischen Volksschulwesen" heraus, in denen er die intensive rückschrittliche Schulpolitik propagierte, die er in der Praxis durchführte: Christlich-mittelalterliche Kultur gegen allgemein-menschliche; patriarchalisch-theokratischer Absolutismus gegen Mitwirkung des Volkes. Die staatliche Schulpolitik ist ihm „ein Attribut der verantwortlichen Vormundschaft, welche der Staat über seine Untertanen auf sich genommen hat", demgemäß „die Geistlichkeit als der eigentliche Lehrstand anzusehen, welchem auch die Schullehrer viel näher angehören, als den weltlichen Ständen. Schule und Kirche gehören innig zusammen und der Geistliche, der jene nicht als Vorhof für diese, als Pflanzschule für seine Gemeinde und als erste Werkstätte seines Seelsorgerberufs betrachtet, der . . . . . . verkennt seine Pflichten ganz und gar." — Daß diese Auffassung unverträglich mit dem Gedanken des „Allg. Preuß. Landrechts" und mit der konfessionellen Spaltung im Staate war, bekümmerte ihn nicht. „Er sah alles von der Seite der Kirche aus und im Staat vor allem den Beschützer der Kirche, also wiederum ein religiöses Institut" (Spranger, P. u. P., 289). Weil geistige Bildung das Volk innerlich frei und selbstbewußt machte, erwuchs ihm „Abneigung gegen den Begriff der allgemeinen Bildung überhaupt, die nach ihm bloß Unzufriedenheit und Neuerungssucht erweckt." Es *gibt* nun einmal verschiedene Stände; darum erstrebt er Standesschulen gegen Volksschule. Trennung von Stadt- und Landschulen, bei ersteren Scheidung von (freien) Armenschulen, Vorschulen (Elementarschulen), Bürgerschulen (für Handwerker usw.), höhere Bürgerschulen (für bessere Gewerbetreibende); Gliederung nach Abstufung der wirtschaftlichen Lage, der Ausbildung, der Berufsziele. Er erstrebt Beseitigung der wenigen zum Leben gekommenen Simultanschulen, die ja als Produkt der Rationalisten (Rationalisten sind für ihn schlimmer als Heiden), keine gute, dem Staat erwünschte Gesinnung pflegen können. Ein Zirkularschreiben des Kultusministeriums vom 27. April 1822 besagt denn auch klipp und klar: „Die Erfahrung hat gelehrt, daß in Simultanschulen das Hauptelement der Erziehung, die Religion, nicht gehörig gepflegt wird, und es liegt in der Natur der Sache, daß dieses nicht geschehen kann". Darum sollen Simultanschulen nur in Sonderfällen als Ausnahme noch geduldet werden. (Spranger, P. u. P. 362.)

So schreibt er denn auch abfällig über Pestalozzi (den man noch nicht ganz verleugnen konnte) und „das neumodische Verfahren, wonach nur die Fähigkeiten und die Geisteskräfte entwickelt werden" statt Pflege der guten Gesinnung. (Spranger. P. u. P. 290.)

Eine Ministerialverfügung vom 24. Okt. 1825 bezeichnet die Schule direkt als Vorhof der Kirche. Zum Regenwalder Lehrkurs für Lehrer (Herbst 1821) erklärte denn auch eine Bemerkung des Ministeriums mißbilligend, „daß die Grundlage aller Bildung in der Erziehung zur Frömmigkeit, Gottesfurcht und christlichen Demut bestehe und daß daher eine solche Gesinnung vor allen Dingen in den Lehrern geweckt und gegründet . . . . werden müßte, — diese Gesichtspunkte sind die einzig richtigen" (zitiert Spranger P. u. P. 436). Daher sei auch in den Seminaren morgens eine Morgenandacht und abends eine Abendandacht abzuhalten: „Die Erbauungen verbreiteten sich zunächst allgemein über das Thema: Die christliche Gesinnung ist die Hauptsache beim Lehrer und nicht das Vielwissen, auch nicht die Lehrgeschicklichkeit (!!). Christum lieb haben, d. h. so gesinnt sein wie er, so denken und handeln wie er und aus Liebe zu ihm, ist besser als alles Wissen (!) . . . . Die Hauptsache ist wohl: *Gehorche*, lieber Lehrer. Deinem Prediger und arbeite ihm in die Hände; denn er ist Dir und der Gemeinde von Gott gesetzt." (Dabei war der geistige Tiefstand der Geistlichkeit selbst so erschreckend, daß das Ministerium noch wenige Jahre zuvor hatte energische Maßnahmen dagegen ergreifen müssen! (Spranger, P. u. P. 437). Die Volksschulen wurden so de facto und in direktem Widerspruch zum Gesetz völlig konfessionell. „Religiöse Andachten und Uebungen wurden wieder der Mittelpunkt des Unterrichts, die Lehrer wieder Diener der Kirche." (Clausnitzer-Rosin S.229.)

Die 1829 geschaffenen evangelischen Generalsuperintendenten — (sie hatten nach dem Wunsche des Königs eigentlich Bischöfe heißen sollen) — bekamen unter ihre Aufsichtsfunktion auch die Volksschulen und die niederen Bürgerschulen „als der Vorbereitungsanstalten für die Kirche" (!)

und die religiöse bzw. kirchliche Tendenz der höheren Bürgerschulen und der gelehrten Schulen; die Lokalaufsicht hatten die Geistlichen.

Wie im Mittelalter die Bauern, um sich gegen die ihre Freiheit bedrohenden Gelüste der großen Grundherren zu schützen, ihren Grund und Boden gern der Kirche übereigneten und dann als Lehensgut von ihr zurücknahmen, so wurde auch Friedrich Wilhelm III Lehensmann der Kirche in der Zuversicht, daß diese dann mit der starken Macht der Volksgläubigkeit seinen Thron gegen die aufsteigende Demokratie wirksamer werde schützen können, als er selbst mit nur militärischen Mitteln.

Auch der Adel erklärte Bildung für verderblich. Denn „je dümmer ein Untertan ist, desto mehr wird er sich alles wie ein Vieh gefallen lassen", wie man cynisch aussprach (Clausnitzer-Rosin S. 24). Darum heißt es speziell für die niederen Schulen in einer „Anleitung" vom 16. Dezember 1794: „Wahrer *Religions*unterricht . . . ist die eigentliche *Hauptsache* des Unterrichts in niederen Schulen auf dem Lande und in den Städten" und als Lehrplan wird aufgestellt: Auswendig gelernter Katechismus, auswendig gelernter Vorrat von Kirchenliedern, „Vertrautheit mit der Bibel, sowie mit der Glaubenslehre, daneben Fertigkeit im Lesen" (um Bibel und Gesangbuch lesen zu können!), sowie „*einige* Fertigkeit, leserlich und orthographisch zu schreiben" nebst „Uebung in den gemeinsten zum Hauswesen nötigen Rechnungen". Sehr bezeichnend heißt es aber weiter: „Am wenigsten wird den Schullehrern gestattet, mit Zurücksetzung oder aus nachlässiger Betreibung dieser Hauptstücke Gegenstand der Naturgeschichte, Geographie usw. mit den Kindern vorzunehmen"! — Ein noch herzustellendes offizielles Lesebuch werde alles bringen, was, über die Religion hinaus, „mit den Größeren und Geübteren" vorgenommen werden könne. (Vollständiger Wortlaut bei Heppe III, S. 50). Auch eine Ordre des Ministers v. Münchhausen drängt vor allem auf „Unterricht in der Religion, damit ihr Verstand mehr aufgeklärt (!) und ihnen richtigere Begriffe von *ihren Pflichten* beigebracht werden mögen. Hieran mangelt es am meisten" (Clausnitzer-Rosin, S. 26). Eine Cirkular-Verordnung vom 31. August 1799 erklärt: „Wahre ‚Aufklärung'... besitzt unstreitig derjenige, der in dem Kreise, wohin ihn das Schicksal versetzt hat, seine Verhältnisse und Pflichten genau kennt und die Fähigkeiten hat, ihnen zu genügen. Auf *diesen Zweck* sollte daher der Unterricht in allen Volksschulen *eingeschränkt* werden. Die Zeit, welche man darin auf den oberflächlichen Unterricht in Wissenschaften verwendet, von welchen der gemeine Mann in seiner Sphäre keinen Gebrauch machen kann, ist größtenteils verloren. Er vergißt das Gehörte sehr bald, und was noch in seinem Gedächtnis bleibt, sind unvollständige Begriffe, aus welchen solche Schlüsse und solche Neigungen entstehen, deren Befriedigung sein Stand ihm nicht verstattet und welche ihn nur mißvergnügt (!) und unglücklich machen". (Rönne „Schulwesen" I., S. 89, zitiert bei Clausnitzer S. 41.) Selbstverständlich wurde sogar der Realienunterricht in den Dienst der Religion gestellt: Das Preußische Schulreglement Friedrich II schon besagt in § 6 ausdrücklich: „Das Lesen geschieht in dem Neuen Testament oder einem anderen erbaulichen Buch und zur Hebung im Schreiben können ein paar Sprüche oder die Epistel und das Evangelium genommen werden". Außerdem hat der Schullehrer „mit den Kindern in der Kirche zu singen und sie den Catechismus hersagen zu lassen" (beim Gottesdienst).

Es ist ein billiger Pharisäismus, jetzt darüber geringschätzig die Achseln zu zucken und selbstgefällig darauf hinzuweisen, „wie *wir*'s so herrlich weit gebracht". Derartige Vorschriften und Gesichtspunkte wären heute allerdings kaum mehr möglich. Aber doch nicht etwa deswegen, weil der *Staat* heute seine Interessen zu Gunsten der eigenen Interessen der Schüler *zurückgesetzt* hat, sondern weil die *Interessen* des Staates heute *anders* aussehen, weil der Staat der Maschinengewehre und der Großindustrie und des allgemeinen Wahlrechts keine religiös verdummte Untertanenschaft mehr braucht, sondern eine naturwissenschaftlich in wenigstens den Elementen geschulte, gegen die Macht der Kirche durch antireligiöse Aufklärung immunisierte Wählerschaft und Arbeiterschaft. Ein krasser Irrtum wäre es, aus diesem Wechsel der realen Staatsinteressen zu folgern, daß der *Staat* heute im geringsten weniger, wie ehemals die Schule zur Drillung bequemer Untertanen mißbraucht.

In dem Augenblick, wo durch einen nationalen Umschwung etwa einmal die Deutschnationalen, Nationalsozialisten und das Zentrum an die Macht kämen, könnten wir dieselben Zustände sofort von neuem erleben. Das „hochstehende Niveau unserer Pädagogik" schützte uns nicht im geringsten davor. — Und wenn eine sozialistisch-kommunistische Revolution die Herrschaft gewönne, erlebten wir im Gegenteil eine kraß materialistisch-rationalistische, rein aufs Praktische gerichtete Umgestaltung der Schule, die ich ebenso wenig erstreben würde. Das Unglück ist eben, daß die Schule lediglich ein Spielball in der Hand des Staates ist und dieser sie jeweils formt, wie er durch sie brauchbares Material für *seine* Zwecke erhofft. Was der geistigen Entfaltung des *Kindes* wahrhaft guttut und was von *diesen* erstrebt wird, kommt gar nicht in Betracht. —

Bekanntlich schwächte sich nun die liberale Bewegung keineswegs ab, sondern gewann umgekehrt immer mehr an Breite und Tiefe. Das erregte an den maßgebenden Stellen immer lebhaftere Besorgnis. Neben der altdeutsch-romantischen Jugendbewegung — das Turnen wurde November 1818 unter Aufsicht gestellt, Januar 1820 ganz verboten, „da es Sr. Majestät ernstlicher Wille, daß das Turnwesen ganz aufhöre", — war es vor allem die Volksschule, von der man behauptete, sie flöße der Jugend pietätlosen, revolutionären Geist ein. Man sagte, es sei eine Illusion gewesen, das Volk durch Förderung des Schulwesens sittlich heben zu wollen. Im Gegenteil: eine höhere Bildung des Volkes sei nur nachteilig. Außer der Religion dürfe ihm nicht mehr, als gerade Lesen, Schreiben und etwas Rechnen gelehrt werden.

Eichhorn, der nach Altensteins Tode 1840 an dessen Stelle getreten war, erklärte als sein Programm: „nach Kräften eine Besserung der Schäden, welche im öffentlichen Schulwesen durch die Beflissenheit, einem Phantom allgemeiner Humanitätsbildung zur Verwirklichung zu verhelfen, in der Stille mit eingetreten und ziemlich verbreitet waren, durch eine Rückführung derselben auf eine reale Operationsbasis zu vermitteln" (Thilo, S. 238).

Neben der Verchristlichung und Aushöhlung der Volksschule an sich richtete sich die Furcht der regierenden Kreise und demgemäß ihr Unterdrükkungsbestreben vor allem gegen den Lehrerstand als solchen: Süvern und seine Mitarbeiter hatten seinerzeit wohl eingesehen, daß eine Hebung des Schulwesens mehr oder weniger identisch sei mit einer Hebung des Lehrerstandes. Sie hatten daher eine sorgfältige Auswahl der Lehrer und vor allem dann eine sorgfältige Vorbildung und geistige Schulung derselben erstrebt. Mit Recht hatte Natorp ausgeführt: „Alle weitere Verbesserung der Schüler geht von der besseren Bildung der Lehrer aus" und daher „eine wahre Lehrerbildung im Gegensatz zu der bisher üblichen Methode, wonach die Lehrer „nur abgerichtet, zur Ausführunng dressiert" wurden, d.h. nur eine gewisse Routine und Technik des Unterrichts erhielten", verlangt (Spranger. P. u. P. S. 521). Ferner war die Begründung besonderer Lehrerseminare in die Wege geleitet worden, um ihnen eine solche Vorbildung durchweg und einheitlich zu ermöglichen. Seit 1810 waren jährlich mindestens ein, zuweilen zwei bis drei solcher Institute staatlich gegründet worden; 1825 bestanden bereits 28

Stück. Am 1. Juni wurde auch die von Natorp schon 1811 geforderte Abschlußprüfung für sie eingerichtet. (Als Entgelt mußten sie sich drei Jahre lang der Regierung zur Verfügung stellen, erhielten dann aber den Vorzug vor nichtseminaristisch gebildeten Lehrern). Aber alsbald nach Süverns Tode ging auch diese Einrichtung andere Wege: Eine Kabinettsordre vom 12. April 1822 verlangt schon die Gewähr dafür, daß der Lehrer positiv dahin wirke, „in dem Zöglinge Gesinnungen der Anhänglichkeit, der Treue und des Gehorsams am Landesherrn und am Staate zu erwecken und zu befestigen" (!). Darum sollte er sich als ergebener Diener des Geistlichen fühlen, den er sogar bei seiner Verhinderung durch Verlesen einer Predigt vertreten mußte. Auch die Aufsicht der Geistlichkeit wird stets erweitert. Harnisch bezeichnet die Lehrer direkt als „kirchliche Gemeindebeamte" (Spranger, P. u. P. S. 358). Jetzt wurden die Seminare auch tunlichst in kleine weltabgeschiedene Ortschaften gelegt, wo ihre Zöglinge „vor den Erfahrungen der bösen Welt geschützt sind" (d.h. wo sie nicht die in den Städten grassierenden liberalen Ideen so leicht aufgriffen und ihr Verkehr und ihre Betätigung leicht kontrollierbar war, und wurden hier in engen Schranken gehalten. Beckendorff erstrebte statt größerer städtischer Seminare mit einheitlicher Organisation und Lehrplan überhaupt kleine vom Pastor geleitete ländliche Anstalten, die wesentlich auf Erzielung christlicher Zucht hinauslaufen. (Harnisch's Schulrat sah schon in botanischen Ausflügen der Seminaristen mit leinenen Hosen etwas Demagogisches und in einem von ihnen dabei getragenen kleinen Jungen, der ermüdet war, einen Freiheitsgötzen!! (Spranger, P. u. P. S. 356).

Der Regierungsrat Eilers aus Koblenz, den Eichhorn als seine rechte Hand ins Ministerium nahm, gibt der Angst, die man vor der politischen Haltung und Betätigung und Wirkung der Volksschullehrer hatte, unverhüllt Ausdruck, wenn er (in seiner Schrift: „Zur Beurteilung des Ministeriums Eichhorn", Berlin 1849) über die „Teilnahme vieler Schullehrer an den politischen Parteikämpfen" ausführt: „Es wäre der Mühe wert, die Zeitungsartikel zu sammeln, welche von Schullehrern mit dem Zeugnis Nr. 1 herrühren. Aus einer solchen Vorlage würde man sich überzeugen, daß die Schullehrerseminarien mit ihren übermäßigen wissenschaftlichen Bildungsbestrebungen das Gegenteil von dem bewirken, was die edle Königin Luise und die Träger ihrer menschenfreundlichen Ideen beabsichtigten". (Ein schätzenswertes Eingeständnis!) Und in einer späteren Publikation („Meine Wanderung durchs Leben IV, S. 161), wo er ein Klagelied über die Presse im allgemeinen anstimmt, sagt er: „Fast täglich lieferten unsere

Gymnasien und Universitäten einen Zuwachs von solchen leichterfertigen Publizisten". Ja, auch „die sonst so schmalen Pfade zum Staatsdienst wurden sehr breit und zugänglich gemacht. Die Zahl derer, die darauf wandelten, nahm rasch zu und alljährlich wurde die Vermehrung der Schülerzahl an den Gymnasien mit großer Selbstgefälligkeit ausposaunt. Bald ergab sich, daß der Staat nicht alle anstellen konnte, welche die Schulverwaltungsorgane auf den Weg zum Staatsdienst verlockt (!) hatten . . . . In dieser Not nahmen alle die, welche sich einige Federfertigkeit angeeignet hatten, ihre Zuflucht zu dem dürftigen Broterwerb der politischen und kirchlichen Artikelschreiberei", nachdem sie „von den Franzosen die Kunst des Untergrabens bestehender Regierungsformen gelernt . . . . hatten."

Abgesehen von der rührend naiven Vorstellung über die Ursachen kritischer und polemischer Veröffentlichungen in der Presse ist das hier unverhüllt zutage tretende Eingeständnis wertvoll, daß die Regierung Schulen eben keineswegs etwa zur Förderung objektiver, den Schülern selbst nützlicher Bildung befördere, sondern lediglich zur Erzielung gefügiger Staatsbeamter bzw. Untertanen. Wird dieser Zweck also nicht vollkommen erreicht, dann besteht an der ganzen Schule kein Interesse mehr.

Vom Lehrplan der Seminare speziell meint er (in der erstzitierten Schrift): „Die jungen Leute lernen zu viel, fühlen sich dann in ihrer Sphäre unglücklich, machen auf Grund ihrer Bildung Gehaltsansprüche (!), die nicht realisiert werden können, lenken die Kinder vom Christentum ab, usw."

Er rief dann 1844 den Neuwieder Seminardirektor Stiehl als Geheimrat ins Ministerium, der sich empfohlen hatte durch einen Toast „auf fünfzig Jahre rückwärts, wenn sie gut werden sollen", wobei er den Seminaristen „Demut bei harter Kost und leerer Wand" eingeschärft hatte (Spranger, P. u. P. S. 108).

Ebenso behauptete die „Kirchengeschichte" von H. Kurz (1849 und 1852): „Nächst dem Heere brotloser Literatenproletarier hat wohl kein Geschlecht dieser Zeit gründlicher und erfolgreicher an der geistigen Verbildung des deutschen Volkes gearbeitet, als der Stand der Volksschullehrer" (Spranger, P. u. P. S. 147).

Nachdem nun gar das „Revolutiönchen" von 1848 die Regierung erschreckt und für ein paar Tage und Wochen kleinlaut gemacht hatte, ging man daher mit erneutem Nachdruck an die Unterdrückung der Schule. Clausnitzer (S. 109) sagt darüber: „Die Regierungsgrundsätze waren: Die beschränkten Lebensverhältnisse des unteren Volkes bedingen auch eine Beschränkung der ihm zu verabreichenden Bildung, damit sein Horizont ein enger bleibe und in ihn nicht ein Mißbehagen, hervorgerufen durch das Mißverhältnis zwischen äußerer Stellung und innerer Bildung, entstehe". Darum verlangte der Regierungspräsident v. Hippel („Sendschreiben über einige Mängel der preußischen Schulverwaltung" 1840) strenge Begrenzung und Einschränkung des Elementarunterrichts, „damit sich dort im ersten Keim nicht eine ‚Ueberbildung' entwickle, die in den jungen Gemütern nur Unzufriedenheit erzeugt und zum Streben über Stand, Vermögen. Anlagen hinaus und hinauf treibt". Ebenso schrieb der bekannte Philologe Thiersch („Ueber den gegenwärtigen Unterricht in den westlichen Staaten"): „Das neuere Wesen .... bildet statt der .... Gott und der Obrigkeit treuen Untertanen (!) .... irreligiöse, neuerungssüchtige, politisierende, schlechte, nichtsnützige Menschen und Bürger. An diesen .... Bestrebungen hat die besonders durch *Pestalozzi* angeregte und eingeführte Methode den tätigsten Anteil!" (Zitiert bei Clausnitzer, S. 108.) — Ja, das fatale Denkenlernen!

Noch krasser drückte sich der König Friedrich Wilhelm IV. aus, als er einen Tag der Konferenz der Seminardirektoren und -lehrer am 15.-19. Januar 1849 beiwohnte. Er erdreistete sich, am Schluß der Verhandlungen das Wort zu einer Ansprache zu nehmen, in welcher er wörtlich erklärte:

„All das Elend (!), das im verflossenen Jahre über Preußen hereingebrochen, ist *Ihre*, einzig (!) Ihre Schuld: der Afterbildung, der irreligiösen Massenweisheit, die Sie als echte Weisheit verbreiten, mit der Sie den Glauben und die Treue in den Gemütern Meiner Untertanen ausgerottet und deren Herzen von Mir abgewandt haben (!). Diese pfauenhaft aufgestutzte Scheinbildung habe Ich schon als Kronprinz aus innerster Seele gehaßt und als Regent alles aufgeboten, um sie zu unterdrücken (!). Ich werde auf dem betretenen Wege fortgehen, ohne Mich beirren zu lassen; keine Macht der Erde soll Mich davon abwendig machen. Zunächst müssen die Seminarien sämtlich aus den großen Städten nach kleinen Orten verlegt werden. Sodann muß das ganze Treiben (!) in diesen Anstalten unter die strengste Aufsicht kommen .... Solange Ich noch das Heft in der Hand führe, werde ich solchem Unwesen zu steuern wissen." (Klingt doch ganz wie Wilhelm II.!)

Und zu einer Deputation schlesischer Seminarlehrer sagte er gleichzeitig noch:

„Es ist Mein ausdrücklicher Wille, daß aus den Seminarien Lehrer hervorgehen, die *Meine Regierung respektieren*, und daß die Seminare dahin wirken".

Da die Schule Staatsanstalt war, hatte der Staat ja die Lehrer nicht nur dank ihrer Beamtenqualität, sondern auch mit der Hungerpeitsche völlig in der Gewalt: Einerseits hielt er sie finanziell so kurz, daß, wie Diesterweg einmal ausführt, „ein Tagelöhner ebenso viel, ein Pferd oder ein Ochse aber mehr verdiente". Andererseits konnte er sie „im Interesse des Dienstes" jederzeit von Trier nach Memel oder von einer angenehmen Stadt in das ödeste Landnest versetzen oder sonstwie maßregeln. Er hatte sie vollständig an der Kandare. Vor allem konnte er ihnen auch jede Verbindung und Verständigung untereinander abschneiden. Als z. B. 1842 ein brandenburgischer „Verein der Schulfreunde" gegründet werden sollte, verbot Eichhorn die Tagung einfach!; ebenso 1843 ein harmloses Fest der schlesischen Lehrer. Ja, ein Manuskript vom 16. Mai 1844 ordnet an, daß die *Schulinspektoren „Kenntniß* nehmen sollten auch von den *Büchern, welche die Lehrer besitzen* und zu ihrer Belehrung brauchen", um „der planlosen und verderblichen Vielleserei" vorzubeugen. (Zitiert bei Clausnitzer S. 118.) Man kehrte sogar zum Niveau des Alten Fritz zurück: Eine Kabinettsordre vom 16. Mai 1844 ermächtigte die Behörden, „*Unteroffiziere*, die 12 Jahre dienen, wenn sie für das Schulamt Neigung und Fähigkeit zeigen", zum Seminarbesuch zu beurlauben. (Wortlaut im Schulblatt der Prov. Brandenburg 1844, S. 397.) Ja, durch Ministerialverfügung vom 12. Januar 1845 werden die Behörden aufgefordert, auf solche Reflektanten direkt zu fahnden und derartiges Personal tunlichst in die Seminare einzuliefern.

Daß so unruhige Köpfe, wie der Seminardirektor Diesterweg und der Hirschberger Lehrer Wandel 1847 diszipliniert und ihre Schriften verboten wurden, versteht sich am Rande.

Auch die „Allgemeine Deutsche Lehrerversammlung" wurde verboten. Ja, 1851 verbot der Minister sogar die Kindergärten, da sie „einen Teil des ‚Fröbelschen Sozialen Systems' bilden, das auf Heranbildung der Jugend zum Atheismus berechnet ist"! (Clausnitzer S. 182/3). Das Verbot lag aber nur an der geringen „Bildung" des Ministers: Er hatte den längst verstorbenen Pädagogen Friedrich Fröbel mit einem lebenden Demokraten Karl Fröbel verwechselt!

Die Schulaufsicht wird ganz der Kirche ausgeliefert. So bestimmt schon die Schulordnung für die Elementarschulen der Provinz Preußen von 1845 in § 28: „Die nächste Schulaufsicht führt der Schulpatron und der zuständige Pfarrer, die unter dem Kreisschulinspektor stehen, welcher der Superintendent ist". Nachdem die „Revolution" von 1848 die Regierung verängstet hatte, aber glücklich niedergeschlagen war, lieferte man die Schule völlig der Kirche aus. Sie sollte als vom Staat beauftragte starke Erzieherin des Volkes fungieren, als der gegebene Bundesgenosse im „Kampf gegen die zerstörenden Elemente einer gott- und rechtlosen, aber mächtigen Richtung". (Zitiert bei Clausnitzer S. 228.) In seiner großen Rede in der Kammer erklärte der nunmehrige (stockkonservative) Minister v. Raumer: „Es kommt hauptsächlich bei der Verbesserung des Schulwesens auf die Einpflanzung einer religiösen Gesinnung an", und wie man diese zu erzielen suchte, zeigt die Praxis der Folgezeit: Zu den einschlägigen Art. 17-23 der Oktroyirten Verfassung besagen die amtlichen „Erläuterungen" des Kultusministeriums: „Der Entwurf der Centralabteilung der Nationalversammlung .... zeigt .... einen .... Uebelstand, nämlich die unbeschränkte Freigebung des Unterrichts .... Der preußische Staat .... darf .... wohl mit Recht Bedenken tragen, die geistige Pflege seiner Jugend und damit seine eigene Zukunft der Privatindustrie (!) preiszugeben, in deren Folge leicht .... eine tiefe Entsittlichung (!) sich einstellen könnte .... Die Unterrichtsverwaltung kann Belege dafür liefern, daß das eigene Interesse der Eltern nicht im Stande ist, die Jugend vor den Einflüssen untüchtiger oder vielleicht gar unsittlicher Lehrer zu schützen; das Volk wird es daher der Gesetzgebung Dank wissen, wenn sie .... den Nachweis einer Befähigung verlangt, ohne deren Vorhandensein die Ausübung eines vermeintlichen Rechtes eine Unsittlichkeit in sich schlösse."

Gegen den Vorschlag, den Religionsunterricht der Schule zu entziehen und der Kirche zu überlassen, wendet der Minister ein: 1. Viele Schulen seien zu weit vom zuständigen Geistlichen entfernt, 2. „gehört auch ein großer Teil der von der Schule benutzten Liegenschaften und Kapitalien der Kirche, da der Lehrer meistens gleichzeitig Kirchenbeamter ist. Diese Quellen würden durch den Ausschluß des Religionsunterrichts vom Lehrplan der Volksschulen aufhören zu fließen" (d. h. der Staat müßte diese Werte ablösen und das paßt ihm eben nicht). Und im Uebrigen „ist das religiöse Leben .... die allein berechtigte und genügende Grundlage der erziehlichen Wirksamkeit der Volksschule". Maßgebender Referent im Kultusministerium ist jetzt der Geheimrat Stiehle. Aus seiner Feder stammen daher nun auch die berühmten „Regulative" vom 1., 2., 3. Okt. 1854, welche nun für lange Zukunft das preußische Volksbildungswesen regelten — (obgleich sie eigentlich gar keinen gesetzlichen Charakter trugen, sondern nur eine einzelministerielle (nicht einmal gesamtministerielle) Verordnung waren, für die das in § 26 der Oktr. Verfassung in Aussicht gestellte Unterrichtsgesetz als Unterlage noch gar nicht vorlag (bis heute!) noch nicht geschaffen ist. Die willfährige Kammer sanktionierte sie durch stillschweigendes Einverständnis. Das Unterrichtsministerium beschloß Uebergang zur Tagesordnung über alle Petitionen und Anträge und die Kammer kam gar nicht zu einer Stellungnahme.)

Die Regulative basieren auf dem Grundsatz: Die sogenannte „allgemeine Bildung", in Wirklichkeit nur Vielwisserei, habe sich in der Revolutionszeit als schädlich erwiesen — (für die Regierung allerdings!) — und müsse daher eingeschränkt werden. Dem entspricht denn die Erstickung der Realien durch religiösen Memoirstoff. (Clausnitzer S. 184.) Im einzelnen wäre hervorzuheben:

Reg. I behandelt den Unterricht in den Lehrerseminaren. Es bezeichnet als die Aufgabe des Lehrers, darin „mitzuwirken, daß die Jugend erzogen werde in christlicher, vaterländischer Gesinnung und häuslicher Tugend". Für „Deutsch" genügt Fibel und Lesebuch. „Ausgeschlossen von der Privatlektüre muß die sogenannte „klassische Literatur" bleiben! Als Ersatz werden (neben einigen brauchbaren Schriften) die „Blätter des Rauhen Hauses" empfohlen — der bekannten bigotten und strengen Erziehungsanstalt für mißratene Kinder.

Allgemeine *Welt*geschichte bleibe den künftigen Lehrern fremd. Sie „erzeugt Unklarheiten und Verbildung" und es wird nur „wichtigeres darüber versäumt". (Religion!) Dagegen „muß es als eine wichtige Aufgabe der Schullehrer angesehen werden, bei dem heranwachsenden Geschlechte und in ihrer Umgebung (!) Kenntnis der vaterländischen Erinnerungen, Einrichtungen und Personen aus der Vergangenheit und Gegenwart und damit Achtung zu der Herrscherfamilie vermitteln zu helfen! Es ist daher in den Seminarien zunächst die Deutsche Geschichte, vorzugsweise mit Berücksichtigung der Preußischen . . . . in gründlicher und warmer Behandlung . . . . zu betreiben."

Daß für Naturkunde „religiöse Richtung und Haltung notwendige Bedingung ist, bedarf keiner näheren Erwähnung". (!)

Reg. II behandelt die Organisation der Lehrervorbildung: Präparandenanstalten soll es fürderhin nicht mehr geben, sondern nur noch freiwillige Vorbildung durch Geistliche und ältere Lehrer. Der Präparant soll vor allem in der evangelischen Heilslehre firm sein, den Katechismus nebst zahllosen dazu gehörigen Bibelsprüchen, die Sonntagsevangelien, die messianischen Weissagungen, 18 Psalmen und 50 Kirchenlieder auswendig wissen, außerdem alle biblischen Geschichten, und zwar in der Fassung des in den Schulen eingeführten Buches.

Reg. III behandelt die Grundzüge der einklassigen Elementarschule. Es erklärt „die biblische Geschichte als das Feld, auf dem die evangelische Elementarschule ihre Aufgabe . . . . hauptsächlich zu lösen hat". Dies geschieht durch eine Fülle religiösen Memorierstoffes: durch Beibringung und Uebung des Vaterunser, Morgen- und Abend-Gebetes und Tischgebetes, Teile des liturgischen Gottesdienstes usw. An jedem Morgen ist der Wochenspruch und das Wochenlied herzusagen, jeden Sonnabend das Wochen-Evangelium zu lesen und zu erklären, so daß diese Texte sich allmählich einprägen. Dazu kommt Bibellesen und Lernen von 30 Kirchenliedern. Der Lehrer soll dabei „den Geist der Demut, des Gebetes, der Liebe und der Gottesfurcht" pflegen, „die mit göttlicher Furcht und freudigem Zittern seine und der ihm anvertrauten Kinder Seligkeit schaffen werden".

Außer der Vertröstung auf die himmlische Seligkeit hatte der preußische Staat für die Lehrer nicht allzu viel übrig. Als einige Jahre später der Antrag eines Pensionsgesetzes für sie in der Kammer eingebracht wurde, erklärte der damalige Kultusminister Mühler, „daß die Staatsregierung dem vom Hause im vorigen Jahre gefaßten Beschlusse, das Ruhegehalt der Lehrerwitwen auf 50 Thlr. (jährlich!) zu bestimmen, nicht beitreten könne; es würde dann ein Zuschuß von 60 000 Thlr. aus der Staatskasse erforderlich sein, wozu sich die Staatsregierung bei den dermaligen finanziellen Verhältnissen nicht verstehen zu dürfen glaube". (In demselben Etat war aber für Prämien bei Pferderennen ein Staatszuschuß von 51000 Thlr. ausgeworfen!) Der Gesetzentwurf wurde darauf nochmals in der Kommission umgearbeitet, blieb aber unerledigt. Anläßlich der andauernden Klagen über die Ueberfülle religiösen Memorierstoffes und der Unterdrückung der Realien unterbreitete das Abgeordnetenhaus 1859 der Regierung eindringliche Vorstellungen. Das Ergebnis war eine Zirkularverfügung, welche die Zahl der auswendig zu lernenden Kirchenlieder auf 40, die der Bibelsprüche auf 180 festlegte und *wöchentlich drei Stunden* für Vaterlandskunde und Naturkunde obligatorisch macht. Darauf gingen dem Abgeordnetenhaus zwar 44 Petitionen gegen die Regulative zu, aber 632 für dieselben: Der Regierungsapparat hatte gut gearbeitet. Und als die Kommission der Regierung nochmals Verminderung des religiösen Memorierstoffes nahelegte, erklärte der Minister, die Behandlung des religiösen Stoffes in der Schule unterstehe allein seiner eigenen Entscheidung und der des Oberkirchenrates. (Mit andern Worten: das Hohe Haus möge sich nicht mit Dingen befassen, die es nichts angingen). —

Ich habe diesen Abschnitt der Entwicklung so ausführlich behandelt, nicht weil ich ihm irgendwie eine besondere Wichtigkeit beimesse oder weil der reaktionäre Geist dieser Zeit mich besonders verdrösse, sondern deshalb, weil in dieser Periode die Regierung mit besonders naiver Offenherzigkeit aufdeckt, wie für den Staat *die Schule ausschließlich als Apparat zur Sicherung seiner inneren Machtstellungen* in Betracht kommt, während ihr *die geistige Entfaltung der jungen Generation ganz gleichgültig* bleibt. Nicht als ob dies in der letztgeschilderten Periode an sich mehr oder weniger, als in irgendeiner anderen der Fall wäre. Aber man spricht es ungenierter und offenherziger aus, als vorher oder nachher: Vorher, in der Zeit des absoluten Staates bis zum Siegeszuge Napoleons gehen die Erörterungen und Argumentationen darüber innerhalb des Schoßes der Bürokratie und des fürstlichen Kabinettes vor sich und werden nicht in Protokollen oder öffentlichen Verhandlungen niedergelegt. Nachher, in der eigentlich parlamentarischen Periode seit der Konfliktszeit und der Gründung des Deutschen Reiches, wird zwar äußerst viel darüber geredet und geschrieben. Aber nunmehr ist die Sprache schon zu sehr das Mittel zur Verbergung der Gedanken geworden. Jetzt ist die Regierung mehr oder weniger abhängig von den parlamentarischen Parteien und muß sich daher hüten, Offenherzigkeiten auszusprechen, aus denen ihr bei anderer Konstellation später einmal ein Strick gedreht werden könnte. Darum muß man heute geschickt zwischen den Zeilen zu lesen verstehen und die wahre Meinung des Staates mehr aus seinen Handlungen, als aus den Worten seiner Vertreter folgern, wie ein gewandter Psychoanalytiker bei seinem Patienten. — Aber in der eben geschilderten Periode, da redet man regierungsseitig im ganzen noch unbekümmert, wie einem ums Herz ist, und gibt sich keine allzu große Mühe, seine Ansichten zu verschleiern. Da kann denn der Staatspsychologe einmal etwas mehr hinter die Kulissen gucken, als gewöhnlich.

Bismarck und der Liberalismus.

So blieb die Situation, bis nach erfolgter Gründung des Deutschen Reiches „die Weltanschauung des Liberalismus siegreich durchdrang und die Befreiung der Schule vom Joch des Klerikalismus erzwang". — *sagt* die vulgäre Geschichtsklitterung. In Wirklichkeit sahen die Dinge etwas anders aus. Wenn der „Sieg des liberalen Gedankens" die Schule hätte befreien können, so hätte das schon vor der Reichsgründung geschehen sein müssen, wo während der sechziger Jahre jener Geist viel stärker und kampfesfreudiger herrschte, aber von Bismarck brutal vergewaltigt wurde, als später nach seiner Spaltung in Freisinnige und Nationalliberale und der politischen Kastration des letzteren (überwiegenden) Teils durch Bismarcks geschickte Politik. Um die Entwicklung richtig zu verstehen, muß man die Bismarcksche große Politik etwas genauer betrachten:

Bismarcks großes imperialistisches Ziel war, die mittel- und süddeutschen Staaten in die Gefolgschaft des von ihm geleiteten Preußen zu bringen und zu diesem Zwecke ein unter preußischer Leitung stehendes Deutsches Reich zu gründen. Wie er zu diesem Ende die Kriege von 1866 und 1870/71 entfesselte, um durch ersteren die traditionellen Führer Deutschlands, die Habsburger, aus dem „Deutschen Bund" herauszudrängen, durch letzteren die deutschen Kleinstaaten „durch Blut und Eisen" mit Preußen „zusammenzuschweißen", ist hinlänglich bekannt. Zwischen den süddeutschen Staaten und Preußen stand aber eine starke seelische Scheidewand(die sich auch zwischen Altpreußen und den neu annektierten westlichen Ländern: Hannover, Rheinland und Westfalen, sowie den polnischen Landesteilen im Osten lästig geltend machte): das war deren konfessionelle Zugehörigkeit zum Katholizismus, der seinerseits unter starker Führung des päpstlichen Stuhles stand.

Diese konfessionelle Scheidung war nun besonders gefährlich geworden durch die neuere Kirchenpolitik des Papstes Pius IX: Durch die Einigung Italiens hatte der Papst die Grundlage seiner weltlichen Machtstellung, den Kirchenstaat, verloren. Durch die Siege Preußens über Oesterreich und Frankreich waren die beiden großen führenden Staaten Mitteleuropas, treue Kinder des katholischen Glaubens, in die zweite Reihe gedrängt, die katholischen süd- und westdeutschen Staaten unter preußische Führung gekommen und das neue Deutschland als eine protestantische Kaisermacht führendes europäisches Reich geworden. Jetzt galt es für ihn, desto nachdrücklicher die *geistige Suprematie der Welt* zu wahren. Diesem Zwecke diente die sorgfältig vorbereitete *Infallibilitätserklärung* durch das Vatikanische Konzil vom 18. Juli 1870, welche dem Papst das „dogma divinitus revelatum" zuspricht, „cum ex cathedra loquitur, i. e . . . . . doctrinam de fide vel moribus definit". Diese fast gottgleiche Herrschaft über die Geister der ganzen katholischen Welt war für den Staat — und besonders für einen protestantischen — eine gefährliche Waffe: „Päpstliche Infallibilität und staatliche Souveränität waren sich ausschließende Begriffe", sagt Lamprecht („Deutsche Geschichte" XI, 2. Berlin, Weidmann, 1909, S.652). Der Staat drohte damit für alle Katholiken wieder eine der Kirche untergeordnete Institution zu werden. Ein — sicherlich durch Bismarck veranlaßter — Vorstoß des badischen Ministerpräsidenten vom 9. April 1869, die Großmächte zu einer gemeinsamen Stellungnahme dagegen zu bringen, scheiterte an der (aus politischen Gründen verständlichen) Ablehnung Oesterreichs und Frankreichs. Die deutschen Bischöfe protestierten zwar, wie ihnen Bismarck wohl hatte nahelegen lassen, und verließen das Konzil; krochen aber nachträglich, als die Infallibilität mit 533 gegen 2 Stimmen beschlossen war, in einem Fuldaer gemeinsamen Hirtenbrief völlig zu Kreuze. Durch Vorgehen des Heidelberger Professor Winscheid und des Münchener Professors Döllinger suchte Bismarck — der sehr geschickt sich und Preußen immer im Hintergrunde hielt — nun die Bildung „altkatholischer", von Rom unabhängiger Gemeinden mit einem eigenen deutschen Bischof in die Wege zu leiten, d. h. eine nationaldeutsche katholische Landeskirche zu schaffen; aber diese Aktion ergab ein gewaltiges Fiasko: Der Papst bzw. die papsttreuen Bischöfe erklärten die „altkatholischen" Taufen und Eheschließungen als null und nichtig, die neuen preußischen Landesteile, sowie namentlich der katholische Nordosten, verhielten sich ablehnend und auf dem Höhepunkte der Bewegung hatte sie ganze 50 000 Anhänger zu verzeichnen, d. h. 3 Prozent der deutschen Katholiken! „Unter diesen Umständen *sah sich der Staat in dem Kampfe* gegen den Klerikalismus von den kirchlichen und religiösen Geistes mächten der Nation *verlassen; nur die geistigen Kräfte des politischen Liberalismus* — (schon nicht mehr des prinzipienbewußten Demokratismus!) — . . . . *konnten für ihn in Betracht kommen*" (Lamprecht, a. a. O. S. 657). Aufnehmen mußte der Staat den Kampf; denn „schon hatte die jesuitisch-papale Bewegung in Deutschland umfassend mobil gemacht". Vor allem hatte unter Führung des vormaligen hannoverschen Ministers und Kammerpräsidenten, Oberappellationsrat Windthorst, der durch seine erfolglosen Verhandlungen mit Bismarck über den Welfenfonds usw. politisch vergrämt gegen Preußen war, sich die gesamte deutsche *Katholikenschaft* zu einer besonderen *Reichstagspartei* zusammengeschlossen, die — sehr geschickt — ein ganz farbloses Programm aufgestellt und sich auch den ganz farblosen Namen „Zentrum", lediglich nach ihrem Sitz im Reichstag, gegeben hatte, aber mit 1½ von 5 Millionen Stimmen und einem Viertel aller Abgeordneten ein ausschlaggebender Faktor des Parlamentes geworden war. Auf die Auflösung der (seit 1841 bestehenden) katholischen Abteilung im Kultusministerium und Abberufung der Gesandtschaft am päpstlichen Stuhl quittierten die deutschen Bischöfe mit einem einmütigen Protest an den Kaiser und predigten allenthalben von den Kanzeln gegen die regierungsseitigen Anfeindungen der Kirche. Es erfolgte der berüchtigte „Kanzelparagraph" (den Bismarck wieder sehr geschickt von Bayern aus beantragen ließ!) und den Gemeinden wurde freies eigenes Wahlrecht zur Einsetzung der daraufhin abgesetzten und inhaftierten Geistlichen erteilt. Aber keine einzige Gemeinde machte Gebrauch davon und 1879 standen 1400 Kanzeln im preußischen Staat leer und von 12 Bistümern waren nur noch 4 besetzt. Als einziger einigermaßen wirksamer Schlag ergab sich: 1. die Zivilehe und 2. die Trennung von Kirche und Schule. Der reaktionäre preußische Junker „bekehrte sich" zur Weltanschauung des Liberalismus und schuf die beiden Gesetze, durch welche die *Schule* der kirchlichen Aufsicht und Beeinflussung entzogen und die *Eheschließung* zu einer rein staatlichen Angelegenheit gemacht wurde. Das Schulaufsichtsgesetz vom 14. Dezember 1871 fand — selbstverständlich — im Schoße der Regierung selbst den heftigsten Widerstand des ja ganz religiös reaktionären Kultusministers Mühler. Die Folge war, daß dieser seine Entlassung nehmen mußte und an seine Stelle am 22. Juli 1872 der *liberale* Geh. Oberjustizrat Falk trat. Das neue Schulaufsichtsgesetz vom 11. März 1872 lautet:

„§ 1. Unter Aufhebung aller in einzelnen Landesteilen entgegenstehenden Bestimmungen steht die Aufsicht über alle öffentlichen und Privat-Unterrichts- und Erziehungs-Anstalten dem *Staate* zu. Demgemäß handeln alle mit dieser Aufsicht betrauten Behörden im Auftrage des *Staates.*

§ 2. Die Ernennung der Lokal- und Kreis-Schulinspektoren und die Abgrenzung ihrer Aufsichtsbezirke gebührt dem *Staate allein.*"

Der eintretende Wandel der Schulpolitik war also wiederum reiner Ausfluß der Machtpolitik. Sehr treffend sagt Friedrich Wüssing in seiner „Geschichte des Deutschen Volkes vom Ausgang des 18. Jahrhunderts bis zur Gegenwart“ (Berlin, E. Laub'sche Verlagsbuchhandlung G.m.b.H., IV. Aufl., S. 191): „Einstmale war dem reaktionären Staat die reaktionäre Kirche im Kampfe gegen den Liberalismus förderlich, jetzt wäre ihm mehr Fortschritt in den Entscheidungsjahren nach 1848 von Vorteil gewesen. — Aber der Liberalismus war ja trotz seiner Unterdrückung gewachsen, und der Staat konnte ihn auch heute noch als willkommenes Mittel benutzen. *Aus Taktik, nicht aus verwandter Ideenrichtung erfüllte Bismarck jetzt die alten liberalen Forderungen der Zivilehe und der staatlichen Aufsicht über die Elementarschulen.*“

Wie wenig ihm dabei an dem Wohl der Schule selbst gelegen war, geht vielleicht aus nichts besser hervor, als aus der Art, wie die Schulinspektion nunmehr geregelt wurde. Es wurden weltliche Kreisschulinspektoren ernannt für:

evangelische Provinzen:		katholische Provinzen:	
Brandenburg	1	Ostpreußen	16
Pommern	1	Westpreußen	17
Sachsen	2	Posen	23
Schleswig-Holstein	2	Schlesien	33
Hessen-Nassau	2	Westfalen	25
Hannover	—	Rheinland	48

Die Lokalinspektion wurde den meisten katholischen Geistlichen auch abgenommen, an deren Stelle aber nun nicht etwa Lehrer und ähnliche nach ihren Fachkenntnissen dazu geeignete Personen gesetzt, sondern — Gutsbesitzer, Oberförster, Leutnants, Bürgermeister, Rendanten und dergleichen „*politisch* zuverlässige Personen“ (Clausnitzer, S. 268). Wo wirklich einmal ein Pädagoge eine solche Stellung erhielt, wurde er sorgfältig aus Kreisen *akademisch* gebildeter Lehrer gewählt, — nicht etwa, weil für diese Funktion, die andernorts Gutsbesitzer und Förster ausüben konnten, akademische Vorbildung nötig erschienen wäre, sondern offenbar aus der Erwägung heraus, daß Personen mit akademischer Bildung politisch mehr oder weniger als *rechts*stehend anzusehen waren, während die Kreise aus dem nicht akademischen Lehrerstand allerdings zumeist dem oben mißliebigen „Fortschritt“ angehörten.

Die Schulfinanzen zwischen Zollmisere und Sozialistenangst.

Auch finanziell hatte man für den Lehrerstand immer weniger übrig: Während der Zeit der Reaktion (1879-887 bzw. 1888) hatten sich die preußischen Staatsausgaben für *Straf*anstalten verdreifacht (von 0.9 auf 2,4), für den gesamten Unterricht dagegen nur von 2,1 auf 4.7 gehoben. Der Etat von 1871 wies einen Ueberschuß von 9 373 000 Thalern auf. Aber zu Gehaltsaufbesserungen für Lehrer wurden nur ½ Million bewilligt. Wie kläglich dabei die geldlichen Verhältnisse im Lehrerstand waren, erhellt aus der Gegenüberstellung, daß nach dem Militärpensionsgesetz vom 27. Juni 1871 nach 26 Jahren Dienst ein Feldwebel 168, ein Sergeant 144, ein Gemeiner 120 Thlr. Pension bekam, ein großer Teil der Lehrer aber weniger als ein Gemeiner; und während das Witwengehalt für jene Militärpersonen 108, 84 und 60 Thlr. betrug, bekam eine Lehrerwitwe nur 50 Thlr. (Clausnitzer,S. 267.)

Wertvoll war, daß Falk eine große Anzahl von Seminaren gründete, in gemischten Gebieten einklassige Konfessionsschulen zu mehrklassigen Simultanschulen zusammenlegte (unter heftigem Protest beider Kirchen), auch die allgemeinen Ausgaben für Unterrichtszwecke von 3,4 (1871) auf 10,6 (1876) steigerte. — darunter die für Volksschulen allein von 1,4 auf 6,5 Millionen Thlr. Weniger Glück hatte er aber mit dem nun erneut nachdrücklich erstrebten Unterrichtsgesetz:

Zwar erschienen unter dem 15. Oktober 1872 die „Allgemeinen Bestimmungen“, welche die Regulative aufhoben. Aber auch sie waren formell von gleich zweifelhafter Gesetzmäßigkeit und, was die Hauptsache ist, das Religionspensum war kaum anders darin gefaßt, als in den Regulativen. Man tröstete sich mit der Hoffnung auf das kommende Allgemeine Reichs-Unterrichtsgesetz. Aber siehe da, es ging Falk damit genau ebenso, wie seinem unglücklichen Vorläufer, dem Süvern: Als es nach allerlei Schwierigkeiten endlich vorgelegt wurde, war es de facto bereits Makulatur geworden. Denn inzwischen hatte sich die innenpolitische Lage geändert und der Wind blies wieder einmal aus anderer Richtung. — Warum und wieso?

1. Das neue Deutsche Reich brauchte *Geld*, viel Geld, namentlich natürlich für militärische Zwecke. Die Verfassung hatte ihm, von der prekären Quelle der Matrikularbeiträge abgesehen, als Einnahmequellen nur die Zölle und indirekten Steuern gelassen. Aus den *Zöllen* waren noch große Summen herauszuholen, aber *sie* waren dank der freihändlerischen Richtung der Reichspolitik gerade abgebaut worden und zu ihrem Wiederaufbau war weder der gemäßigte Liberalismus noch der Fortschritt zu haben; das ging gegen ihre letzten Prinzipien. Anders lag es bei den Freikonservativen, den Konservativen und dem Zentrum: Hinter den Erstgenannten stand die Schwerindustrie. Diese litt, wie überhaupt die Industrie, unter der schweren Krise, die im Gefolge der durch die französische Kriegsentschädigung gezüchteten Gründerjahre heraufbeschworen war. Die eben in dieser Situation erfolgte Beseitigung der letzten Zölle, namentlich der Eisenzölle, hatte die ohnehin vordem schutzzöllnerisch eingestellte Schwerindustrie mobil gemacht und zur Gründung des „Centralverbandes Deutscher Industrieller“ geführt, der zugleich das Unternehmertum gegen die hochkommende Arbeiterbewegung zusammenschließen sollte. Das hinter der deutsch-konservativen Partei und in großem Umfang auch hinter dem Zentrum stehende Agrariertum war zwar ursprünglich, als Exportgewerbe, durchaus freihändlerisch eingestellt, aber die Entwicklung gerade der letzten Jahre hatte die gewaltige überseeische Getreidekonkurrenz entfaltet, die ihr auf dem eigenen Binnenmarkte lästig wurde, und auch hier zur Gründung des protektionistischen „Verbands der Steuer- und Wirtschafts-Reformer“ geführt. Allerdings wollten die Agrarier nichts von *Industrie*zöllen wissen, von denen sie mit Recht Preissteigerung aller landwirtschaftlichen Maschinen und Geräte usw. befürchteten, und umgekehrt die Industriellen nichts von *Korn*zöllen, von denen sie — auch mit Recht — Steigerung der Lebensmittelpreise und demgemäß der Lohnforderungen und Oel ins Feuer der Arbeiterbewegung erwarteten. (Der einflußreiche mecklenburgische Magnat, Abg. v. Maltzahn-Gültz, warnte nachdrücklich, daß die Agrarzölle nur ein Lockmittel Bismarcks seien, um die Landwirtschaft für eine industrielle Schutzzollpolitik zu gewinnen und auch der Vorsitzende des „Deutschen Landwirtschaftsrates, v. Wedell-Malchow, warnte vor der „schiefen Bahn des Schutzzolls“, wie umgekehrt namhafte Industrielle vor dem Plan eines Bündnisses mit der stets industriefeindlichen Großlandwirtschaft.) Immerhin, hier war der Boden für die Schaffung einer

den handelspolitischen Umfall der Regierung verbrämenden Ideologie und eines starken Rückhalts im Reichstag gegeben.

2. Damit verquickte sich ein ganz anderes Moment: die schon erwähnte *Arbeiterbewegung*, die in der Praxis durch Gewerkschaftsgründungen und Lohnkämpfe den Unternehmern, in der Politik durch die bedenklich anwachsende und sich damals sehr revolutionär gebärdende Sozialdemokratie im Reichstag und in der öffentlichen Propaganda der Regierung äußerst unbequem wurde. Für den Landjunker Bismarck gab es dieser Gefahr gegenüber nur das eine Mittel, sie brutal niederzuknüppeln. Aber auch dafür waren wiederum weder Liberalismus noch Fortschritt zu haben: 1874 und 1876 verweigerte ihm die Parlamentsmehrheit das begehrte Ausnahmegesetz. Dagegen stieg 1877 die sozialdemokratische Stimmenzahl auf 480 000. Seitens der gesamten Rechten aber, namentlich beider Kirchen, wurde — ebenso töricht, wie wirksam — *der liberalen Kirchen- und Schul-Politik* die *Schuld* an der „zunehmenden Verrohung des Volkes" gegeben und die *Religion* als einziger wirksamer *Damm gegen die „Umsturzpartei"*, die *Kirche* als die von alters her gegebene und unentbehrliche *Stütze des Staates* gepriesen.

So war der Weg für Bismarcks Taktik vorgezeichnet: Ohne Bedenken gab er zunächst der Freihandelstheorie den Abschied. Offenherzig sagt sogar sein Spezialbiograph Dr. Hans Blum („Das Deutsche Reich zur Zeit Bismarcks", Bibliographisches Institut, Leipzig und Wien, 1893, S. 173): „So lag die Ursache des Kanzlers zur Annäherung an diese Partei" (der Schutzzöllner) „zunächst doch noch weniger in grundsätzlicher Uebereinstimmung mit ihr, als weil er hoffte, hier eine sichere Stütze für die Reform und Steigerung der Reichseinnahmen zu finden, die mit Hilfe der alten wirtschaftlichen Anschauungen in der Regierung wie in den politischen Parteien vorläufig nicht hatte erreicht werden können". So mußte der bewährte Handelsminister Delbrück seinen Abschied einreichen und der neue schutzzöllnerische Zolltarif ging in Arbeit.

Genau ebenso verlief die Entwicklung auf kirchen- und schulpolitischem Gebiete: Bismarck sah ein, daß der Kulturkampf nicht zu gewinnen war und daß es geraten sei, einen glimpflichen Frieden abzuschließen, ehe man eine wirkliche Niederlage eingestehen müsse. Dabei zog das Zentrum magnetisch alle *partikularistischen* Kräfte im Reich an sich und organisierte sie, während man andererseits die Stimmen dieser über 100 Sitze im

Reichstag zählenden Partei für die erstrebten beiden neuen großen Gesetze und die rückhaltlose Hilfe der Kirche im Kampf gegen die „Umsturzpartei“ brauchte. So ließ Bismarck „sich gern überzeugen, daß der Staat .... jede Strömung willkommen hieß, welche *der Staatsgewalt einen größeren Macht-* und Pflichtenkreis zusprach“ (Blum, S. 180). Falk konnte nicht mehr wagen, seinen inzwischen fertig gewordenen Schulgesetzentwurf vorzulegen, sondern legte ihn — genau wie Süvern seinerzeit — „z.d. A.“, „wegen Mangels an Mitteln“; wie Bismarck später (4. Februar 1881 im Abgeordnetenhaus) erklärte: „weil Herr Dr. Falk sich mit seinem damaligen Kollegen im Finanzministerium darüber nicht verständigen konnte“! (Die Durchführung des Gesetzes hätte ganze 30 Millionen gekostet. Selbstverständlich wäre es für Bismarck eine Kleinigkeit gewesen, die Beschaffung dieses Betrages zu bewerkstelligen. Aber die taktische Lage war eben so, daß es ihm angebracht schien, seine „treuen Kampfgenossen“, als welche er 1874 die Allgemeine Deutsche Lehrerversammlung in Breslau antelegraphiert hatte, nicht mehr „Unter den Linden zu grüßen“.)

Die beiden Attentate von Hödel und Nobiling 1878 gaben ihm dann eine ausgezeichnete Handhabe, den Reichstag aufzulösen und *Neuwahlen* unter der Parole des Sozialistengesetzes und des Schutzzolls auszuschreiben (obwohl keiner der beiden Attentäter Sozialdemokrat, sondern ausgerechnet der eine ein Zentrumsmann, der andere national-liberal gewesen waren) und so mit vollen Segeln zur Rechten zurückzukehren. Die dann gemäß Bismarcks raffinierten Vorschlägen vom Kaiser vollzogenen Ernennungen zur Generalsynode, durch welche die orthodoxe Partei die Majorität über die zu Falk geneigte Mittelpartei erhielt, zeigte dem Kultusminister, daß er das Vertrauen der Krone nicht mehr habe; es stand zu erwarten, daß die so zusammengesetzte Synode bei einem Sturm auf die von ihm geschaffene Synodalverfassung und andere Werke die Zustimmung des Kaisers finden würde. Falk sah, daß man ihn ausschiffen wollte, und bat am 28. Juni 1879 um seinen Abschied (Clausnitzer, S. 282). „Am 31. März 1879 kam .... Windthorst mit Bismarck persönlich zusammen, um mit ihm über Zoll- und Finanz-Angelegenheiten zu beraten; am 3. Mai besuchte Windthorst sogar einen parlamentarischen Abend des Reichskanzlers — und am 14. Juli erhielt der Kultusminister Falk .... die Entlassung“ (Lamprecht, 11, 2. S.689).

Sein Nachfolger wurde v. Puttkammer, ein ganz reaktionärer pommerscher Junker, der alsbald bei Einweihung eines Gymnasiums in

Köslin offen erklärte, „nicht in allen wesentlichen Beziehungen den Standpunkt meines Herrn Amtsvorgängers zu teilen". Seine erste Tat war Aufhebung einer ganzen Anzahl von Simultanschulen (z. T. trotz Protestes der städtischen Kollegien). Die schleunigst eingeleiteten Massenpetitionen der Geistlichen, ihnen die Schulaufsicht als göttliches Recht der Kirche wieder zurückzuerstatten, konnte er zwar formell nicht ohne weiteres erfüllen. Doch fand er schnell einen prächtigen Ausweg: Nach dem Gesetz stand ja dem nichts im Wege — und diese Hintertüre war wohl von vornherein absichtlich offen gelassen worden —, daß wenn auch Geistliche die Aufsicht nicht mehr als Funktionäre der Kirche ausüben konnten, sie im Einzelfall vom *Staate* damit beauftragt wurden. So erklärte der Minister ein sechswöchentliches Hospitieren von Theologen am Lehrerseminar als eine Vorbereitung, die ausreiche, um dem Staat ihre Betreuung mit der Schulaufsicht zu ermöglichen (!). Im Abgeordnetenhaus in seiner jetzigen Zusammensetzung hatte er die Mehrheit für sich und „der Kaiser sandte dem Minister ein eigenhändiges Schreiben, in welchem er ihm seine Anerkennung über die im Hause eingenommene Haltung aussprach". (Clausnitzer, S. 287.) Die Bezirksregierungen schwenkten ein wie Soldaten und auch gar mancher namhafte bisherige „Liberale" entdeckte jetzt sein Herz. (So trat Treitschke gegen Simultanschulen ein, sobald, statt Falk, Puttkammer sein Chef war!) Dem Vorstand des Preuß. Lehrervereins erklärte der Minister am 25. September 1879 unverblümt: „An das Zustandekommen eines Unterrichtsgesetzes ist jetzt nicht zu denken". Als 1881 die Allgemeine Deutsche Lehrerversammlung tagen sollte, wies er die preußischen Regierungen an, den Lehrern dazu keinen Urlaub zu bewilligen (!). Und dann kam seine berüchtigte Aschermittwoch-Rede, in der er auf ein paar Klagen, welche aus den polnischen Gebieten des Ostens eingelaufen waren, die Lehrer ganz allgemein eines übermäßigen Wirtshausbesuches beschuldigte, ihnen Fehlen der „Achtung vor den weltlichen und kirchlichen Lokalautoritäten" vorwarf, erklärte: „Die Entwicklung des letzten Jahrzehntes . . . . hat allerdings dazu geführt, die Schule zu sehr von ihren alten und natürlichen Autoritäten loszulösen" und schließlich die Schale seines Zorns über die „Lehrerpresse" ausgoß, die einer „einseitigen Ueberschätzung der Leistungen des Lehrerstandes" huldige und in der „Leute, die meist nichts von der Sache verstehen, sich über Verbesserungen der Schule auslassen, während sie nur Zeugnis davon geben, daß sie besser daran täten, sich auf die Aufgaben zu beschränken, die ihnen ihr Beruf anweist"

Puttkammer wurde bald Innenminister und sein Nachfolger v. Goßler zeigte den Lehrern gegenüber etwas mehr Freundlichkeit. Aber grundsätzlich schritt er durchaus auf seines Vorgängers Bahnen weiter: Die Simultanschulen wurden weiter aufgelöst und die Herrschaft der Kirche über die Schulen stabilisiert. Sachlich wurden die Schulverhältnisse immer mehr vernachlässigt: Eine statistische Erhebung von 1886 zeigte die Klassen allenthalben erschreckend überfüllt und Tausende von Lehrerstellen nicht oder nicht ordnungsmäßig besetzt. (Clausnitzer, S. 299.) Die Zugeständnisse an die Kirche, namentlich die katholische, gingen bis zum äußersten, ohne daß das Zentrum von seinem grundsätzlichen Kampf gegen das — formell ja noch bestehende — Schulaufsichtsgesetz von 1872 abließ. [Dabei waren von den seinerzeit 2000 vom Religionsunterricht ausgeschlossenen Geistlichen jetzt (inkl. der evangelischen) nur noch 190 ausgeschlossen, und davon allein 50 in Posen, wo die Verquickung katholischer Religion mit polnischem Nationalismus eine besondere Situation schuf.] Das lange versprochene Schulgesetz stellte Goßler zwar fertig, aber — es kam nicht zur Vorlage; es scheiterte am Widerstand Bismarcks. Erst nach dessen Sturz wurde bei Eröffnung des Landtags 1890 im Herbst ein Entwurf vorgelegt. Aber es ergab sich, daß er die Gewalt der Bürokratie über die Schule noch verstärkte, die Staatsmacht absolut gestaltete.

(Ich schildere wieder diese Vorgänge so ausführlich, weil sie so kraß erkennen lassen, wie die geistige Entfaltung der jungen Generation der Staatsleitung gänzlich schnurz ist und die Schule für sie eben nur ein je nach Bedarf angewandtes Mittel der politischen Herrschaft im Volk.)

Kampf Kaiser Wilhelms gegen die Sozialdemokratie.

Das Jahr 1890 brachte eine ganz neue politische Konstellation: Bismarck hatte im Herbst 1889 dem Reichstag das Sozialistengesetz, dessen Frist ablief, in einer neuen äußerst verschärften Fassung (hatte er doch sogar die Ausweisung des Hofpredigers Adolf Stöcker schon zweimal angeregt!) vorgelegt: Statt wie bisher auf jeweils einige Jahre sollte es dauernde Geltung erhalten, die einjährige Ausweisungsbefugnis gefährlicher Propagandisten sollte verschärft und schließlich sogar durch eine Verbannung aus dem Deutschen Reiche ersetzt werden; das Verbot einzelner Zeitungen und Publikationen sollte zu einer planmäßigen Unterdrückung der sozialistischen Literatur werden. Das Gesetz scheiterte aber nicht nur im Reichstag, in dem es nur die Stimmen der Nationalliberalen und Freikonservativen noch erlangte, sondern im Kronrat vom 24. Januar 1890 erklärte sich auch der junge Kaiser dagegen, der fürchtete, daß die trotz des Gesetzes ständig steigende sozialdemokratische Flut durch solche Gewaltmaßregeln nur zur Explosion gebracht werden würde und anders vorgehen wollte. Ergab sich doch bei den Neuwahlen vom 21. Februar, daß die „Umsturzpartei", deren Stimmenziffer man anfänglich (1881) auf 312 000 zurückgedrängt hatte, jetzt bereits 1½ Millionen zählte. Der Schrecken fuhr den regierenden Kreisen gewaltig ins „klappernde Gebein" und die ganze Regierungspolitik wurde nun zunächst eingestellt auf „Kampf mit geistigen Waffen", nachdem die Bismarckschen Niederknüttelungsversuche so völlig versagt hatten. Vor allem mußte jetzt mit der Kirche voller Frieden gemacht werden; so wurde das „Kartell" der achtziger Jahre durch den „schwarzblauen Block" ersetzt: Die Nationalliberalen wurden ausgeschifft und das Zentrum mitregierende Partei. Der Kaiserliche Erlaß vom 4. Februar 1890 kündigte eine besänftigende Arbeiterschutzgesetzgebung an, während die „sozialistischen Irrlehren" desto nachdrücklicher widerlegt und bekämpft werden sollten. Und hierzu sollte namentlich auch die *Schule* mobil gemacht werden: „Bekenntnistreue, Religiosität" und „vaterländische Gesinnung" mußten der Jugend eingeimpft werden. Der neue Lehrplan für die Gymnasien von 1892 setzte die Stundenzahl für Latein und Griechisch herab, erhöhte sie aber für Geschichte und Geographie, wobei vorgeschrieben wurde, „im Geschichtsunterricht die Entwicklung der sozialen und wirtschaftlichen Verhältnisse" besonders des 19. Jahrhunderts darzustellen (d. h. Notwendigkeit und Segen der kapitalistischen Wirtschaftsordnung einzuprägen), sowie auch in allen Fächern das nationale Moment nachdrücklich zu betonen. Dabei sollte die Geschichte „rückwärts" gelehrt werden, um die (bisher meist zu kurz gekommene) Gegenwart eingehend würdigen zu können. Im Allerhöchsten Erlaß vom 13. Oktober 1890, durch den die preußische Schulkonferenz einberufen wurde, sagte Wilhelm II. unzweideutig: „Schon längere Zeit hat mich der Gedanke beschäftigt, die *Schule* in ihren einzelnen Abstufungen *nutzbar zu machen, um der Ausbreitung sozialistischer und kommunistischer Ideen entgegenzuwirken.* In erster Linie wird die Schule durch Pflege der Gottesfurcht und der

Liebe zum Vaterlande die Grundlage für eine gesunde Auffassung auch der staatlichen und gesellschaftlichen Verhältnisse zu legen haben." Und „die Lehrer im besonderen wurden durch Allerhöchste Kabinettsordre verpflichtet, schon in den Schulen den Kampf gegen die sozialdemokratische Idee zu führen und damit die Kinder gegen ihre eigenen Eltern mobil zu machen". (Schulz, „Der Weg zum Reichsschulgesetz", S. 35.) Das Preußische Staatsministerium verfügte darauf dann schleunig, die Geschichtslehrer sollten „die Unmöglichkeit der sozialdemokratischen Bestrebungen an den positiven Zielen nachweisen", komischerweise, „ohne in eine nähere Erörterung der sozialistischen Theorien einzutreten" (Ernst Müller-Holm „Die Zwangsschule", Herrmann Lange, Hamburg 1927, S. 19). Eine etwas prekäre Aufgabe; aber, natürlich, eine „Erörterung der sozialistischen Theorien hätte ja gar leicht das Interesse für sie erwecken bzw. die Fadenscheinigkeit ihrer Widerlegung dartun und somit das Gegenteil des erstrebten Zieles herbeiführen können!

Der von Goßler vorgelegte Schulgesetzentwurf war für die Linke natürlich unannehmbar, ging aber dem Zentrum noch nicht weit genug. Es wußte, daß es der Regierung jetzt politisch unentbehrlich war, — nicht nur als Stütze gegen die gefürchtete Sozialdemokratie, sondern auch für die Durchbringung der neuen Zolltarifverträge, zu denen sich Deutschland jetzt — entgegen seiner bisherigen Haltung — entschließen mußte, weil das führende Vertragsland Frankreich 1892 mit dem Mélineschen neuen Tarif zu vertragsloser autonomer Handelspolitik überging und daher Deutschland den Genuß aller der (für seinen Export unerläßlichen) Zollermäßigungen und Zollbindungen im Ausland verlor, die es bis jetzt unentgeltlich kraft der im Friedensschluß von Versailles „auf ewige Zeiten" festgelegten Meistbgünstigung einfach mitgenossen hatte. Diese Tarifverträge, in denen es unvermeidlich Herabsetzungen der Agrarzölle zugestehen mußte, um im Ausland Ermäßigungen von Industriezöllen zu bekommen, wurden aber von den die Landwirtschaft vertretenden Konservativen radikal abgelehnt und waren ohne die Stimmen des Zentrums nicht durchzubringen. Darum konnte das Zentrum beim Schulgesetz seinen Willen diktieren und Goßlers Abschied erzwingen (12. März 1891). Sein Nachfolger, Graf Zedlitz-Trützschler, legte am 10. Januar 1892 einen neuen Entwurf vor, der rundweg der Kirche die Herrschaft über die Schule wiedergab und von beiden Kirchen mit Jubel begrüßt wurde: Vetorecht des Geistlichen bei der Lehrerprüfung, Inspizierung und Korrigierung (!) des Lehrers beim Religions-Unterricht durch den Geistlichen, keine Neuerrichtung von Simultanschulen mehr und allmählicher Abbau der noch bestehenden, Vorsitz des Geistlichen im Schulvorstand, kurz: der Lehrer wurde wieder Werkzeug in der Hand des Geistlichen, konnte von ihm moralisch vernichtet werden, Dissidentenkinder konnten unter Umständen zur Teilnahme am Religionsunterricht polizeilich gezwungen werden, die Kommunen waren eingekeilt zwischen einem konfessionellen Schulvorstand und einem allmächtig gewordenen Regierungspräsidenten, die Ernennung der Lehrer erfolgte nur durch die Verwaltungsbehörden, aber mit Vetorecht des Geistlichen (!), endlich wurde das Privatschulwesen unter Staatsaufsicht freigegeben; dies bedeutete aber unter obwaltenden Umständen jetzt erst recht eine Gefahr, denn es war sicher, daß man dabei der Kirche gegenüber beide Augen zudrücken, aber Polen u. a. sprachlichen Minoritäten, sowie vor allem liberalen Reformern usw. gegenüber rigoros verfahren würde. Mit einem Wort: die Schule war wieder vollkommen der Kirche ausgeliefert.

Die Empörung auf der ganzen Linken und bis tief in die gemäßigten Kreise hinein war nun allerdings so groß, daß der Entwurf keine Aussichten auf parlamentarische Durchdrückung auch nur mit einer allenfalls ganz knappen Mehrheit hatte, sondern Graf Zedlitz zurücktrat. Sein Nachfolger Dr. Bosse, der natürlich auch nicht die Quadratur des Zirkels lösen konnte, half sich einfach durch Passivität. Er erklärte im Reichstag: „Meine Herren! Ich halte es nicht für geboten, und nicht für nützlich, unter den obwaltenden Verhältnissen auf den Schulgesetzentwurf, der zurückgezogen ist, zurückzukommen. Er ist für die nächste Zeit beseitigt und ich glaube, es ist patriotischer, jetzt vorwärts zu sehen, als rückwärts . . . . Ich glaube nicht, daß ich in absehbarer Zeit dazu kommen werde, ein Volksschulgesetz Ihnen in vollem Umfange vorzulegen." D. h. man beließ einfach die Umstände der achtziger Jahre und wurstelte weiter. Auf die Volksbildung kam es halt ja nicht an, wenn die politischen „Belange" im Spiel waren. Noch 1893 machte das Militärwochenblatt allen Ernstes den Vorschlag, ausgediente Unteroffiziere als Volkeschullehrer anzustellen, und die Kreuzzeitung befürwortete eine längere Dienstzeit der Volksschullehrer, damit sie als Unteroffiziere entlassen werden könnten und so etwas mehr Subordination lernten und damit auch selbst „die Jugend besser und kräftiger anfassen" lernten; auch würde eine längere Militärdienstzeit ihnen „Achtung vor Ordnung und Gesetz beibringen und es wird nicht lange währen, so werden solche (Lehrer-)Versammlungen, wie sie jeder Vaterlandsfreund

Jahr für Jahr mit tiefem Bedauern sich hat abspinnen sehen, ... von selbst eingeschränkt, wenn nicht beseitigt werden“ (Rosin‘s Fortsetzung des Clausnitzerschen Werkes, S. 51/52). Nicht nur den kirchlichen, auch den agrarisch-konservativen Kreisen ging ja die Bildung des Volks an sich durchaus contre cocur. Erklärte doch noch 1897 v. Helldorf, der bekannte Führer der Rechten, im Herrenhause: „Ich *will* den Bauer nicht zum Rechnen bringen; denn dann ist der Bauer verdorben; er soll den Pflug führen und hinter dem Pfluge hergehen und nicht Rechnungen führen.“ Und Herr v. Below-Saleske sekundierte mit der unbestreitbaren Feststellung: zum Kartoffelsammeln seien besondere Schulkenntnisse nicht nötig“ (ebd. S. 53).

Militärische Vorbereitung der Jugend.

Angesichts der nach 1900 immer ernster werdenden militärischen Situation drang der Gedanke durch, die Schule für die militärische Vorbereitung der Jugend nutzbar zu machen und die körperliche Ausbildung der Jugend wurde Schlagwort.

Als 1914 der Krieg ausbrach, gewann diese Tendenz schnell Oberwasser. Gleich in den ersten Monaten, etwa Anfang Dezember, ordnete ein Erlaß des Kriegsministeriums eine „militärische Vorbereitung der Jugend“ als „unmittelbare Vorschule für den Dienst im Heere und in der Marine“ an, zu der je ein Nachmittag der Woche und jeder zweite Sonntag verwendet werden sollte, unter Heranziehung tunlichst aller bestehenden Jugendvereine. Sämtliche Turnhallen und Unterrichtsräume müßten zur Verfügung gestellt werden, die Zusammenarbeit der Lehrer mit verfügbaren Offizieren und Unteroffizieren wurde vorgesehen. Der Fortbildungsschulunterricht für ältere Schüler wurde zugunsten der Erziehung zur Wehrhaftigkeit eingeschränkt, um „lehrplanmäßig die Uebungen zur militärischen Vorbereitung an die Stelle der freigewordenen Stunden“ zu setzen. Das Kriegsministerium veranstaltete selbst einen Kursus zur Ausbildung geeigneter Führer und Lehrkräfte unter Leitung von Major Karwiese und lebhaft wurde bedauert, daß man einstweilen gesetzlich nicht in der Lage sei, bei Schülern schon die Teilnahme zu erzwingen; nur die Fortbildungsschule könne den militärischen Uebungsdienst direkt in den Unterricht einbeziehen. Man entdeckte jetzt, daß „für das Glück des einzelnen ein gesunder, kraftvoller Körper mindestens ebenso wichtig ist wie ein geschulter Geist“ und „körperliche Ausbildung in weit erhöhtem Maße stattfinden kann, ohne der geistigen Ausbildung zu schaden" . . . . „Die Menschen müssen mit Gewalt auf das hingewiesen werden, was ihnen gesundheitlich zum Heile dient" (aus einem anscheinend offiziösen Preßartikel eines ungenannten militärischen Publizisten vom Anfang Januar 1916). — Für die ruhigere Zeit nach dem Krieg (dessen schnelle und siegreiche Beendigung man zunächst ja allgemein erwartete) wurde eine feste Verbindung körperlicher Ertüchtigung und militärischer Vorbereitung mit dem gesamten Schulwesen unter gesetzlichem Zwange geplant und sogar für die Mädchen ein obligatorisches Frauendienstjahr in Aussicht genommen.

Diese Träume sind ja nun durch den niederschmetternden Ausgang des Krieges für Deutschland zu Wasser geworden. Aber die Pflege der „ertüchtigenden" Leibesübungen als wichtiger Gegenstand des Lehrplans ist durchaus auf der Tagesordnung geblieben. „Leibesübung ist Bürgerpflicht" sagte der Reichspräsident am 30. März 1928 beim Reitturnier im Sportpalast. —

Und ebenso im Ausland:

Ganz systematisch organisiert ist dies Gebiet durch die neue Gesetzgebung in Frankreich: Die neuen französischen Heeresgesetze stellen die Jugenderziehung ganz und gar in den Dienst der Kriegsvorbereitung. Die körperliche Ausbildung beginnt hier für jedes Kind, Knabe wie Mädchen, bereits mit vollendetem sechsten Lebensjahre! Deren Fortsetzung ist dann die „Vorbereitung für den Militärdienst" bei den Knaben vom 16. Lebensjahre ab. Sie geht unmittelbar über in die Einstellung in das Heer. Sie findet in den höheren Lehranstalten, sowie in Sportvereinen und besonderen militärischen Jugendabteilungen statt, und zwar in drei Gruppen: 1. Vorbereitung auf den Militärdienst an sich, 2. Vorbereitung auf späteren Unteroffizierdienst und 3. Vorbereitung auf späteren Offizierdienst. Für die Aufstellung der Lehrpläne und weitere Bearbeitung des Gebietes ist ein besonderer „Conseil Supérieur de l'Education Physique" geschaffen worden, für die Ausbildung von Spezial-Lehrkräften: die „Hochschule für Unterricht in der Körpererziehung" in Joinville.

Eine solche spezifisch militärische Jugenderziehung ist dem Deutschen Reich gottlob durch den Versailler Vertrag verboten. Dagegen scheint in Italien ein ziemlich ähnliches Verfahren der „Ertüchtigung" zu bestehen. — Interessant ist, daß sogar das kleine Griechenland auf diesem Wege voranschreitet: Pressemeldungen zufolge hat der Generalstab beschlossen, „in sämtlichen Schulen militärische Vorkurse einzurichten, damit alle Rekruten beim Eintritt in das Heer schon bis zu einem gewissen Grade militärische Ausbildung besitzen".

Staatsbürgerliche Erziehung.

Militärische Schulung der Jugend ist unserer Regierung nun freilich unmöglich geworden. Aber „mit umgekehrten Vorzeichen" hat die neue Links-Regierung doch eifrig die angeschnittene Wurst weiter aufgeschnitten:

In einer Sitzung des Provinzial-Schulkollegiums in Hannover Ende September 1928 hat der dortige Oberpräsident Noske erklärt, im staatlichen Interesse müsse nunmehr verlangt werden, daß „*die Schule sich in den Dienst der Republik stelle*". Und wie man sich das vorzustellen hat, führt ein ganz gemäßigtes linksbürgerliches Blatt folgendermaßen aus:

„Ueberall im Unterricht, wo sich irgendeine Gelegenheit findet, wollen wir die Idee der Republik in ihrer ganzen Reinheit vor den Schülern hinstellen und wollen ihnen zeigen, wie durch sie zu allen Zeilen und bei allen Völkern die edelsten und stärksten nationalen Kräfte ausgelöst worden sind. Achtung und Ehrfurcht vor der deutschen Republik muß unserer Jugend durch alles, was sie in der Schule hört und sieht, etwas ganz Selbstverständliches werden", um in ihr „die Liebe zur Republik und den lebendigen Willen, ihr zu dienen", dadurch zu erwekken. (Voss. Ztg. 26. Sept. 1928.)

Die Fortbildungsschule.

Aber mit der bloßen allgemeinen Volksschule ist den Interessen des Staates noch nicht Genüge getan. Zunächst hat man den Schuldienst quantitativ tunlichst auszudehnen gesucht, damit *die Kinder* nur ja möglichst *wenig Zeit für sich selbst* übrig behalten. Müller-Holm sagt:

„Im Zeitalter der Aufklärung . . . begnügten sich selbst Gymnasien mit 20-24 Unterrichtsstunden wöchentlich. Damit würde heute keine Volksschule auskommen zu können glauben; manche kommen bis auf 36. Mit all diesem haben aber die Schultyrannen ihr Programm noch lange nicht erschöpft: Auf die Volksschule türmt man jetzt die *Fortbildungsschule*. Damit komme ich, ... auf den Zwang des Staates, der *die Schule als ein Machtmittel ansieht*". (S. 97.)

Kerschensteiner („Staatsbürgerliche Erziehung der deutschen Jugend", K. Villaret, Erfurt 1909) fordert daher eine „den jungen Staatsbürger bei seiner Arbeit packende" (S. 40) obligatorische Fortbildungsschule — und zwar auch auf dem Lande und für beide Geschlechter! — bis zum 18. Lebensjahre und tunlichst eine noch länger dauernde fakultative (S. 23), — eine ganz gewaltige Erweiterung der staatlichen Erziehungsbereiches! Die „staatsbürgerliche Erziehung“ soll ja „der Kern- und Angelpunkt der ersten staatsbürgerlichen Erziehung“ sein, für welche die Handwerksmeister und sonstige berufstechnische Lehrkräfte nicht geeignet seien. „Soll aber diese obligatorische Fortbildungsschule eine wertvolle Erziehungsmacht (!) im öffentlichen Schulwesen bilden, so muß sie sich auf die ganze Lehrzeit des Lehrlings erstrecken und darf auch nicht ungelernte Arbeiter und gänzlich Berufslose frei lassen (!). Und soll ihr erzieherischer Einfluß Kraft gewinnen, gegenüber dem Einfluß des Lebens, so muß sie wöchentlich 8—10 Stunden Unterricht umfassen (!), und zwar zu einer Zeit des Tages, in der der Schüler noch die nötige Empfänglichkeit für geistige und sittliche Anregungen besitzt. Soll sie endlich nicht bloß für technisch-intellektuelle, sondern vor allem auch für *staatsbürgerliche* Erziehung wertvoll sein, so muß sie folgende Unterrrichtsgruppen umfassen: praktisch-technische, theoretisch-berufliche, praktisch-staatsbürgerliche Unterweisung vom 14. bis 20. Lebensjahre. Vom theoretisch-*staatsbürgerlichen Unterricht klagt* Kerschensteiner, „daß dieser Unterrichtsstoff einem starken *Mangel an Interesse* begegnet“. Man müsse daher an die Geschichte des Handwerks und der Fabrik, an Waren- und Werkzeug-Kunde anknüpfen, und „muß auch wirkungsvolle Momente der vaterländischen Geschichte oder charaktervolle sittliche Gestalten . . . . . . mit einbeziehen“ (S. 56).

Sowohl die „staatsbürgerliche Erziehung“, wie die ihr dienende Fortbildungsschule plante der Staat *vor* dem Kriege ganz offensichtlich als *Schutzmaßnahmen gegen den wachsenden Einfluß der Sozialdemokratie.* So schrieb die Dtsch. Tagesztg. vom 17. Jan. 1910 ganz offenherzig, „daß der Wunsch, die schulentlassene Jugend vor der sozialdemokratischen Verhetzung besser als bisher zu bewahren, auch zu Erwägungen im Schoße des Staatsministeriums geführt und auch bereits auf die Forderung des Fortbildungsschulunterrichts, wie aller Bestrebungen, die Jugend in gesundem und *patriotischem* Geiste zu erziehen, eingewirkt hat“. Die Fortbildungsschule an sich existiert bekanntlich seit Jahrzehnten. Durch die Gewerbeordnung des Norddeutschen Bundes von 1860 sind die Unternehmer und Lehrherren von Arbeitern unter 18 Jahren verpflichtet, diesen Zeit zu ihrem Besuche zu geben. Die Novelle von 1891 hat den Gemeinden das Recht gegeben, ihren Besuch zu *erzwingen.* Sie waren als *geistige Waffe gegen den „Umsturz“* gedacht. (Daher erklärt sich auch ihre Beschränkung auf die männliche und städtische Jugend. Denn das Land schien umsturzsicher und die Frauen wählten damals noch nicht. Die weitere Entwicklung ließ das nicht als ausreichend erscheinen.)

Es ist nur selbstverständliche Konsequenz, daß nunmehr die heute herrschenden republikanischen Parteien dahin tendieren, dasselbe Mittel im umgekehrten Sinne geltend zu machen. Wenn dies bisher nicht schon stärker geschehen ist, so ist der einleuchtende Grund dafür, daß die herrschenden Parteien in ihren Grundanschauungen zu sehr auseinandergehen, als daß sie gerade auf dem Gebiete der Jugenderziehung zu einer straffen Aktion kommen konnten. Aber je einheitlicher sich im Laufe der Zeit der im Staate herrschende Geist gestaltet, desto energischer wird er sich auch des Machtinstrumentes der Jugenderziehung bemächtigen.

Die Produktionsschule.

In dem Maße, wie der Sozialismus zum Siege steigt, erwächst immer siegreicher auch das neue Ideal der „Produktionsschule“. Der militärische Zusammenbruch brachte in Rußland die Revolution und den Sieg des bolschewistischen Sozialstaates, in Deutschland wenigstens die Republik und den Aufschwung der sozialistischen und demokratischen Richtung zur maßgebenden Beeinflussung des Staates. Dem entsprach denn auch eine *Wandlung der pädagogischen Prinzipien*, die in Rußland bereits praktisch durchgeführt sind, in Deutschland einstweilen noch propagiert werden. Sie konzentrieren sich in dem Schlagwort „*Produktionsschule*“ oder „*Arbeitsschule*“ gegenüber der bisherigen „Lernschule“. Die soziale Woge nahm namentlich die Lehren von Natorp („Sozialpädagogik“, Stuttgart 1909) und Kerschensteiner („Staatsbürgerliche Erziehung“, Erfurt 1909) auf. Vgl. auch „Zur Produktionsschule (Entschiedene Schulreform III)“. Hgb. v. Prof. Paul Oestreich. Verlag „Werkfreude“ - Bucherstaben G.m.b.H. — Berlin 1922.

In Rußland wurden besonders von dem Pädagogen Plonski und Professor Dr. Lewitin die neuen Ideen auch bereits in lehrhafte Praxis umgesetzt und weitergebildet. Der wesentliche Sinngehalt dieses neuen Prinzips ist Folgendes:

Die alte „Lernschule“ beschränkte sich auf autoritative Ueberlieferung und gedächtnismäßige Einprägung festgegründeten fertigen Wissens. Körperliche und sinnliche Tüchtigkeit wurden überhaupt nicht gepflegt:

im Gegenteil, manuelle Arbeit wurde gering geschätzt. Das Kind strebt aber danach, tätig zu sein. Hierfür müssen ihm die richtigen Aufgaben gestellt werden, damit es sich an praktischen Zielen betätigen kann und dadurch zugleich Wissen erwirbt. Die Arbeit muß zur pädagogischen Methode werden. So werden die Schüler die verschiedenen Wissensdisziplinen nicht lehrplanmäßig und lustlos lernen, sondern sich durch Befassung mit den dafür in Betracht kommenden Lebensgebieten selbst in freudvoller Betätigung des einem jeden innewohnenden Gestaltungstriebes und schöpferischen Sehnens selbst erarbeiten.

Schließlich ist die Arbeit auch zugleich ein Werte schaffender Faktor. So lehrt der oben erwähnte Russe Plonski die Kinder, aus Stoffen gebrauchsfähige Dinge herstellen, macht sie allmählich mit allen wirtschaftlichen Methoden bekannt, gewöhnt sie an wirtschaftliches Arbeiten und Denken und schafft dadurch zugleich das wirtschaftliche Fundament, auf dem die Schule ruht. Und Professor Lewitin hat gar in einem der Moskauer Textilindustrie-Vororte in den Räumen arbeitender Fabriken Abendschulen eingerichtet, wo er die berufliche Arbeit der Schulbesucher zum Ausgangspunkt und zur Grundlage aller theoretischen wissenschaftlichen Lehre macht.

Die Schule selbst soll aus einem bloßen für bestimmte Stunden besuchten Unterrichtsinstitut eine das ganze Dasein des Kindes umfassende Lebensgemeinschaft aller Kinder werden, ohne Unterschied der Gesellschaftsschichten und der Geschlechter, aus welcher dann Begabten der Aufstieg auf „einer Leiter vom Boden bis zur Universität" (Huxley) ermöglicht wird. (Kerschensteiner, S. 29; auch Natorp „Grundlagen der Schulorganisation", Berlin 1910, S. 89 f.). „Der Mensch wird zum Menschen allein durch menschliche Gemeinschaft (Natorp S. 84). „So beweist sich die Gemeinschaft zugleich als Element der Erziehung und als das durch sie gestaltete, immer neu zu gestaltende Werk", sie ist also „sowohl Zweck wie Mittel der Erziehung". (S. 204, 219.)

Wie ist diese Idee der Produktionsschule entstanden?

Die vulgäre Auffassung beantwortet die Frage natürlich dahin, daß eben die sich immer mehr vervollkommnenden *Einsichten der Pädagogik* die oben geschilderten gegenwärtigen Erkenntnisse von dem, *was dem Kinde nottut*, erbracht haben, und der Staat sich nun bemühte, die von ihm verwaltete Schule nach diesen Ergebnissen auszugestalten. Naiver Optimismus! Ebensogut könnte man annehmen, es seien die wachsenden wissenschaftlichen Erkenntnisse der Nationalökonomie, aus der sich zwanglos die wechselnde Gestalt der Zolltarife erkläre. Die Sachlage ist die gerade umgekehrte: Der Staat richtet die seiner Gewalt unterstehende Schule ja so ein, wie es für ihn nützlich ist, um die Machtstellung seiner jeweiligen leitenden Gruppe zu sichern. Zu diesem Zweck *wählt er* dann aus den Schriften der Pädagogik die ihm jeweils am besten passenden Schlagworte und Ideen, um die Leuchtkraft seiner wahren Ziele der Oeffentlichkeit gegenüber etwas abzublenden. Wir sahen schon in den vorausgehenden Bogen, wie sich die Front dabei im Laufe der Geschichte wechselnd gegen die verschiedenen Gruppen richtet, welche dem Staat gefährlich werden können: bald das Ausland, bald das Inland, bald die Stände, bald die Kirche, bald das Proletariat. Für den kommenden sozialistischen Staat ist die Gegnerschaft natürlich die noch nicht überwundene Macht der Vergangenheit, die *Bourgeoisie*. Dem Kampfe gegen sie dient die Produktionsschule.

Geboren ist sie keineswegs etwa erst aus ihm, ist vielmehr uralten Datums: Schon der alte *Pestalozzi* hat seinerzeit das Prinzip der Selbsttätigkeit des Kindes als Grundlage der Schulerziehung nicht nur gepredigt, sondern auch praktisch vollkommen durchgeführt, und zwar an Hand der damals aufblühenden Baumwollspinnerei, die damals fast alle Frauen der ärmeren Stände für Verleger betrieben. Er ließ die Kinder wirtschaftliche Arbeit leisten, damit sie einerseits sich und der Schule den Unterhalt verdienten und andrerseits die Schule ein wirkliches Abbild des Lebens und eine gedeihliche Vorbereitung für die spätere Praxis würde (vgl. vielfache Ausführungen in „Lienhard und Gertrud", wo ja der Verleger überhaupt als der Edelmensch des Dorfes fungiert). Denselben Weg ging die ganze Pädagogik *Fröbels*. — Aber damals hatte der Staat keine dahin tendierenden Interessen und die Kirche noch weniger; so verliefen jene Bestrebungen im Sande. Als dann in neuerer Zeit das Interesse des Staates dahin ging, *Mittelstandspolitik* zu treiben und dem niedergehenden *Handwerk* wieder das Interesse breiterer Schichten zuzuführen, knüpfte man vorübergehend an die alten Pestalozzischen Ideen wieder an und produzierte (gegen das Ende des vorigen Jahrhunderts) den Trick des sogenannten „Handfertigkeits-Unterrichts", — eine Halbheit, die natürlich ohne jeden Erfolg blieb und bald Fiasko machte. Die jetzigen sozialistisch eingestellten Pädagogen haben also an sich nur die alten Ideen des „Arbeitsunterrichts" neu aufgeplättet, um sie wirksamer zu präsentieren. Aber heute hat der neu hochkommende sozialistische Staat alles Interesse an dieser geistigen Waffe zur Verschleierung seiner praktischen pädagogischen Ziele mittels „neuer pädagogischer Erkenntnisse" und darum hat die alte Idee jetzt alle Aussicht auf Realisierung.

Rein pädagogisch ist das Prinzip der „Arbeitsschule" mindestens nur sehr relativ gutzuheißen. Die Arbeitsschule (und überhaupt Massenschule) kann segensvoll nur für einen bestimmten *Typus* von Kindern sein (allerdings eben *den*, den neue Machthaber im Staat wünschen). Für den Einsamling z. B. wird kein Platz in ihr sein; es ist charakteristisch, daß ein so hochbegabter Knabe, wie Otto Braun, sich in einer nach dem neuen Typus so ausgezeichneten Anstalt, wie Wickersdorf, nicht wohl fühlte und seiner Mutter klagte: „Man kann hier niemals allein sein!" Ein Träumer, der stundenlang hoch oben im Kastanienbaum hockt, sich mit wollüstigem Bangen im Winde hin und her schwanken fühlt, die am Stamm auf- und ablaufenden Ameisen jagt und den Vögeln beim Liebesspiel zuschaut; oder der tagelang auf sonniger Wiese liegen und in die hoch am blauen Himmel ziehenden Lämmerwölkchen blicken kann, paßt nicht in diese Schule. Ebensowenig der nachdenkliche stille Grübler, der einsam in der Ecke hockt und darüber „klärt" (wie die Ostjuden sagen): Warum schreien die Babys so viel? Warum muß der Mensch nachts schlafen? Woher kommen die Träume? Warum gibt es Stechmücken? Wenn ich einen Nagel durch ein Brett schlage, — wo kommt das Holz hin, das erst da gesessen hat, wo jetzt der Nagel sitzt? Warum sagen die Franzosen Louis statt Ludwig? Warum heiße ich Wenzel Schneidereit? — Und auch nicht der Sammler, dessen höchstes Glück es ist, wenn er daheim in seiner häuslichen Klause die Stükke seiner Münzensammlung mit Salmiakgeist putzen und mit der Lupe ihre Inschrift entziffern, oder seine Eiersammlung ordnen und etikettieren, seiner Siegelsammlung eine neue Wappen-Muschelform einfügen oder einem Kameraden seine Sammlung deutscher Briefmarken seit Kriegsausbruch (einschließlich Fehldrucke!) zeigen und erläutern kann. — Mit solchen Typen weiß die neueSchule ebenso wenig anzufangen, wie die alte etwa mit dem Bastler, der sich aus Holzspänen und Bindfaden eine richtig gehende Windmühle zusammen werkt, oder mit dem Lausbuben, der sich mit allen Jungen in der Klasse herumbalgt, dem Rektor die Birnen aus dem Garten klaut, stets ein Loch in der Hose und eine Schramme auf dem Knie hat, aber der beste Turner in der Klasse ist.

Wieso hat nun der sozialistische Staat ein machtpolitisches Interesse an der Produktionsschule?

Der kommende *sozialistische Staat* wird vor allem und in erster Linie der *alleinige Arbeitgeber aller seiner Untertanen*. Sein *Interesse* muß daher vor allem sein, willige, schmiegsame, untertänige, lenksame *Arbeitskräfte zu züchten*, die sich bequem in die Masse einordnen lassen, nicht aufbegehren, keine Kritik und Opposition befürchten lassen, keine individuellen Gelüste und Ansichten haben und vor allem nicht an der Heiligkeit des Staates als Arbeitgeber und der moralischen Pflicht ihres eigenen Dienstes daran zweifeln. Solche zu erziehen, ist die Aufgabe der Produktionsschule. Karl Marx hat in Genf 1866 eine (mir leider nur ungefähr erinnerliche) Resolution über die Schule der Zukunft durchgebracht, in der Wirtschaft und Gesellschaft vereinigt sein würde. Dabei sagt er: „Macht die Handarbeit zum großen Erlebnis; dann schafft ihr die besten Bürger des sozialistischen Zukunftsstaates und gleicht zugleich die Differenzen der Stände und Klassen aus"! Diesem Gedankengang kommt die Produktionsschule vollkommen nach. In dem weiter oben schon zitierten Aufsatz des Studienrates Dr. R. Niemann in der Leipziger Volkszeitung heißt es: „Die Schule . . . . hat . . . . in erster Linie die Aufgabe, den Menschen *erwerbstauglich* zu machen. . . . . In zweiter Linie erzieht sie den künftigen *Staatsbürger*". Das bringt dann an Stelle der früheren einseitigen Geistesschulung „eine harmonisch gleichmäßige Ausbildung von Geist und Körper, Denken und Sinnebetätigung" mit sich. Damit zugleich eine „Wertschätzung der manuellen Arbeit an Stelle der bislang gezüchteten Ueberheblichkeit (!) des Intellektuellen, endlich eine Erziehung zur Gemeinschaft an Stelle der vormaligen Züchtung der Rivalität (im Kampf um den Klassenplatz, die Zensur usw.)"; denn bei der Arbeit ist er überall auf das Zusammenarbeiten mit den Kameraden angewiesen und lernt so praktisch die Abhängigkeit aller beruflichen Interessen von „den Interessen der Mitbürger und des Vaterlandes" (Kerschensteiner S. 16, 47). Von selbst werden so die staatsbürgerlichen Tugenden, namentlich die „Hingebung an die Allgemeinheit", dem Kinde eingeprägt.

Die Vereinigung von Hand- und Kopf-Arbeit und methodische Herleitung aller wissenschaftlichen Erkenntnis aus den Aufgaben der *praktischen manuellen Arbeit* bringt ferner unvermeidlich eine moralische *Deklassierung der reinen Geistesarbeit*, die an sich turmhoch über der praktischen Zwecken dienenden materiellen Arbeit steht. Die kulturelle Höherwertigkeit des reinen Strebens nach Erkenntnis über die Herstellung von Nutzwerten wird im Bewußtsein des Schülers erstickt, ebenso die Erfahrung, daß zu wahrer geistiger Erkenntnisgewinnung Muße,

Einsamkeit und Uninteressiertheit erforderlich ist. Damit wird aber Religion, Philosophie, Kunst und jede Neigung für solche „Allotria" im Keime unterbunden.

Durch den Kollektivcharakter der wirtschaftlichen Arbeit wird „Kameradschaftlichkeit" gepflegt, somit von vornherein jedem Ansatz zu individualistischer Betrachtung und Wertung vorgebeugt, und von klein auf der Massenmensch gezüchtet, den der sozialistische Staat zur Sicherung seiner Machtstellung als möglichst alleinigen Typus braucht.

Ferner wird durch Ausgestaltung der Schule zur vollständigen Lebensgemeinschaft der Schüler jedem etwaigen Einfluß der Familie in einem von den Staatsinteressen abweichenden Sinne vorgebeugt.

Das Ethos der Arbeit.

Um schließlich jedem Aufkommen rebellischer Anschauungen und Neigungen zuvorzukommen, predigt die Produktionsschule so den „Gedanken der Erdgebundenheit des Geistigen und das *große Evangelium vom Ethos der Arbeit.* Auch die *ökonomische Produktion* wird heute vielfach von einem *religiösen Andachtsgefühl* umfaßt" (Spranger „Die drei Motive der Schulreform", S. 132). Zur Rechtfertigung wird das Axiom gelehrt, die Produktionsschule entspräche am besten dem Wesen des *Kindes,* das von selbst nach praktischer Betätigung verlange. Hier vollzieht die sozialistische Pädagogik äußerst geschickt eine raffinierte und unbemerkte Vertauschung der Begriffe mit Hilfe der Unzulänglichkeiten unserer sprachlichen Ausdrucksweise: Allerdings hat das Kind (und nicht nur das Kind, sondern mehr oder weniger auch jeder Erwachsene) einen ständigen Drang nach praktischer Betätigung, aber lediglich als Ausdruck seines immanenten *Schaffens*triebes. Das Wort Arbeit wird für zwei toto coelo verschiedene Begriffe gebraucht:

1. Ausübung dieses inneren Dranges zur Erzeugung des innerlich geschauten Werkes. Diese „Arbeit" vollzieht schon das kleine Kind, wenn es aus Sand Kuchen bäckt oder Burgen baut, einen Klotz in einen Lappen wickelt und als Puppe pflegt. Dieselbe „Arbeit" leistet die Mutter, wenn sie ihr lebendiges Kind pflegt, der Hausbesitzer, der seinen Garten hegt, der Wanderer, der einen Berg erklimmt, der Sportler, der einen Rekord schlägt. In noch höherem Maße dann der Erfinder und Entdecker, der Forscher und Künstler,

der Schriftsteller und der Propagandist eigener Ideen (gleichviel wie hoch die Qualität seiner Werke, der Wert seiner Ideen sein mag).

2. Etwas hiervon in der Art und der seelischen Wirkung absolut verschiedenes ist die „Arbeit", welche jemand zur Erzeugung irgendwelcher Nutzwerte im Auftrag und nach Anweisung eines andern ohne eigenen Antrieb dazu ausführt, um dafür eine materielle Vergütung zu erhalten.

(Das braucht keineswegs nur die Arbeit des Fabrikarbeiters oder Landarbeiters zu sein. Hierher gehört auch die Tätigkeit des Angestellten in jedem Beruf, auch die des reichen Generaldirektors, auch die des durchschnittlichen Rechtsanwaltes oder Arztes, Redakteurs oder Schullehrers. Aber diese letzteren sind in mehr oder minder großem Ausmaße schon Mischformen, wie alle Tätigkeiten, wo jemand eine grundsätzlich seinen eigenen Neigungen dienende Arbeitsweise in den Dienst anderer Auftraggeber stellt zur Erzielung von Bezahlung als wesentlichem Zweck und demgemäß auch im wesentlichen auf ihre Nutzbarkeit für den oder die Auftraggeber zuschneidet, wie vielfach auch Künstler, Schriftsteller usw., oder etwa Landwirte, Handwerker usw.)

Das eigentliche Ziel der zweiten Gattung von „Arbeit" ist Beschaffung und Genuß von möglichst reichlichen materiellen Gütern, das der ersten Gattung: einer möglichst dem geschauten Ideal nahekommenden Realisierung des erstrebten Werkes und dem Ausgleich der damit verbundenen seelischen Spannung, völlig fernsteht.

Das erstrebenswerte Ziel der menschlichen Kulturentwicklung wäre, daß die Arbeit eines jeden Menschen ganz beschränkt bleibt auf die aus eigenem inneren Bedürfnis entspringende schöpferische Werktätigkeit, während seine wirtschaftliche Existenz — sei es auch nur auf bescheidener Stufe — ihm unabhängig von seiner „Arbeit" gesichert ist, — also etwas, das in dem alten Leitsatz des Kommunismus: „Jeder nach seinen Fähigkeiten und jedem nach seinen Bedürfnissen" ausgedrückt ist. Ob dieses Ziel einmal erreicht werden kann, setzt wohl einerseits hohe Entwicklung der Technik, andererseits eine außerordentliche Verringerung der an den Rohstoffen der Erde zehrenden Menschenmassen voraus. (Bisher ist der kulturelle Wert noch jedes erzielten technischen Fortschrittes dadurch vernichtet worden, daß er stets nur zu einer immer gewaltigeren Vermehrung des menschlichen Ungeziefers und einer (von den Interessen des Kapitalismus herbeigeführten) immer stärkeren Aufreizung des Verlangens nach Besitz und Verbrauch materieller Güter mißbraucht wurde, und demgemäß jede technische Möglichkeit eines Abbaus von Arbeit tatsächlich durch ständige Steigerung der Arbeitsnotwendigkeit wettgemacht wurde.)

Dem kulturellen Ideal kommt ohne Zweifel der seinem „Kejf" (deutsch: Behaglichkeit, Wohlbefinden, d. h. genußreiche Ruhe) huldigende Türke und der seine „Siesta" haltende neapolitanische Lazzaroni, der alte Germane auf seiner Bärenhaut und der indische Yogi, Diogenes in seiner Tonne und der mittelalterliche Mönch in seiner Zelle näher, als der ewig hastende moderne Europäer und Amerikaner, für den selbst der sogenannte Genuß zu einer Anstrengung und Abspannung wird. Diese materielle Arbeit im Dienste des materiellen Genusses und im Auftrag der Gesamtheit als kulturelles Ideal von klein auf in Fleisch und Blut übergehen zu lassen, als einen Wert an sich hochschätzen zu lehren, als natürliche moralische Menschenpflicht einzuprägen, statt sie als ein nur heute leider noch nicht entbehrliches, weil noch nicht ganz auf Maschinen überzuleitendes notwendiges Uebel erdulden zu lehren, ist etwas durchaus Verwerfliches, aber für den sozialistischen *Staat* allerdings zur Sicherung seiner inneren Macht Erstrebenswertes. Wie gering die „Arbeit" im Bewußtsein gewürdigt wird; trotz aller schönen Redensarten, die über sie gemacht werden, sieht man daraus, daß alle *Feiertage* und Feste durch nichts Besseres gefeiert werden können, als durch *volle Arbeitsruhe.* Das Wort „Feierabend" zeigt, daß „feiern" (ahd. „fêra", aus lat. feria, sprachlich gleichbedeutend ist mit Arbeitsruhe.

Schließlich und letztens aber soll mit dieser Fundamentierung des Unterrichts und der ganzen Erziehung auf der Arbeitsgemeinschaft auch die wirtschaftliche Existenz des Schulwesens gesichert werden: Wirtschaftliche Arbeit — sei es in Fabrik und Handwerkstätte, sei es in Feld und Garten — ist ein wirtschaftliche Werte schaffender Faktor. Sie dient daher keineswegs nur den pädagogischen Zielen der Schüler, sondern gleichzeitig durch ihre produktiven Ergebnisse, bei zielbewußter Leitung dem Besten der Gesamtheit. Dieser Gesichtspunkt ist gerade für den neuen sozialistischen Staat sehr praktisch, der allenthalben unter starkem Mangel an Geldmitteln leiden wird und andererseits doch das Bestreben hat, sein Schulwesen gegen das im bürgerlichen Staate gewaltig zu heben und auszudehnen, speziell das allgemeine Volksschulwesen. Er muß direkt nach einer Schulform Ausschau halten, welche ihre Kosten in sich selbst deckt und da kommt ihm die Idee der Produktionsschule wie gerufen. Da kann man bei aller aufrichtigen Bekämpfung der Kinderarbeit die Kinder doch prächtig zur Mitwirkung an der gesellschaftlichen Oekonomik heranziehen. Ja, in dem Grade, wie die Kinder an den Lehrstoff selbst herankommen, wird der hochbezahlte alte Schulmeister überflüssig, kann mindestens durch eine weit geringere Anzahl von sachverständigen Personen, die Aufsicht führen, Auskunft erteilen und Anregungen geben, ersetzt werden (wie in der einschlägigen Literatur auch ausdrücklich hervorgehoben wird). Das wesentliche Ziel ist ja, beim Kinde „den Trieb zur Arbeit“ zu erziehen (S. Natorp, S. 221 f., 226, 274 u. a.). Schon die Familie soll vor der Schulpflicht beim Kleinkind in diesem Sinne wirken; der Fröbelsche Kindergarten war nur ein schwaches Surrogat (ebenda S. 507). Denn es soll als Erwachsener vorallem einstmals ein guter Staatsarbeiter sein.

Dem heutzutage beliebten *übermäßigen Preisen der Arbeit* gegenüber ist es nützlich daran zu erinnern, daß alle Philosophie, alle Religion, alle Kunst, alle Wissenschaft, kurz *alle geistige Kultur des Menschen ans der Muße, ja aus der Langeweile entstanden* ist. Denn diese allein ist es, die, nach Verbrauch aller anderen üblichen Zerstreuung- und Unterhaltungsmittel, wie Spiel, Geselligkeit, Erotik, Körperpflege, Wettkampf usw. den Menschen zum *Nachdenken* über sich und das Leben bringt und damit die Grundlage aller geistigen Betätigung schafft. Mir ist das zum ersten Male aufgegangen, als ich als Einjährig-Freiwilliger einmal mit drei Tagen Mittelarrest bestraft wurde: Nachdem das wechselnde Schlafen und Onanieren, mit dem üblicherweise etwa das erste Dutzend Stunden verbracht wird, körperlich nicht mehr anging, stellte sich von selbst ein geistiger Zeitvertreib ein, wie er nur durch solche erzwungene Untätigkeit mit Einsamkeit verbunden entstehen kann: Erst Ergötzung an Erinnerungen, Tagträumen, Ausmalen von Zukunftsmöglichkeiten, Schmieden von allerlei Plänen. Dann Versemachen; schließlich Auftauchen von allerlei Fragen und Problemen, auf die ich bei sonstiger gewöhnlicher Inanspruchnahme niemals gekommen wäre. Im Gegenteil dazu hatte ich beobachtet, daß die dauernde starke Beschäftigung mit körperlicher Betätigung beim Militärdienst nicht, wie ich anfangs erwartet hatte, mich in meinen dienstfreien Stunden zu desto stärkerer Befassung mit Büchern usw. veranlaßte, sondern umgekehrt mir auch für solche die Spannkraft und das geistige Interesse raubte, so daß ich, der ich an sich geistig sehr rege war, kaum mehr die Zeitung und bestenfalls gelegentlich einmal einen ganz oberflächlichen Schmöker aufnehmen konnte.

Vielleicht wird man gegen die von mir propagierte Abschaffung der Schule einwenden: Die Kinder werden selbst nach der Schule verlangen, werden gar nicht wissen, was sie ohne Schule anfangen sollen, werden sich ohne Schule sterblich *langweilen.* — Nun den Eintritt dieser Katastrophe könnte man getrost einmal abwarten. Ich habe noch kein Kind gesehen, auch nicht in der besten Schule und nach den längsten Ferien, das deren Ende und den Wiederbeginn des Unterrichts nicht mit Bedauern begrüßt hätte. Dieser Einwand verwechselt auch zwei ganz verschiedene Dinge: Die Unterrichts-Organisation mit dem Gemeinschaftsleben der Kinder, wie es ja auch die heutige Schule in bescheidenem Maße mit sich bringt. Das Gemeinschaftsleben der Kinder soll ja aber die künftige Organisation des Kinderlebens ohnehin bringen! — (Außerdem ist die „Langeweile" durchaus kein Uebel an sich, wie merkwürdigerweise Schopenhauer es darstellt, um seine Grundauffassung durchführen zu können. Im Gegenteil: *Langeweile*, wenngleich subjektiv unangenehm, fördert Grübeln, Nachdenken, Beobachtung, mit einem Worte: ist *die Quelle alles Innenlebens* und zu seiner Ausgestaltung unerläßlich.

„Aber die Kinder haben keine Neigung für Innenleben und geistige Entwicklung. Sie würden, wenn sie sich langweilen, einfach allerlei groben Unfug anstellen, insonderheit onanieren und schlimmeres." Hierauf ist zu sagen: Onanieren tun die Kinder *heute* (wenigstens 90 Prozent). Und schuld daran ist nicht die Langeweile, sondern *wir*, die Erwachsenen: Wir ernähren die Kinder wie Zuchtstiere, wir fesseln sie wie Kettenhunde, wir erregen durch sexuelle Absperrung und Verschleierung ihre Geschlechtsneugier aufs Höchstmaß und heucheln dann verlogene Verwunderung und Entrüstung über den dann unvermeidlich entstehenden Haremsdunst.

Warum versagen wir ihnen jeden legitimen Geschlechtsgenuß auf Jahre hinaus? Warum tun wir dies? Um sie sexuell zu lenken und zu leiten. Blödsinn! Wer belehrt denn die jungen Spatzen oder Regenwürmer, wann sie sich fortpflanzen dürfen? Das tut der eigene Körper gründlich und unzweideutig: durch auftretende Triebe und durch biologische Anzeichen: Bart und Brüste, Stimmwechsel, Pollutionen und Menstruationen.

Die Langeweile, die Schopenhauer als die große Geißel der Menschheit, sobald die Wunschbefriedigung erreicht ist, hinstellt, ist erstens durchaus keine Plage, sondern — wie der Kejf des Türken, die Siesta, das dolce far niente des Lazzaroni dartut — zumeist ein durchaus wohliger Zustand, zweitens aber nur ein kurzes Durchgangsstadium für das Erwachen freien Geisteslebens, aus dem der Mensch dann alsbald neuen, höheren Genuß zieht. Es wäre ganz ernstlich zu erwägen, ob man nicht — ähnlich, wie früher kirchlicherseits zeitweiliges *Fasten* vorgeschrieben war, so auch allenthalben ein zeitweiliges, (mindestens freiwilliges) Einschieben eines Zustandes von 1-3 Tagen völliger Untätigkeit und Einsamkeit in einer jede Ablenkung ausschließenden Umgebung als geistig-seelische Fastenkur empfehlen sollte, um auf diese Weise das unentwickelte oder erschlaffte Innenleben des Menschen anzustacheln. Es würde wahrscheinlich durch eine jede derartige Konzentrationsperiode aufblühen, wie die Pflanzenwelt nach längeren trockenen Frühlingswochen im Mai durch das erste Lenzgewitter und seinen Regenschauer. Man kann vielfach beobachten, daß auch schon einmalige durch leichte Erkrankung erzwungene Bettlägerigkeit ähnlich günstige Entwicklung der Persönlichkeit zeitigt, zuweilen selbst bei Kindern, für die diese Kur an sich weniger in Betracht kommt. Die kulturgeschichtliche Erscheinung, daß geistige Kultur stets und überall zuerst in den herrschenden „höheren Schichten“ der Gesellschaft entstanden ist, erklärt sich also, ahne daß man auf eine ursprüngliche rassische Ueberlegenheit der sie repräsentierenden Schicht zu schließen nötig hätte, schon einfach daraus, daß allein sie auf Grund einer zunächst sehr egoistisch und materiell verursachten wirtschaftlichen Ausbeutung der unterworfenen Schichten allein über das Maß von obligatorischer Langeweile verfügten — da in diesen Entwicklungsstadien Arbeit eben schändet und die als standesgemäß allein zulässige Jagd und Kriegführung schließlich nicht ausreicht —, das dann wenigstens bei einem gewissen Bruchteil ihrer Angehörigen zur Knospung seelisch-geistiger Ansätze führt.

Ganz dieselbe Erfahrung habe ich stets im Sommerurlaub gemacht: Wenn ich den neuen Aufenthaltsort und alle seine Reize genügend kennengelernt hatte und an den Mitgästen, wie gewöhnlich, keinen zum Verkehr mit ihm reizenden Daseinskollegen, so begann, wenn ich erst so weit war, daß ich die ganzen Vor- und Nachmittage nur noch ausgestreckt im stillen Wald oder — besser noch — einsam in den Dünen hingestreckt verbrachte, — sich allmählich das im gewöhnlichen Alltagsleben gänzlich erstickte Innnenleben zu regen und ungeahnte Blüten zu entfalten. Darum ging ich auch mit Vorliebe in einsame kleine Nordseebäder, am liebsten nach Dänemark, wo die Sprachverschiedenheit einen lebhafteren Verkehr mit den anderen Gästen erschwerte und mir die Belanglosigkeit ihrer Spatzenhirnchen gnädig verhüllte.

Die Galeere des tagfüllenden Stundenplans, des jahrfüllenden Klassenpensums ist nicht etwa nur ein notwendiges Uebel, eine durch die leidigen Ansprüche des Lebens erzwungene Unerläßlichkeit, sondern ein raffiniert erdachtes Mittel zur Erschöpfung der Spannkraft des Kindes, zur Erdrosselung seiner freien Zeit. Das Kind soll von klein auf erkennen lernen: *Das Leben ist nur zur Arbeit da.* Der Mensch, *jeder* Mensch, erhebt sich nicht dann, wenn er von genügendem Schlaf ausreichend erquickt ist, und nicht zu frohem neuem Tag und fröhlichem Leben, sondern *zu vorgeschriebener Stunde*, um nach schnellem kurzen Frühstück eilig „uff Arbeit" zu gehen, an fremde Arbeitsstätte, zu einer nicht aus seinem eigenen Antrieb ihm erwachsenen, sondern von fremden Fronvögten ihm auferlegten, von vorgesetzten Aufsehern beobachteten und kontrollierten, von strafgewaltigen Arbeitgebern vorgeschriebenen freudlosen, keinem ihn interessierenden Zwecke dienenden, von Befehlshabern überwachten Zwangsarbeit. Und so geht es Tag für Tag, Woche für Woche, Monat für Monat, Jahr für Jahr, unabsehbare Zeiten, bis die Kindheit dahin, die Spannkraft der Jugend erschöpft und Du rettungslos ein — „nützliches Mitglied der Gesellschaft" geworden bist und alsdann dazu gezwungen bist, ebenso im praktischen Leben Deine freudlose befohlene Arbeit weiter abzuleisten, — Deinen Vorgesetzten, Deinen Arbeitgebern oder Deinem Amt, Deiner Firma, in deren Dienste Du frondest. Such is life! Cosi fan tutte! Grübele nicht unnötig! — es hilft Dir ja nichts —, ob nicht vielleicht einmal schönere Zeiten kommen, ob nicht vielleicht der alte Germane auf seiner Bärenhaut, der Türke bei seinem Kejf, der Lazzaroni bei seinem „dolce far niente", der Beduine in der Oase der Wüste unter seinem Dattelbaum, der ihm zugleich Schatten und Nahrung spendet, trotz aller ihrer „Unzivilisiertheit" glücklicher sind, als wir zivilisierten Mitteleuropäer. Denke nicht darüber nach, ob Du nicht vielleicht bei heroischer Sparsamkeit und Anspruchslosigkeit, bei diogenischem „simple life" *auch* Muße und Freiheit erringen könntest und als — wenigstens in den Sommermonaten — froher freier Landstreicher durch die Welt ziehen könntest, wozu die — ach so kümmerlichen — Kosthäppchen dereinst im „Wandervogel" Dir solche Lust gemacht haben:

. . . .

„Wir ziehen durch die Velde,
Der Regen ficht uns nicht an,

. . . .

Und das Wasser aus dem Bronnen
Trinkt der Landsknecht, wenn er will."

. . . .

Nein, Freiheit und Mufie sind Phänomene außerhalb unserer europäischen Zivilisation. Hier muß jeder Mensch schuften, schuften, schuften. Und das lernst Du von klein auf, daß es Dir von klein auf ganz in Fleisch und Blut übergeht und Du gar nicht dazu kommst, darüber nachzudenken, ob es denn wirklich unerläßlich ist, daß auch Du, das Kind, schon zur Maschine des Schuftens werden mußt. Die Erwachsenen müssen schuften. Darum heißt das einfache Gesetz des Ressentiments, daß auch das Kind schuften muß von morgens bis abends und von klein an bis zur Reife.

Der „*wirtschaftlichen*" Ausbeutung der Kinder durch die „liebevollen" Eltern hat der Staat zwar ein Ende gemacht. (Nicht etwa aus Güte und Mitleid! Bewahre! Aus triftigem politischem Eigeninteresse: Die Rekrutierungsergebnisse wurden zu ungünstig!) Die Möglichkeiten eines „arbeitslosen Einkommens" andrerseits wurde unter dem rauhen Tritt der Arbeiterbataillone immer mehr eingeschränkt. So wurde es immer mehr allgemeine Parole: Wer nicht arbeitet, soll auch nicht essen! Und da sollten die Kinder eine Ausnahme machen und ein fideles Leben leben? Das schlug denn doch dem „Gerechtigkeitssinn des Volkes" (lies: Ressentiment der Erwachsenen) zu schroff ins Gesicht! Durften die Kinder nicht mehr für das eigene Portemonnaie der Eltern arbeiten, so sollten sie wenigstens dafür arbeiten, daß sie es dereinst desto erfolgreicher für später Erwerbsarbeit tun könnten! Dem Staat kam aber diese Volksstimmung sehr zu Paß: Menschen, die eine richtige glückliche freie Kindheit genossen hatten, würden später ohnehin widerhaarige Untertanen werden. Also her mit der Klinke der Gesetzgebung! Und schon steht heute die „allgemeine Schulpflicht" fest wie ein Fels im Meer!

Die Staatsschule, der Fluch der Kindheit.

Unser Flug durch die Jahrhunderte ist zu Ende. Wir sahen die Schule in ihren verschiedensten Gestaltungsformen. Aber die *eine* Erkenntnis drang überall durch: *Mit dem Augenblick, wo das Ungeheuer Staat seine Tatzen auf das Gebiet Erziehung und Unterricht legt, schwindet das Ziel bestmöglicher körperlicher und geistiger Entwicklung des Kindes dahin und das nackte Machtinteresse des Staates an der Züchtung gehorsamer, unterwürfiger und ehrfurchtsvoller Untertanen wird zur maßgebenden Instanz.*

Der junge Liberalismus in seiner Blütezeit vor hundert Jahren hat das wohl gefühlt. Seine Weltanschauung beruhte auf der Erkenntnis, daß der Mensch nur dann Höchstes zu sein und leisten imstande ist, wenn ihm *Freiheit für die Kultur der Persönlichkeit* gegeben wird, für die freie Entfaltung aller Möglichkeiten, die in den Anlagen und Neigungen des einzelnen vorhanden sind. Darum haben die führenden Geister jener Zeit sich gewehrt gegen die Preisgabe der Jugend an den Staat. So sagt *Friedrich Schleiermacher* („Ueber den Beruf des Staates zur Erziehung", Sämtl. Werke, G. Reimer, 1835. III. Abt., Bd. 3, S. 225 ff.):

„Es zeigt sich, ... daß Völkern eben dadurch das Joch der Knechtschaft erschwert und verlängert wird, daß die Regierung mit gleich ehernem Szepter auch die Scharen der *Unmündigen* regiert und gewaltsam hindert, daß sich irgend etwas anderes in ihnen entwickele, als die Fertigkeit, dasjenige am angestrengtesten zu tun und am geduldigsten zu leiden, was ein vielleicht romantischer und dem innersten Geist des Volkes ganz fremder Wille" (geht gegen Friedrich Wilhelm IV.), „sie will tun und leiden machen" (228).

„Staat und Erziehung sind zwei Begriffe, welche an und für sich nicht zusammenfallen; denn der Staat ist ein Verhältnis der erwachsenen Menschen unter sich . . . . . und Erziehung ist ein Verhältnis der Generationen unter sich." (230.)

Schleiermacher fühlt ganz zutreffend, wie das Streben nach Vereinheitlichung und Schablonisierung den Staat zur Formung der noch unreifen Jugendlichen hinführt: „Der Staat ist solange eigentlich nur nach außen hin eine Einheit, nach innen aber . . . . . noch nur eine zusammengesetzte Vielheit . . . . . Früher oder später wird eine Zeit kommen, wo sie es fühlen wird, daß es [im Herrschaftsinteresse! (d. Vf.)] notwendig ist, die Vielheit in eine wahre Einheit auszuprägen, jedem organischen Teile das Gefühl des Ganzen einzuprägen und diesem Gefühl das des *eigen*tümlichen Daseins *unterzuordnen*, damit nicht die Liebe zum Stamm und zum Gaue der Liebe zum Vaterlande und zum Volke entgegenstrebe . . . . . Nun also beginnt sie sich der Erziehung anzunehmen und auf dieselbe positiv einzuwirken" (231).

Nur soweit sie diesem Zwecke der Staatsvereinheitlichung dient, will Schleiermacher sich mit dem Gedanken der Staatsschule abfinden: „Alle anderen Motive sind entweder verderblich . . . . . oder sie sind unhaltbar" (246): „Ist nämlich die Erziehung vollendet, so wird der Mensch abgeliefert an den Staat als dessen Bürger, d. h. er soll tüchtig sein, als lebendiger, organischer Bestandteil des Staates zu handeln und irgendeine bestimmte Stelle in demselben einzunehmen" (248). Dem Staat nun komme es darauf an, „daß der Mensch gebildet werde zur Aehnlichkeit mit den großen Gemeinwesen, in denen er . . . . . leben soll, von welcher Aehnlichkeit, wie ihn die Erziehung beim Anfang seines Lebens übernimmt, wenig an ihm zu sehen ist, sondern sie muß hineingebildet werden oder herausgelockt" (249).

Noch klarer äußert sich *Wilhelm von Humboldt* („Ueber öffentliche Staatserziehung", Ges. Werke, Berlin, G. Reimer, 1842, Bd. I, S. 336 ff.):

„Endlich steht, dünkt mich, das Menschengeschlecht jetzt auf einer Stufe der Kultur, von welcher es sich nur durch Ausbildung der *Individuen* höher emporschwingen kann; daher sind alle Einrichtungen, welche diese Ausbildung hindern und die Menschen mehr in Massen zusammendrängen, jetzt schädlicher, als ehemals. Schon diesen wenigen Bemerkungen zufolge erscheint . . . . . öffentliche, d. h. vom Staate angeordnete oder geleitete Erziehung wenigstens von vielen Seiten bedenklich . . . . . Oeffentliche Erziehung muß immer eine bestimmte Form begünstigen" (337).

Individuelle Entwicklung „hört immer in dem Grade auf, in welchem der *Bürger* schon von seiner Kindheit an zum Bürger gebildet wird . . . . . Ganz und gar aber hört es auf, heilsam zu sein, wenn der Mensch dem Bürger *geopfert wird* (338).

„*Jede Öffentliche Erziehung* aber, da *immer der Geist der Regierung in ihr herrscht*, gibt dem Menschen eine gewisse bürgerliche Form" (339). „Oeffentliche Erziehung scheint mir daher ganz außerhalb der Schranken zu liegen, in welchen der Staat seine Wirksamkeit halten muß" (342).

Max Stirner endlich führt aus („Das unwahre Prinzip unserer Erziehung" in der Rheinischen Zeitung 1847; neu hrsg. v. Willy Storrer 1915/1926 Basel, Verlag für freies Geistesleben, S. 38/39):

„Wie in gewissen anderen Sphären, so läßt man auch in der Pädagogik die Freiheit nicht zum Durchbruch, die Kraft der Opposition nicht zu Worte kommen, will *Unterwürfigkeit*. Nur ein formelles und materielles Abrichten wird bezweckt, und nur . . . . . *brauchbare Bürger* gehen aus den Menagerien der Realisten hervor, die doch . . . . . *nichts wie unterwürfige Menschen* sind. Unser guter Fonds von Ungezogenheit wird gewaltsam erstickt und mit ihm die Entwicklung des Wissens zum freien Willen. Resultat des Schullebens ist dann das Philisterium: Wie wir uns in der Kindheit in alles zu finden gewöhnten, was uns aufgegeben wurde, so finden und schicken wir uns später ins positive Leben, schicken uns in die Zeit, werden ihre Knechte und sogenannte ‚gute Bürger'! Wo wird denn an Stelle der bisher genährten Unterwürfigkeit ein Oppositionsgeist gestärkt? . . . . . Wo gilt der freie Mensch als Ziel und nicht bloß der ‚gebildete'?"

Der Liberalismus sah sehr wohl ein, daß die Größe des Menschentums allein aus der Persönlichkeit fließe und daß der Staat das persönlichkeitmordende Ungetüm sei. Aber die Träger des Liberalismus waren leider die Kreise von „Bildung *und Besitz*" und die Besitzenden hörten mit Grauen das erste Grollen des sich reckenden Proletariates. Der Besitz war ihnen aber doch das höchste und wichtigste und den gegen die beginnende Unbotmäßigkeit der ausgebeuteten Besitzlosen zu schützen, schien allein die mächtige Hand des Staates imstande. So machte der Liberalismus, statt dem Staate grundsätzlich Fehde anzusagen, seinen faulen Frieden mit ihm und gab — mit einziger Ausnahme des zuletzt zitierten Max Stirner — das „Glück der Persönlichkeit" preis für die Sicherung des Besitzes. Nun, der Staat hat das siegreiche Aufsteigen des Proletariates *nicht* zu hindern vermocht, aber die Individualität hat er zerschlagen und auch dem Proletariat ist es zum Danaergeschenke geworden, daß es, statt durch seine eigene wirtschaftliche Wucht, auf den Krücken des Staates und in der Form des Staates zur Herrschaft steigt und dabei Knecht des Staates wird, der seinerseits aus *allen* Blüten Honig zu saugen weiß. Heute fordert der sozialdemokratische Oberpräsident von Hannover Noske als Aufgabe der Schule, „die Schüler im Geiste der Staatsbejahung zu erziehen" und in einem offiziellen Ministerialerlaß wird den Lehrern zur Pflicht gemacht, „daß es zu seinen Amtspflichten gehört, die Jugend für die Mitarbeit am Volksstaat heranzubilden, sie zur Mitverantwortung für das Wohl des Staates zu erziehen, Staatsgesinnung zu wecken und zu pflegen". Sogar die von der „Freien Schulgemeinde *Wickersdorf*" im Revolutionsjahr aufgestellten „Forderungen zur Neugestaltung des Schulwesens" erklären:

„Der *Staat* führt den Schul*zwang* bis zum 16. Jahre uneingeschränkt durch. Die eingeschränkte Bildungspflicht bis zum Alter der Mündigkeit wird formal von jeder Schul-Provinzialverwaltung festgesetzt und vom *Staate* dann durchgeführt."

Auf der Tagung des Republikanischen Lehrerbundes zu Frankfurt am Main am 17. Januar 1927 galt als zentraler und entscheidender Punkt der Aussprache die Frage: „Wie erziehen wir republikanische Menschen?", und der Referent Professor Dr. Dessauer, Mitglied der Zentrumsfraktion des

re Schulung blieben, desto eher war es angängig, sie auf die untersten Volksschichten zu beschränken und politisch einflußlos zu halten. Von den dortigen Weißen konnte man erwarten, daß sie sich die erforderliche Bildung auch in privater Form aneignen würden! So kommt denn auch — nach den vom Autor angegebenen damaligen Ziffern berechnet — auf die Weißen ein Prozentsatz von nur etwa 4½ % Analphabeten, auf die Farbigen dagegen 40 %!

Was den Lehrplan anlangt, so „haben die Kinder in den letzten Schuljahren wöchentlich eine Stunde lang Unterricht in der *Verfassung* der Vereinigten Staaten . . . . Die *Geschichte anderer Länder* wird nicht überall gelehrt und stets *sehr kurz* abgemacht."

„Der gesamte Unterricht muß selbstverständlich auf englisch erteilt werden und *die Volksschule ist das große Mittel*, durch welches *die Kinder der Eingewanderten so vollständig amerikanisiert* werden, daß sie neben den Vereinigten Staaten nichts anderes kennen und sich um nichts anderes kümmern wollen. In vielen großen Städten finden sich auch Volks-*Kindergärten*, damit *die Kinder schon im zartesten Alter unter rein amerikanischen Einfluß* kommen und ihnen die *Landessprache geläufig* wird. — In manchen Städten ist das fremdsprachige Element der Bevölkerung sehr zahlreich. Da nun alle diese Einwanderer meist nach Nationalitäten zusammen wohnen, so tritt oft der Fall ein, daß in der Schule eines Stadtviertels die meisten Schüler italienisch oder tschechisch oder armenisch besser als englisch sprechen. Dann wird *streng darauf gehalten, daß die in der betreffenden Schule angestellten Lehrer kein Wort von der Sprache der Kinder verstehen* und so gezwungen sind, mit ihnen nur auf englisch zu verkehren. Früher unterhielten fremdsprachige Gemeinden wohl . . . . sog. Parochialschulen, in denen nicht nur englisch unterrichtet wurde . . . . Allein nach und nach ist in den meisten Staaten als verfassungswidrig verboten worden, die für die öffentlichen Schulen bestimmten Gelder für andere als öffentliche Anstalten zu verwenden! Damit war den Parochialschulen der finanzielle Halt genommen und die meisten von ihnen verschwanden".

Die *Lehrer* haben in Amerika keine Beamten-Qualität. Dafür sind sie *abhängig von den politischen Parteien*: Ihre Anstellung und Kontrolle ist Sache des Schulrates, des „board of trustees", der vom Publikum gewählt wird. Die Wähler sind natürlich außer Stande, die Qualitäten für die Position eines Schulrates zu beurteilen. „Das heißt natürlich, es wird bei der Wahl zu Schulräten nach politischen Parteien abgestimmt. Hierbei werden nun oft die unfähigsten Menschen zu Leitern der öffentlichen Schulen gemacht und der Schulrat, von krasser Ignoranz strotzend, ist ein beliebtes Ziel des Witzes in gebildeten Kreisen. Noch bedenklicher jedoch ist, daß diese Schulräte sich bei der Anstellung von Lehrern und Lehrerinnen oft durch politische Motive leiten lassen! Was das bedeutet, mag folgendes Beispiel zeigen: Im pennsylvanischen Kohlenrevier bilden natürlich die Bergleute die Majorität der Wähler. Darum sind alle Schulräte Mitglied der Arbeiterpartei und stellen nur solche Lehrer an, von denen sie sicher sind, daß sie der amerikanischen Gewerkschaftsbewegung treu ergeben sind. — Während des letzten großen Kohlenstreiks wurden darum die Kinder der Streikbrecher von ihren Mitschülern aus der Schule gejagt, ohne daß die Lehrer etwas dabei fanden!“

Am schlimmsten jedoch ist es, wenn eine korrupte Stadtverwaltung die Herrschaft über den Schulrat erlangt. Und da die meisten amerikanischen Großstädte in den Händen einer ganz korrupten Verwaltung sind oder bis vor kurzem waren, so geschehen hier unerhörte Dinge: Lehrer sind gezwungen, regelmäßige „freiwillige“ Beiträge in die Kasse der die Stadt regierenden *Partei* zu zahlen. Die Lehrerposten werden von den Schulräten buchstäblich an den Meistbietenden verschachert. Es ist gerichtlich nachgewiesen, daß in Philadelphia Lehrerinnen je 120 Dollar an die Schulräte zahlen mußten, um einen Posten an der Volksschule zu erhalten! Dem Vorsteher einer highschool wurde unter der Hand mitgeteilt, daß er auf Beförderung rechnen könne, wenn er 1000 Dollar zur Bestechung von Schulräten anwenden wollte, usw.! Die Folgen solcher Zustände zeigen sich natürlich in der Qualität der Lehrerschaft.

„Viele, welche in Amerika den Lehrerberuf ergreifen, tun es nur, weil sie momentan keine bessere Beschäftigung gefunden haben. Sie richten nun ihr ganzes Streben darauf, bei passender Gelegenheit zu einem angenehmeren Beruf überzugehen. Findet sich keine solche Gelegenheit oder sind sie unfähig, sie zu benutzen, so bleiben sie Lehrer.“ Von Interesse ist auf der anderen Seite nun die in Amerika den *Schülern* im weitesten Umfang eingeräumte *Selbstverwaltung*. „Sogar eine Schule sittlich Verkümmerter, eine Besserungsanstalt, die George Junior Republic im Staate New York, hat völlig konstitutionellen Charakter, indem die Zöglinge ihre Vertrauensmänner aus ihrer Mitte wählen, denen sie so gut gehorchen, daß die Lehrer kaum einzugreifen haben.“ (Kerschensteiner, „Grundfragen“, S. 70.) Die letzten Worte des Zitatets zeigen den Pferdefuß: Man hat erkannt, daß das alte europäische Bevormundungssystem die Schüler aufsässig und unbotmäßig macht. *Um sie wieder untertänig und lenkbar werden zu lassen,* hat man die äußerlich freieren Formen des modernen Staates eingeführt: Wer im Schulstaat den von der Schülerschaft selbst gewählten Funktionären gehorchen gelernt hat, der wird es halt auch im ernsten politischen Staat selbstverständlich finden, daß der Bürger den Behörden und Parlamenten zu gehorchen hat. Und wer sich im Schulstaat die absurde Fiktion angeeignet hat, daß die so organisierte Schülerschaft „frei" ist, weil sie ihre jeweiligen Befehlshaber „selbst wählen" darf, der wird auch später dem inhaltlosen Schlagwort von der Volkssouveränität ohne jede kritische Skepsis seine Ueberzeugung schenken. Das autonome persönliche Bestimmungsrecht, wie es das natürliche Empfinden fordert, wird hier psychologisch im Keim erstickt.

Auch bezüglich des Lehrgangs weiß die Schulverwaltung trotz aller offiziellen „Freiheit der Entschließung des einzelnen" die Leitung ausreichend in der Hand zu behalten. So ist z. B. angeblich der Schüler ganz frei, sich bei Eintritt in eine Schule seine Lehrfächer usw. zu wählen. In Wirklichkeit untersucht ihn eine zentrale Leitung, die „guidance" sorgsam auf seine Neigungen und Fähigkeiten hin und erteilt ihm dann „Ratschläge" darüber, welche der eingerichteten „Kurse" für ihn angemessen sind; andere kann er dann wohl kaum wählen.

Auch eine individuelle Sonderhaltung ist für ihn unmöglich. Persönliche Wahl dessen, was er lernen will, ist ausgeschlossen. Nur im *Tempo* wird die Individualität berücksichtigt. (Dies nach einem Vortrag von Karsen.)

Im wesentlichen bestätigend äußert sich Friedrich Schönemann in seinem Buch: „Die Kunst der Massenbeeinflussung in den Vereinigten Staaten von Amerika" (Deutsche Verlags-Anstalt, Stuttgart, Berlin und Leipzig, 1924, S, 56-60): „Die amerikanische Volksschule hat die Kinder der Eingewanderten zusammen mit denen der „echten" Amerikaner, der natives, für das amerikanische Leben zurechtgestutzt . . . . Vom ersten Schultage an wird dem jungen Amerikaner Achtung und Verehrung vor der amerikanischen Flagge, dem „Sternenbanner" beigebracht, und im Zusammenhang damit wird die amerikanische Verfassung als die beste und die amerikanische Geschichte als die größte in der Welt gelehrt und gepriesen. Die Unabhängigkeitserklärung und ein, zwei der größten Reden Lincolns, vielleicht auch Washingtons Abschiedsrede und die Verfassungsartikel der Union sind auf diese Weise Gemeingut des ganzen amerikanischen Volkes geworden." . . . . „Daß die breiten amerikanischen Volksmassen die tiefen Schattenseiten ihrer Demokratie nicht sehen, ist am Ende auch ein Erziehungserfolg der Volksschule. Das niedere Volk wird eben auch zur Bereitwilligkeit erzogen, sich in das amerikanische Staatswesen, das Regierungs- und Verwaltungs-System zu schicken, die sozialen Verhältnisse der Union erträglich, ja herrlich zu finden, kurz, sich den Einrichtungen und Anordnungen der angestammten herrschenden Klassen — der ansässigen Amerikaner, vorzüglich englischer Rasse — zu fügen" Schönemann zitiert einen Satz von Professor Judds: „Nie wurde eine vollkommenere Maschinerie für die systematische Kontrolle und Begrenzung der Gedankenkreise einer Nation eingerichtet" . . . . : „In der ganzen Welt gibt es deshalb kaum Volksmassen, die so leicht wie die amerikanischen an der Nase herumgeführt und verhetzt werden können! Weiter ist wichtig zu wissen, daß in der Volksschule bereits alle großen nationalen Bewegungen vorbereitet und propagiert werden. Vorgestern war es die . . Prohibition (d. h. die die Regierung gerade will!), gestern die Abrüstung, viel früher schon die Friedensbewegung: Von der Schule dringen die Gedanken und Schlagworte ins Haus, in die Familie, in die Gemeinde, in einem Wort: ins öffentliche Leben, wo dann Kirche, Presse und Geschäftswelt an ihrem Teil mit- und weiterwirken. Auf solcher Grundlage konnte sich im Weltkrieg erstaunlich schnell eine patriotische Propaganda entwickeln." . . . . . „In manchen Staaten und Städten gibt es ein Nachrichtenblatt für die Mittelschulen, das sogar im Unterricht vielfach verwertet wird. Noch wichtiger sind vielleicht die 5000 Zeitungen und Zeitschriften, die von den Schülern und Schülerinnen selbst geschrieben werden . . . . . Außer dieser „Schulzeitung" benutzen die höheren Schulen noch eine ganze Reihe von Tageszeitungen, Wochen- und Monats-Schriften zur Belebung des Unterrichts, besonders in der Zeitgeschichte, aber auch bei der englischen Aufsatzlehre und der Literaturkritik . . . . . Und nicht zuletzt liest man auch in zahlreichen höheren Schulen das Bulletin der Pan-America-Union, das Hauptorgan für den Panamerikanismus in nordamerikanischer Auffassung!" Aehnlich wirkt später die College-Zeitung.

Wie wirksam und erfolgreich für den *Staat* denn auch in den U. S. A. der Schulbesuch ist, erhellt daraus, daß man heute oft Leute dort antrifft, deren Vater oder mindestens Großvater noch etwa Portugiese, Schweizer oder russischer Jude war und die heute begeisterte „hundertprozentige" Amerikaner sind. (Nach einem Vortrag des Oberstudienrates Dr. Karsen in der Liga für Menschenrechte am 11. II. 1930.)

Australien.

Einen durchaus gleichartigen Eindruck macht der sehr interessante Bericht, den der bekannte Forschungsreisende *Colin Roß* über das *australische* Schulwesen als Sonderberichterstatter der „Berliner Morgenpost“ (Nr. 17 vom 19. Januar 1930) erstattet, und der einen ausgezeichneten Einblick in das Wesen der australischen Erziehung und in die damit erzielte Denk- und Empfindungswelt der australischen Kinder darstellt:

„Was die vierzehnjährige Renate zunächst stark beeindruckte, war, daß sie nicht nur ihren Kameradinnen und Lehrerinnen vorgestellt wurde, sondern diese auch ihr — auch die Lehrerinnen. Noch verblüffender war, daß sie am zweiten Tage durch ein Mädchen aus dem Unterricht gerufen wurde mit der Mitteilung, daß ihr „*Cap‘tain*“ sie zu sehen wünsche.

Der „Cap‘tain“ war eine Siebzehnjährige, die Renate sehr würdevoll empfing und ihr mitteilte, daß ihr die Ehre zuteil geworden wäre, ins „Prestonhouse“ aufgenommen zu werden, dem sie als Kapitän vorstünde.

Die Geschichte mit den Häusern ist ein raffiniertes Mittel, die ganze *Last* der Erziehung und Disziplin von den Lehrern auf die Schüler selbst abzuwälzen. Jede Schule ist zu diesem Zweck in eine Anzahl „Häuser“ eingeteilt. Ein „Haus“ stellt im Gegensatz zur Klasse keine horizontale Gliederung der Schule dar, sondern eine vertikale, d. h. es enthält Kinder aller Klassen. Ihm steht ein Schüler der ersten Klasse als „Cap‘tain“ vor, der von Schülern und Lehrern gemeinsam (!) gewählt wird.

Die Aufgabe des „Cap‘tain“ ist in erster Linie, die sportliche Erziehung seines Hauses zu leiten und es für die Wettkämpfe zu trainieren. Darüber hinaus aber ist er für den ganzen *Geist seines Hauses* und *auch* für dessen *wissenschaftliche Leistungen* verantwortlich.

Dazu hat er *weitgehende Strafgewalt!* Ein Schüler, der einen Ordnungsstrich bekommen hat, wird nicht etwa vor den Direktor, sondern vor den „Cap‘tain“ zitiert, der ihm eine *empfindliche Strafarbeit* zudiktieren kann. Darüber hinaus aber wird jeder Ordnungsstrich, jeder Tadel, die der einzelne erhält, *dem ganzen Hause angekreidet und es damit belastet*!

Diese Minuspunkte werden auch bei den sportlichen Wettkämpfen angerechnet. Und schlechtes Betragen einzelner Hausangehöriger und schlechte Schulleistungen können Gewinn oder Verlust in den Sportspielen beeinflussen. Das Abschneiden der einzelnen Häuser in den Wettkämpfen aber ist das Thema, das das ganze Denken der Schulkinder beherrscht!

Nicht nur der „Cap'tain", sondern *das ganze Haus ist somit an Wohlverhalten und Leistungen jedes seiner Mitglieder interessiert.* Andererseits kommen gute Noten des einzelnen gleichfalls dem ganzen Hause zugute. *Und der Druck, den die Gesamtheit der Kameraden auf ein räudiges Schaf ausüben kann, ist viel stärker als alle Strafmittel der Schule!*

Die *furchtbare Drohung,* über die der „Cap'tain" verfügt, ist der *Ausschluß aus dem Hause.* Dieser Ausschluß und der damit verbundene Verlust des Haus-Abzeichens ist ungefähr soviel, wie die *Degradierung zum Soldaten zweiter Klasse*! *„So ein Kind kann sich gleich erhängen!" meinte Renate, als ich mit ihr über diesen Punkt sprach.* Wie groß übrigens die *Suggestion* ist, die so ein „Haus" ausstrahlt, ersah ich aus dem glühenden Stolz, mit dem Renate sich nach bestandener Probezeit das „Preston-Abzeichen" an der Schulkleidung befestigte. Sie war entschieden stolzer darauf, als ich auf alle meine Kriegsdekorationen.

Diese Schulkleidung ist ein weiterer Punkt, den Korpsgeist einer Schule zu stärken. Bei Mädchen besteht sie aus einer blauen Tunika, die über einer weißen Bluse getragen wird. *Auch Schuhe und Strümpfe sind in Form und Farbe genau vorgeschrieben,* und es ist beispielsweise *streng verboten, Seidenstrümpfe zu tragen.* Das eine Gute hat diese gleiche, einfache Schulkleidling jedenfalls, daß sie jede Toilettenrivalität und ein Abstechen der ärmeren Kinder von den reichen verhindert. Ein Punkt, der sicher mit dazu beiträgt, das die ganze australische Gesellschaft beherrschende *allgemeine Gleichheitsgefühl* (Züchtung des Schablonenmenschen! D. Vf.) *zu festigen und zu sichern.*

Was Renate auffiel, war, daß *Einsagen und Abschreiben als durchaus unfair gilt,* und überhaupt das ganze Verhältnis von Schüler zu Lehrer viel mehr auf gegenseitiger Fairheit beruht als bei uns. (aha!) Der Grund dafür liegt sicher mit darin, daß die *wissenschaftlichen Leistungen* lange nicht die Rolle spielen wie bei uns, jedenfalls *ganz hinter den sportlichen zurück*treten. (Der *Zweck* der Schule wird hier eben durch *andere* Mittel besser erreicht, als durch „wissenschaftliche" Aufgaben, wie in der europäischen Schule. D. Vf.)

„Die Wettkämpfe fielen gerade in die Zeit unseres Aufenthaltes in Sydney: erst die Ausscheidungskämpfe der einzelnen Häuser, dann die Kämpfe der Häuser untereinander, und schließlich die großen Wettspiele aller höheren Mädchenschulen.

Diese Sportspiele der Schulen sind sportliche und gesellschaftliche Ereignisse. Selbst zu den Ausscheidungskämpfen der einzelnen Schulen kommen regelmäßig Reporter und Photographen aller großen Blätter. Die Bilder der Sieger erscheinen in den Zeitungen mit langen Berichten.

An diesen Kämpfen nehmen schon die Allerkleinsten, zu denen Ralph gehörte, *teil. Er war mit heiligem Eifer dabei.* Und wenn er aus der Schule nach Hause kam. war er nicht zum Essen zu bringen, da er erklärte, erst trainieren zu müssen. Und dann rannte er mit todernstem Gesicht auf dem Rasen im Kreise herum. Und als Renates Haus an der Reihe war. brüllte er aus Leibeskräften: „Preston! Preston! Preston!“ Dieses Zurufen nennt man mit einem unübersetzbaren Ausdruck „barracken!“

Bei den großen Wettkämpfen sind es Hunderte und Tausende von Kindern, die ihre am Wettbewerb teilnehmenden Klassengenossen auf diese Weise „barracken!“ Von dem Geschrei und dem Tumult dabei kann man sich schwer eine Vorstellung machen.

Mit den Sportspielen wurde die Konfirmation von Renates Klassengenossinnen erledigt. Sie fand gerade am Hauptkampftage statt, abends um acht Uhr, nachdem die Mädchen den ganzen Tag auf dem Sportplatz gewesen waren.

Und nach den Sportkämpfen kamen die Prüfungen, die jedes Vierteljahr abgehalten werden. Sie spielen nicht die gleiche Rolle, und die Anforderungen waren nicht so groß, als daß nicht Renate, die doch erst sechs Wochen in der Schule war und alle Fächer in einer fremden Sprache zu erledigen hatte, sie ohne Schwierigkeiten bestand! Immerhin war unter den Prüfungsarbeiten eine Abhandlung über das moderne China, für die wohl allen gleichaltrigen deutschen Kindern die erforderlichen Kenntnisse gefehlt hätten.

Das Prinzip der Rivalität beherrschte auch die unterste Klasse, in die Ralph ging. Da gab es dreierlei Tische und Stühle in verschiedenen Farben, und sein höchster Traum war, es einmal auf die rosa Stühle mit den grünen Beinen zu bringen.

Im übrigen aber war es bewundernswert, in welch fröhlich spielerischem Geiste den Kindern die Elemente des Wissens beigebracht wurden. So wurden sie beispielsweise erst einmal in eine große Autobusgarage geführt. Dann bauten sie sich aus Stühlen einen „Bus“ im Garten auf. Einer war

Chauffeur, einer Schaffner, die anderen Passagiere. Sie malten sich Schilder für den Omnibus und Billette und übten so schreiben. Sie kauften Billette mit selbstgefertigtem Spielgeld und übten so rechnen. Gleichzeitig erhielten sie ein Praktikum in Verkehrsregeln.

Ralph ist dann auch mit glühendem Eifer in die Schule gegangen und sehnt sich oft nach ihr zurück. Nur ein Punkt macht ihm mitunter noch Kummer: Er rauft leidenschaftlich gerne und hatte sehr bald alle seine *Klassengenossen, die für unorganisierte sportliche Betätigung nicht zu haben waren* (!), derart verprügelt, daß die Eltern sich beschwerten. *Wollten wir nicht riskieren, daß er aus der Schule geschmissen wurde*, mußten wir ihm jedes Raufen untersagen! In der Folge mag er dann manchmal, vor allem wegen seines mangelhaften Englisch, gehänselt worden sein, ohne daß er zuzuschlagen sich traute! Jedenfalls waren wir schon eine ganze Weile von Sydney fort und wieder auf der Tour im Auto durch Queensland, als Ralph erst einige Male schwer aufseufzte und dann meinte: „*Am letzten Tag hätte ich sie doch noch alle verhauen* sollen!"

Sehr charakteristisch für das innere Wesen der Schule und ihren heimlichen Zweck, die Aufrechterhaltung der Altenherrschaft zu sichern und darum vor allem (unter dem Vorwand von notwendigen Anleitungen und Strafen) die Schüler zu demütigen und entmutigen, scheint mir, daß (nach dem erwähnten Vortrag von Karsen, sowie nach vielen anderen Mitteilungen) selbst in dem auf das Palladium der persönlichen Freiheit in allem so stolzen England die Schüler wie vor alters unter Stock und Rute stehen. „Selbst die Edelsten der Nation" — sagte Karsen — „wurden und werden heute noch gelegentlich barbarisch gezüchtigt. Die Parole in der Schule lautet: Vor allem Autorität! und: Durch Dienen zum Herrschen! Zu diesem Ziele muß jeder durch die schwersten Weihen gehen! Um dereinst herrschen zu können, müssen alle sich daran gewöhnen, erst dienen zu lernen."

Robert Michel „Die Soziologie des Parteiwesens in der modernen Demokratie", Leipzig 1910, Klinkhardt, S. 149, sagt: „Die Vollmachtsanhäufung in relativ wenigen Händen . . . . führt . . . . zu häufigem Mißbrauch der Macht. Der „Vertreter" wird, im Vollgefühl seiner Unentbehrlichkeit, aus einem Diener des Volkes leicht zu einem Herrn des Volkes . . . . Auf Druck von oben reagieren die unteren Schichten häufig mit blutigem und heftigem Gegendruck, ... *den Druck ihrer selbstgewählten Führer spüren sie vielleicht überhaupt nicht.* Werden den Massen einmal die Augen über die Vergewaltigungen .... an dem Ideal der Demokratie . . . . geöffnet, so kennt . . . . ihr Erstaunen keine Grenzen." Aber „weit entfernt davon, die Fehlerquelle der *Oligarchie* in der Zentralisation . . . . zu erkennen, glauben sie, zu ihrer Bekämpfung kein besseres Mittel zur Verfügung zu haben, als die Zentralisation noch weiter zu akzentuieren".

Italien.

Ueber das Schulwesen im faschistischen *Italien* war es mir leider nicht möglich, wirklich ausreichende eingehendere Unterlagen zu erhalten. Aber über den dort herrschenden Geist wird ja niemand im Zweifel sein können. Interessant ist die Auslassung Mussolinis im Ministerrat vom 28. März 1928 anläßlich des Zwistes zwischen Quirinal und Vatikan über die katholischen Jugendverbände. Er sagte: „Die faschistische Revolution erblickt in der totalitären und allseitigen Erziehung und Vorbereitung des Italieners eine der grundlegenden Aufgaben des *Staates.* Wenn der Staat diese Aufgabe nicht lösen oder auch nur eine Diskussion darüber zulassen wollte (!), würde er damit nichts mehr und nichts weniger als seine Existenzberechtigung aufs Spiel setzen." (!) Ein Tatsachenmaterial, aus dem man sich selber ein eigenes Urteil bilden könnte, ist mir trotz lebhafter Bemühungen nicht zugänglich geworden. Doch erhielt ich einige briefliche Mitteilungen einer mir seit meiner Studentenzeit bekannten, geistig sehr hochstehenden Frau, die freilich schreibt, daß sie „in Schulsachen ein großer Laie" ist, aber „vier Kinder in italienischen Schulen hochgezogen" hat. Sie schreibt (mit geringen Kürzungen):

„In Italien gab es vor dem Faschismus eine Laien- und Einheitsschule. Religionsunterricht in der Volksschule nur auf Wunsch, in der Mittelschule gar nicht. Die Volksschule wurde von den Gemeinden unter größter Autonomie verwaltet. — Heute gibt es keine Gemeinde-Autonomie mehr und alles kommt von oben. Hauptzweck ist patriotische Erziehung. Als Patriotismus gilt Kultus des Faschismus . . . . Religionsunterricht ist in Volks- und Mittelschule obligatorisch. Der Unterricht wird von Priestern erteilt, die, soviel ich weiß, die geistliche Behörde bestellt. *Examina* werden für öffentliche wie Privatschulen von *staatlichen* Kommissionen abgenommen, denen gegenüber die Schüler immer Externe sind; *daher* Gleichstellung der öffentlichen und der Privatschulen (d. h. der von den Jesuiten, Barnabitern usw. geleiteten; denen die Bevölkerung oft den Vorzug gibt, weil sie besser und billiger sind).

„*Der Staat will aus den Schülern gute Faschisten machen.* Es werden einheitliche Schultexte für das ganze Land ausgearbeitet."

Die Schreiberin fügt mir Kopie einer Niederschrift hinzu, die sie für einen ausländischen Parteigenossen geschrieben hat, der ihr die *Geschichtsbücher für drei Volksschulklassen* (8.-10. Lebensjahr) als Unterlage besorgte, aber selbst nicht italienisch versteht. (Sie ist jetzt des Faschismus wegen aus Italien geflüchtet.) Ich entnehme diesen ihren Ausführungen noch folgende Angaben:

„Das faschistische Regime legt großen Wert darauf, daß die neue Generation schon in seiner Lehre heranwachse. (*Daher* seine Reibereien mit dem Vatikan, der gleichfalls das Monopol der Jugenderziehung für sich in Anspruch nimmt.) Mit der Beseitigung jeder Gemeinde-Autonomie ist nunmehr auch der gesamte Elementarunterricht der Kontrolle durch die Zentralregierung verfallen. Alle Lehrbücher bedürfen der Genehmigung durch eine ministerielle Kommission. Wie im Kirchenstaate auf jedem Buche die Druckerlaubnis der geistlichen Behörden stehen mußte, weisen sich alle ohne Ausnahme als „vom Unterrichtsministerium genehmigt" aus; auf dem Titelblatt einiger Schulbücher liest man: „Den geschichtlichen, wirtschaftlichen und politischen Ansprüchen des neuen Regimes im Sinne des kgl. Dekretes vom 18. März 1928 entsprechend".

Was genehmigt nun dieses Ministerium? . . . . Der Grundton ist durchaus hurrahpatriotisch . . . . Wir wollen uns hier nicht mit den technischen Mängeln beschäftigen . . . . (Fehler freilich, wie die Behauptung, Barbarossa hätte Arnold da Brescia aufhängen lassen, wären wohl zu vermeiden gewesen). Daß das Geschichtsbuch für die fünfte Klasse Tessin, Corsica und Malia als „unerlöste Provinzen" bezeichnet, ist natürlich ein *beabsichtigter* Fehler."

Die Art des erteilten Geschichtsunterrichts erhellt dann aus folgenden wörtlich zitierten Absätzen:

„Von den Umstürzlern an den Rand des Verderbens gestoßen, wurde unser Vaterland von Benito Mussolini gerettet, dem Duce, dem Staatsmann mit der eisernen Faust, um den uns alle Nationen der Welt beneiden."

. . . .

„Die Mitglieder der Fasci haben sich als erste mutig dem verbrecherischen Werk der Umstürzler widersetzt, sogar mit der Gewalt, mit der überzeugenden

Macht des Knüppels; denn auf Gründe wollte man nicht hören. Diese tapferen, von Vaterlandsliebe durchglühten jungen Leute wuchsen immer mehr an Zahl und wichen nie vor der Gefahr zurück. Viele von ihnen verloren ihr Leben in dem täglichen schweren Kampf, als Opfer von hinterlistigen Ueberfällen "

. . . . . . „Nun verschärften die üblichen Gegner ihre Opposition gegen die Regierung, in der Hoffnung, sie zu ermüden und zu stürzen, fachten das Feuer der Zwietracht immer mehr an, versuchten neue und ernstere Unruhen, so daß sie die Regierung zu Maßnahmen zur Einschränkung jener Freiheiten zwangen (!), die in beklagenswerte Zuchtlosigkeiten ausgeartet waren."

Das Geschichtsprogramm der vierten Klasse reicht von der Urzeit bis zum Falle des weströmischen Reiches, bietet also keine Gelegenheit zu patriotischer Geschichtsklitterung. Aber der Autor fügt doch wenigstens zwei Lesestücke an: „Rom und der Faschismus" und ,.Der Gedanke des Duce". Darin heißt es z. B.:

„Es treten Gestalten auf, die den Helden des Altertums gleichen und sie sogar manchmal übertreffen. Benito Mussolini, Duce des Faschismus, faßt in römischer Gestalt die erhabensten Eigenschaften des Stammes zusammen. Die Wiederaufstehung Roms, glorreich und gewaltig, ist sein Werk. Die Ordnung, die alle lebendigen Kräfte unseres Volkes erfaßt und die granitene Grundlage schafft, auf der die sichere Zukunft eines wieder großen und blühenden Italien ruht, ist ihm zu danken."

Als „der Gedanke des Duce" wird den Kindern — *„die Notwendigkeit einer starken Volksvermehrung"* auseinandergesetzt. Wie sich die Neunjährigen *ihre* Aufgabe dabei zu denken haben, ist nicht gesagt.

Mit besonderem Nachdruck wird noch Bange gemacht vor der „verruchten Pflanze mit fremdländischen monströsen Blumen, die über die Alpen gebracht wurde: dem Bolschewismus" und „der größte Schritt, den je ein Land auf dem Gebiet der sozialen Gestaltung gemacht hat, die Charta der Arbeit" gepriesen (die als Forderung aufstellt, was in den anderen Kulturländern meist längst verwirklicht ist!)

Rußland.

Ueber die inneren Verhältnisse in *Rußland* ist es sehr schwer, Näheres, Authentisches und Zuverlässiges zu erfahren. Denn die bolschewistischen offiziellen Quellen sind selbstverständlich gefärbt und die aus Kreisen etwa der Emigranten oder dergleichen wohl in der Regel ebenso, nur in umgekehrtem Sinne; außerdem können solche ja nur sehr oberflächlich und unzulänglich sein. Indessen machen die Bolschewisten ja gar keinen Hehl daraus, daß ihnen, wie alles, so auch die Schule lediglich ein Mittel zur Förderung der Weltrevolution, d. h. der Befestigung ihrer Herrschaft ist. Es bedarf hier also wenigstens nicht einer Polemik gegen die in den westeuropäischen Ländern beliebte Fiktion, als ob der Staat das Schulwesen nur aus Liebe zu der Jugend unterhalte, um deren Kultur zu pflegen.

In der von der „Internationalen Arbeiterhilfe für Sowjet-Rußland" herausgegebenen illustrierten Zeitschrift „Sichel und Hammer" (Datum leider nicht vermerkt) hat der russische Volkskommissar für Volksaufklärung Lunatscharski einmal selbst das Wort ergriffen, um einen Ueberblick über den Stand des russischen Schulwesens zu geben. Danach sind für dessen Gestaltung zwei Ziele maßgebend: 1. Die Beseitigung des Analphabetentums (das ja eins der wesentlichsten Hindernisse für die Bearbeitung namentlich der ländlichen Massen im bolschewistischen Sinne ist!) und 2. die Ausbildung von Sprößlingen aus zuverlässigen kommunistischen städtischen Arbeiterkreisen zur Uebernahme solcher Funktionen der Staatsverwaltung und der wirtschaftlichen Organisation, die bisher die bürgerliche Intelligenz ausgeübt hat und für deren Besetzung man auch gegenwärtig immer noch in hohem Grade entweder auf „unpolitische" (d. h. nicht kommunistisch gesinnte) oder auf fachlich nur unzulänglich vorgeschulte Kräfte angewiesen ist. Der Mangel an materiellen Mitteln zwang aber den Staat, die im Anfang auf großem Fuße in Angriff genommenen Aktion im Lauf der folgenden Jahre sehr erheblich einzuschränken. Auch die anfänglich eingeführte Abschaffung des Schulgeldes konnte nur für die ärmsten Kreise, d. h. etwa für die Hälfte der in den zur Zeit noch bestehenden Schulen unterrichteten Schüler, aufrechterhalten werden.

Aus denjenigen Kindern, welche die (die vier untersten Klassen umfassende) erste Stufe durchgemacht haben, werden die fähigsten — etwa 5 bis 6 % — ausgesucht und in die zweite höhere Stufe eingereiht, die etwa der früheren meist nur dem Bürgertum zugänglich gewesenen Mittelschule entspricht.

Der Lehrplan wurde im Sinne der bolschewistischen Anschauungen modernisiert. So sind im höheren Unterricht die klassischen Sprachen abgeschafft worden, ebenso durchweg der Religionsunterricht, dagegen wird Propaganda für den herrschenden Staat auf jede mögliche Weise betrieben. Der (selbst sehr linksstehende deutsche Oberstudienrat Siegfried Kawerau schreibt in einem Aufsatz „Vom Schulwesen Sowjet-Rußlands" („Das Neue Rußland" IV. Jhg. 1927, Heft 1/2, S. 25 f): „Diese Jugend, die gar nichts anderes in der Oeffentlichkeit mehr sieht . . . . . muß sich mit Herz und Sinn, mit einer dem Westeuropäer unfaßlichen Gläubigkeit dem kommunistischen Staate hingeben . . . . . Schon die äußere Wirkung der Schule, die doch eine Staatseinrichtung ist, ist mit den drastischen Plakaten, mit den eindringlichen Wandmalereien ganz unfehlbar. Wie soll das Kind andere Ideale bekommen, wenn diese Wandzeitungen . . . . . auf dem Grunde der kommunistischen Lebensauffassung stehen? Und alle Organisation der Jugend, die bis ins kleinste durchgeführt ist, zeigt . . . . . das Widerspiel des kommunistischen Staates.

Daß die andere Gesinnung dieser neuen Gesellschaft in einer ganz anderen Auswahl und Wertung des Unterrichtsstoffes zum Ausdruck kommt, braucht kaum erwähnt zu werden . . . . . Daß die ganze Weltgeschichte gewissermaßen nur als eine Vorgeschichte für die russische Revolution behandelt wird, daß diese selbst als Beginn der Weltrevolution der unterdrückten Menschen auf der ganzen Erde gelehrt wird, das scheint uns eine allzubewußte Zweckkonstruktion. Aber daß sie diesem Zwecke angemessen ist, daß sie eine ungeheuer einheitliche Willensrichtung bei der Jugend hervorruft, das ist allen zweifellos. Der Westeuropäer steht ziemlich fremd vor der Einseitigkeit der politischen Erziehung, die gläubige, aber nicht kritische Menschen schafft, deren Gemeinschaft . . . . . nicht auf einem anerkannten und bewußt angenommenen, sondern auf einem geglaubten Inhalt beruht."

Neben den eigentlichen Schulen ist schließlich noch die massenhafte Einrichtung von Kindergärten und ähnlichen Instituten geschehen, um auch die früheren Jahrgänge der Jugend schon nach Tunlichkeit beeinflussen zu können.

Ich bin natürlich der letzte, der nicht freudig anerkennt, daß objektiv für die Kinder und ihre Pflege, wie ihre Unterrichtung, in Rußland jetzt ungeheuer mehr geschieht, als vor der bolschewistischen Revolution, und sogar daß es unbegreiflich wäre, wenn die Regierung diese Betätigung *nicht* im Sinne intensiver bolschewistischer Propaganda ausnützte. Nur die *Tatsache* muß festgehalten werden, daß eben überall, wo der *Staat* die Schule in den Klauen hat, er sie benutzt, um vor allem *die Kinder zu restlos ergebenen Untertanen zurecht zu kneten.*

Ein kluger ausgezeichneter Beobachter des neuen Rußland, Arthur Feiler („Das Experiment des Bolschewismus", Frankfurt a. Main, 1929) sagt von der russischen Erziehung:

„Das Furchtbarste ist, daß der russische Mensch heute erzogen wird, diese geistige *Freiheit* nicht zu *wollen*, und überhaupt das Bedürfnis nach ihr verlernt: Kollektivisierung des Menschen: Mit den Wohnungen fängt sie an . . . . . Daraus aber folgt dann: *niemals allein sein*, niemals für sich sein, sondern immer gemeinsam, *immer in der Masse.* Auch das fängt schon planmäßig auf der Schule an: Basteln die Kinder, so sollen sie an einer gemeinsamen Bastelei gemeinsam basteln, niemand etwas einzelnes für sich. Und lernen die Kinder, so sollen sie . . . . . in Gruppen, im „*Kollektiven*" lernen, so daß nur ja nicht einmal ein einzelnes etwas Eigenes denke. In allen möglichen Zirkeln und Gruppen werden sie zusammengeschlossen, damit sie nur *immer zusammen* sind, *immer beschäftigt, immer in Atem gehalten, nie allein*". (Das ist dieselbe Klage, die sogar der junge Otto Braun aus Wickersdorf in Briefen an seine Mutter aussprach!) So wachsen sie kollektiv heran. Und mit den Erwachsenen verfährt man erst recht so, ... daß er zu einer privaten Muße überhaupt nicht mehr kommt, daß er überhaupt niemals mehr zu sich selber kommt.

Es gibt dort nur noch Masse. „Vermasst" wird aber damit auch das Denken selbst: Massendenken, einheitliches abgestempeltes approbiertes Denken tragen die Lehrer in den Schulen, tragen die Dozenten in den Universitäten vor. Zu solchem Massendenken erziehen sie. Und dadurch, schwerste Folge, senkt sich das Niveau des Denkens. *Der kollektivierte Mensch wird nicht revolutionär.* Das mag die Regierung dem Regime als „Sicherung" buchen. Aber um welchen Preis!

Der Bolschewismus in der überwältigenden Mehrheit seiner Vertreter will tatsächlich die „*Kollektivierung des Menschen*".

Der Autor sieht ganz richtig. Aber was er übersieht, ist, daß *diese Methode des modernen Bolschewismus nur konsequent durchführt, was der Staat seit Jahrtausenden instinktiv und zielsicher anstrebt und auch in Italien, Amerika usw. immer mehr erreicht: Die Schablonisierung der Untertanen, um den Beherrschern derselben ihre Herrschaft zu sichern.*

Karsen in seinem erwähnten Vortrage führte aus: Die russische Schule steht ganz im Dienst des wirtschaftlichen und politischen Rationalismus:

Sie soll dem Staat *die* Menschen schaffen, die er für seine Zwecke braucht: Industriearbeiter für die forcierte Industrialisierung, treue Bolschewisten für die kommunistische Partei. Darauf läuft alles hinaus. „Selbstverwaltung" der Schüler herrscht auch hier, aber auch hier ist sie „verständig geleitet": Sie steht unter dem herrschenden Einfluß der sog. „roten Zelle" und an deren Spitze steht der Vertrauensmann der „jungen roten Pioniere". Sogar Lehrer, die der „roten Zelle" irgendwie nicht einwandfrei erscheinen, ihrer Gesinnung nicht recht entsprechen, werden denunziert.

Im Unterricht gibt es ein Fach, das „Gesellschaftskunde" heißt. Es entspricht etwa dem, was man bei uns „Geschichte" nennen würde, aber ist noch viel einseitiger, ist ganz „Eschatologie". Es läuft hinaus auf eine Apotheose von Lenin und treueste Verwaltung seiner Erbschaft und seines Geistes: Alles *vor* Lenin ist kulturelle „Vorgeschichte". Mit Lenin und dem Bolschewismus *beginnt* erst die erzählenswerte Weltgeschichte.

Einem Interview des russischen Korrespondenten der Neuen Zürcher Zeitung, Ingenieur H. F. Zimmermann, mit dem russischen Volkskommissar für das Bildungswesen, A. W. Lunatscharski, entnehme ich noch folgende Zeilen:

„In Sowjetrußland sind die Gymnasien überhaupt abgeschafft. Eine eigentliche Unterscheidung von Unter- und Mittel-Schulen wird nämlich vollständig von uns abgelehnt. Alle Kinder absolvieren ohne Ausnahme die gleiche Schule der ersten Stufe (von 8-12 Jahren) und sollen nachher alle die Schule der zweiten Stufe mit 3 bzw. 5 Jahresklassen beenden", was jedoch aus Mangel an Mitteln nur für 20 % (?) jetzt möglich ist. „Die Zuteilung der Schüler in die Schule der zweiten Stufe geschieht deshalb prinzipiell einstweilen als Prämie für gute Leistungen". Wichtig ist, „daß die Lehrbücher ausschließlich vom Staat herausgegeben werden, *d.h. der Staat hat das Monopol über den ganzen Lehrbücherverlag*". Diese Verlage sind in Moskau und Petersburg.

Mit eine Folge dieser eigenartigen Lehrverhältnisse ist denn wohl auch die volle Gleichstellung des *weiblichen Geschlechtes*, ja das heute bereits starke Ueberwiegen der weiblichen Lehrerkräfte. Aber das hauptsächliche, das „unterbewußte" Motiv dabei ist wohl noch ein anderes: Im Gegensatz zu Europa hat in Nordamerika bekanntlich das weibliche Geschlecht auch im Staat und im Gesellschaftsleben längst nicht nur die Gleichberechtigung, sondern in Wirklichkeit bereits eine Vorherrschaft gewonnen. Es liegt im begreiflichen Streben der gesamten weiblichen Bevölkerung (sowie der mit ihr Hand in Hand gehenden männlichen) in den maßgebenden Kreisen, diesen Zustand wachsender Uebergewichtigkeit der Frau dem Volke von klein auf dermaßen einzuimpfen, daß sie der jungen Generation völlig in Fleisch und Blut übergeht. Das kann nun nicht besser erreicht werden, als dadurch, daß in der gesamten Schule erstens die „coeducation", die Durcheinandermischung und gemeinsame Erziehung der beiden Geschlechter, durchgeführt ist, zweitens die Autorität der Lehrfunktion sich in Vertretern *beider* Geschlechter und am stärksten des weiblichen repräsentiert. Ueber den *lehrtechnischen* Wert beider Dinge sind die Ansichten der Fachmänner (auch in Amerika) zwar *sehr geteilt.* (Vgl. z. B. die Ausführungen des Amerikaners Stanley Hall in der „Deutschen Schule" Jahrg. 12, S. 575, und des englischen Rektors Cecil Grant, der, obwohl Anhänger der coeducation; das Ueberwiegen der weiblichen Lehrkräfte für bedenklich erachtet); aber die verborgene politische Einwirkung der Maßnahme wird zweifellos eine Kritik daran nicht aufkommen lassen. Um nicht Mißverständnissen Vorschub zu leisten, sei ausdrücklich betont, daß ich selbst, solange man sich mit dem Institut der Schule nun einmal noch behelfen muß, auch die Geschlechtermischung bei Lehrern wie Schülern vorziehe, weil der innerlichen Entfremdung der Geschlechter damit am besten vorgebeugt wird. Aber das ist kein schultechnischer Gesichtspunkt, und rein vom Standpunkt der Förderung des Lernens, der ja für die Schulverwaltung rechtmäßigerweise an erster Stelle stehen müßte, sprechen zweifellos die ernsten Einwände, welche sich aus der verschiedenen intellektuellen Anlage und Neigung der beiden Geschlechter und ihrem verschiedenen Entwicklungsrhythmus ergeben, sehr für die Geschlechtertrennung. Aber sie werden eben in einer Staatsschule aus staatspolitischen Rücksichten in den Hintergrund gestellt. (Bei Sadler, I. 249.)

Ferner spricht sich hierüber *Franz Hilker* in einer Abhandlung über „Ideen und Stand der Kleinkinder-Erziehung in Rußland" aus, die in der Zeitschrift der „Gesellschaft der Freunde des Neuen Rußland" (November-Dezember-Heft 1924), also an gewiß unverdächtiger Stelle, erschienen ist; darin heißt es, daß schon in den Kindergärten „die Pädagogik ganz im Dienste der Politik steht. Aktivismus, Realismus, Kommunismus sind die drei Leitgedanken der neuen russischen Erziehung. Der erste bedeutet, daß die Kindergärten (im Gegensatz zu dem früheren Prinzip der freien Erziehung) sich immer bestimmtere Ziele stellen und die Kinder ohne Abweichungen und Umwegen zu diesen Zielen führen. Der zweite verlangt, daß alle Mittel der Vorschulerziehung mit den realen Mächten des Lebens in Einklang stehen und nur aus der Wirklichkeit geschöpft werden; also schonungsloser Kampf gegen die Religion, Verfemung des Märchens, usw. Der dritte bedeutet das Hineinziehen des Kindes von klein auf in die politischen Geschehnisse des Tages, was seinen Ausdruck findet in revolutionären Liedern, revolutionären Festen, Teilnahme der Kinder an Demonstrationen, Besuche in Fabriken und dergleichen mehr. Die Ausbildung der Kindergärtnerinnen wird ebenfalls ganz und gar politischen Gesichtspunkten unterstellt".— Von den eigentlichen Schulen dann erklärt auch ein überzeugter Kommunist, der Maler Heinrich Vogeler-Worpswede, in seiner „Reise durch Rußland", daß das russische Schulwesen einen „neuen Menschen" hervorbringen soll, nämlich den Menschen, auf *den* sich die Sowjetmacht dauernd stützen möchte. —

Ebenso rücksichtslos einseitig unter politischen Gesichtspunkten werden natürlich auch die *Universitäten* behandelt: Zunächst sind bekanntlich die Zulassungsbestimmungen so geregelt, daß eigentlich nur Proletarierkinder Zugang zu der akademischen Bildung finden. Und über diese selbst geht aus den verschiedentlichen eigenen Auslassungen des Volksbeauftragten für Volksbildung, Lunatscharski, deutlich hervor, daß es eine wirkliche Freiheit der Universitätswissenschaft in Rußland nicht gibt. Denn Wissenschaft transzendentalen Charakters ist von vorneherein von den Universitäten ausgeschlossen und im übrigen wird auf dem Gebiete der Philosophie sowie der Gesellschaftswissenschaften nur „wirkliche" Wissenschaft gestattet, keine „verfälschte"; darüber aber, *was* wirkliche und was verfälschte Wissenschaft *ist*, liegt die *Entscheidung* ausschließlich bei der russischen *Regierung*.

In einem Bericht des Petersburgers Berichterstatters des Ost-Expreß über die im Oktober 1923 abgeschlossene Aufnahme in die russischen Hochschulen für 1923/24 endlich heißt es:

„Das Ziel, das sich die Universitätsverwaltung gestellt hatte, ist erreicht: Proletarisierung der Studentenschaft. Im Sommer waren in genauen Regeln für die Aufnahme die sozialen und politischen Gesichtspunkte festgelegt worden, nach denen die Aspiranten in Gruppen eingeteilt werden. Solcher Gruppen gab es mehr als zehn. Die ersten Gruppen bildeten die Mitglieder der Russischen Kommunistischen Partei (R.K.P.) und des Kommunistischen Jugendverbandes (Komsomol). Dann folgten die Absolvenden der sogenannten Arbeiterfakultäten die fast ausschließlich nur von Arbeitern und Bauern besucht werden dürfen. Dann folgten die Kinder von Handwerkern, Kaufleuten, in letzter Linie die Kinder von Edelleuten und Geistlichen. (Allerdings ist den Kindern von Hochschullehrern eine Vorzugsstellung eingeräumt.) — Da der Andrang in diesem Jahre besonders groß war, kamen die letzten Gruppen fast gar nicht in Betracht.

Neben dieser Gruppierung vom Klassenstandpunkt wurde noch ein anderes wirksames Mittel angewendet: Alle Kandidaten mußten sich einer *Prüfung* unterwerfen, bei der sie nicht nur in Russisch, Geschichte, Mathematik und Physik examiniert wurden, sondern auch im „*politischen ABC*". Unter diesem Ausdruck versteht man, außer den Grundsätzen des Marxismus und der Sowjetkonstitution, auch die aktuelle Politik der Regierung. Es ist klar, daß dieses uferlose Fragegebiet die Möglichkeit gab, unerwünschte Elemente abzustoßen".

Man wolle diesen Ausführungen nichts falsches unterlegen! Ich verkenne nicht im geringsten das unendlich viele Gute und Segensreiche, welches im russischen Schulwesen liegt, gegenüber dem unendlich rückständigen in den kapitalistischen europäischen Staaten. Ich verkenne ebensowenig die wertvollen Neuerungen, welche Demokratie und Sozialdemokratie im *deutschen* Schulwesen gegen dessen früheren Tiefstand geschaffen haben. Mir liegt nur daran, deutlich und greifbar festzustellen, daß, wenn der *Staat* sich der Schule annimmt, er diese stets dazu mißbraucht, in erster Linie seine spezifischen *Macht*interessen wahrzunehmen und das Schulwesen formell und materiell so zu organisieren, daß er für diese das Möglichste herausholt, sowie — ohne Rücksicht auf die wirklichen Interessen der Kinder bzw. der Wissenschaft — alles unterdrückt, was seine Sonderinteressen zu gefährden geeignet sein könnte.

Bezeichnend für die grundsätzliche Einstellung des Staates zur Schule ist, daß unterschiedslos von allen Parteien bei Erörterung von Schulfragen immer nur die Frage erörtert wird, wie und womit die Kinder unterrichtet werden *sollen*. Niemals hat jemand die Frage aufgeworfen, wie und womit sie unterrichtet werden *wollen*, ja ob sie überhaupt unterrichtet werden wollen. Die Kinder selbst, die *Haupt*personen in der ganzen Angelegenheit, werden überhaupt nicht gefragt; sie sind ausschließlich „*Objekt* der Gesetzgebung". Sogar da, wo verschiedene Möglichkeiten zur Auswahl gestellt werden, sind es immer nur die *Eltern*, die zu entscheiden haben. Die Einsicht, daß das Kind schließlich doch auch ein Mensch ist und am besten fühlen muß, was ihm frommt, liegt jedem Vertreter staatlichen Schulwesens weltenfern. Haben wir denn aber — ich will nicht einmal sagen:

ein Recht, sondern auch nur — die *Möglichkeit*, darüber zu befinden, was und wie zu lernen den Kindern frommt?

Kollektivunterricht und Individuum.

Auch das europäische *Prinzip des Massenunterrichts* folgt einleuchtenderweise zwangsläufig aus der *Schule als Staatseinrichtung*: Wenn sämtliche Kinder des Staates nach gleichen Grundsätzen und zu gleichen Zielen hin gezüchtet werden sollen, so ist schon aus rein äußeren Gründen die Massenschule unerläßlich. Wenn der Staat selbst, dem Drängen der Pädagogik scheinbar nachgebend, auf eine Verkleinerung dieser Klassen hinwirkt, so geschieht auch dies aus rein *disziplinarischen* Erwägungen: 30 Schüler sind leichter zu beaufsichtigen und zu drillen, als 50. Aber *unter* eine gewisse Klassenzahl wird der Staat nicht heruntergehen, selbst, wenn nicht die finanziellen Gesichtspunkte ihn dazu drängten, mit Räumen und Lehrkräften sparsam zu sein. *Wirklich erfolgreicher Unterricht* aber kann eigentlich *immer nur ein Individualunterricht* sein, höchstens in ganz kleinen Gruppen von großer Gleichartigkeit der Intelligenz und des sonstigen psychischen Habitus erfolgen.

In noch höherem Maße gilt das von jeder Art von *Erziehung*, die man ja ebenfalls der Schule zumutet (auch in sehr „reformerischen" Kreisen). Ich persönlich halte überhaupt all und jede „Erziehung" für eine Illusion. Denn wenn sie mehr sein will, als eine äußerliche spontane Schuhriegelung des Kindes je nach der momentanen Stimmung und Laune des „Erziehers", so setzt sie ja unbedingt voraus, daß dem Erzieher ein bestimmtes *Ideal* vorschwebt, *auf das hin* er das Kind zu gestalten bestrebt ist. Ein solches Ideal aber kann man ausschließlich aus dem *eigenen Innern* nehmen. Wie Nietzsche mit einem guten Ausdruck den Menschen einen „Schauspieler seines Ideals" nennt, so will jeder Erzieher, bewußt oder unbewußt, seinen Zögling zu einem Musterbild seines eigenen Ich gestalten. Woher will er denn aber wissen, ob dies auch das theoretische Ideal des *Zöglings* ist, ob letzterem dies Ideal überhaupt liegt? Man kann einem anderen wohl ein *äußerliches Verhalten* andressieren (das aber erfahrungsgemäß im entscheidenden Augenblick restlos wieder versagt, wenn es dessen Wesen nicht entspricht). Gar aber wesentliche Charakterzüge ihm aufpfropfen oder vorhandene umbiegen, ist aller Erziehung nicht gegeben. Damit kann sie höchstens im Kinde Minderwertigkeitskomplexe und sonstige Neurosen erzeugen, die den eigentlichen Charakter des Zöglings dem flüchtigen Auge verdecken, aber dafür ihm später sein ganzes Leben hindurch anhangen. Eine indirekte, aber sehr fühlbare üble Folge der Massenschule und der Vorgesetzten-Eigenschaft des Lehrers in der Schule ist der *nivellierende, persönlichkeitsmordende Einfluß der Klasse.* Schon der Lehrer seinerseits muß, ob er will oder nicht, auf eine solche Nivellierung hinwirken. Denn das Objekt seiner Lehrtätigkeit ist ja eben nicht das Individuum, sondern die Klasse als ein Ganzes. Erfolgreicher Schulunterricht ist nur möglich, wenn alle Mitglieder der Klasse möglichst gleichmäßig fortschreiten. Darum wird sowohl das Pensum, wie die Methode grundsätzlich dem *Durchschnitt* angepaßt und Abweichungen eher nach unten, als nach oben hin vorgenommen, damit auch die weniger Geeigneten tunlichst dem Durchschnitt angegliedert werden. Das Motto jedes Schulunterrichts ist daher: „Immer langsam voran, immer langsam voran, daß der Krähwinkler Landsturm nachfolgen kann". Dadurch wird natürlich für die begabten und regsamen Schüler der Unterricht noch über seine sonstigen Uebelstände hinaus zu einer Qual und bringt sie dahin, interesselos und faul zu werden und dann allenfalls im letzten Vierteljahr vor der Versetzung das Nötigste nachzuarbeiten.

Durch die Position und das Gebahren des Lehrers aber wird die *Klasse*, die ihm ja gegenübersteht, wie die Untertanen einem autokratischen willkürlichen und gewalttätigen Tyrannen, geradezu gezwungen, zu ihrem Selbstschutz eine *rücksichtslose Solidarität* ihrer Mitglieder zu züchten, die natürlich auf die Interessen der geistig Zurückgebliebensten eingestellt ist (so wie die Preis- und Lohn-Politik eines Kartells stets nach den Anforderungen der technisch rückständigsten und sozial unentwickeltsten Fachfirma ausgerichtet ist). Das bedeutet, daß auch von ihrer Seite jede *Individualität*, insbesondere jede höhere Geistigkeit *unterdrückt* wird. Ich entsinne mich noch genau des folgenden selbsterlebten Falles: Ich war — infolge eines Zusammenstoßes mit unserem (schwer psychopathischen) Direktor in der Unterprima abgegangen und in das polnisch-katholische zweite Gymnasium der Stadt Posen eingetreten, das sowohl pädagogisch, wie gegenständlich auf einer sehr viel höheren Stufe stand. Einerseits aus direkter Freude an dem hier wirklich hochstehenden Unterricht, andrerseits um die ein Vierteljahr später bevorstehende Versetzung nach Oberprima zu erreichen, was bei dem unvergleichlich höheren Stand der dortigen Leistungen und Anforderungen keineswegs sicher erschien, gab ich mir zunächst einige Mühe. Insonderheit präparierte ich mich in der fremdsprachlichen Lektüre leidlich sorgfältig zu Hause, während die andern sich systematisch darauf beschränkten, in der Zwischenpause vor der betreffenden Unterrichtsstunde gruppenweise die „Klatsche“ (Uebersetzung) laut vorzulesen und den fremdsprachlichen Text danach zu verfolgen. Es konnte auf die Dauer nicht verborgen bleiben, daß ich tatsächlich das (nach den Begriffen des alten Gymnasiums wirklich nur) Notwendigste an Hausarbeiten daheim erledigte. Das genügte, obgleich ich keineswegs den Lehrern gegenüber irgendwie dadurch hervortrat, um als streberischer Störenfried zu erscheinen und eines schönen Tages wurde ich nach Schluß der letzten Vormittagstunde von der gesamten Klasse nach allen Regeln verhauen. Was war zu tun? Einerseits um dies immerhin nicht sympathische Erlebnis nicht noch öfter zu machen, andrerseits auch, weil ich den Anschein der Streberei selbst scheute und mit der Klasse auf gutem Fuße bleiben wollte, ließ ich nun von meinem bisherigen Verfahren ab und die Folge war, daß der Ordinarius mir denn auch nach kaum vierzehn Tagen bedauernd sagen konnte: „Sie haben neuerdings sehr nachgelassen, Borgius. Denken Sie an die Versetzung!“ Der Tadel war mir schmerzlich, zumal ich wußte, daß er nur gerecht war. Aber die Ehre war gerettet. — Was dieses Prinzip der Klassensolidarität für die geistige Entwicklung der Höherstehenden bedeutet, bedarf keiner Ausführung.

II. Grundsätzliches.

Wir müssen das Problem der Schule doch nun auch noch etwas eingehender vom systematischen Standpunkt aus betrachten. Gegen unsere grundsätzlich ablehnende Haltung liegt der Einwand nahe (und wird sicherlich gemacht werden): Mag es schon richtig sein, daß der Staat die Schule in seinem eigenen politischen Interesse geschaffen hat und verwaltet, — Tatsache ist und bleibt, daß durch sie der gesamten Bevölkerung ein erhebliches Maß wertvoller Kenntnisse und Fähigkeiten vermittelt wird, die sie im praktischen Leben braucht und nicht entbehren könnte. Darum kann man über Nebeninteressen, die der Staat für sich dabei verfolgt, hinwegsehen, sie in Kauf nehmen.

Wohlmeinende Ideologen vertreten immer noch die Auffassung, daß die Schule durchaus nicht als Ganzes schlecht sei, sondern es eben nur einer gründlichen Aenderung des *Lehrplans* bedürfe.

Wir müssen daher prüfen, ob die in der Schule den Kindern aufoktroyierten Geistesschätze wirklich ein so wertvoller Gewinn sind, daß sie durch eine individuelle Methode geistiger Ausbildung nicht ersetzt werden könnten. Ich will darum einen Rundblick auf die *Hauptgebiete des Schulunterrichts* werfen, um darzutun, wie auch sie durchaus den *politischen Interessen der Staatsgewalt* unterstehen.

Die Weltgeschichte.

Ich nehme also als erstes Fach die *Weltgeschichte*. (Dabei verweise ich auf das sehr lesenswerte Buch des bekannten Hannoverschen Professor Dr. Th. Lessing mit dem (sprachlich allerdings nicht einwandfreien) Titel „Geschichte als Sinngebung des Sinnlosen“ (C. H. Beck, München, 1921), dem ich verschiedene Gesichtspunkte entnehme:

Die Weltgeschichte ist niemals um ihrer selbst willen, als ein an sich nützlicher und wertvoller Wissensstoff, in den Schulen gelehrt worden, sondern stets nur als Mittel zum Zweck; zur Bildung einer bestimmten Gesinnung, die man in den Schülern zu züchten bestrebt ist.

Die *Weltgeschichte* ist das für den modernen Staat wichtigste gesinnungsbildende Schulfach. Eine jede Herrschaftsorganisation beruht nämlich in letzter Linie auf dem *Glauben der Beherrschten*; ihrem Glauben daran, daß eine Existenz ohne die sie bedrückende Machtorganisation gar nicht möglich ist. Im Prinzip ist auch die Kirche genau so eine Herrschaftsorganisation wie der Staat. Der Glaubenssatz, auf dem ihre Herrschaft beruht, ist: „Der Teufel geht um wie ein brüllender Leu und suchet, wen er verschlinge". Sämtliche Menschen sind ausnahmslos Sünder und verfielen daher ohne die Kirche nach dem Tode der Hölle. Die Kirche allein hat die Kraft und Kompetenz, ihnen vermittels der Gnade Gottes die ewige Seligkeit zu verschaffen, *wenn* sie der Kirche *unterwürfig* sind und ihre Gebote erfüllen. — Auf diesem Glauben der Bevölkerung ruht die gesamte Macht der Kirche und darum ist auch für sie die Ketzerei die am ingrimmigsten verfolgte *Sünde*, ja der bloße Zweifel an den Heilswahrheiten schon Sünde.

Diesen Glauben im Volke zu erhalten — der sonst angesichts der offenbar friedlichen Gesinnung aller Menschen sich nicht halten würde, dient die obligatorische Lehreder Weltgeschichte (selbstverständlich *so*, wie sie sich vom Standpunkt des jeweiligen *nationalen* Staates darstellt). Und eben darum wird auch allenthalben darin die Geschichte der *Kriege* und der *Dynastien* in den Vordergrund gestellt. Schon beim Entstehen der ersten Häuptlingschaft können wir beobachten, wie das Angstmachen und in Angst erhalten vor den Rachezügen der Nachbarstämme und die Ueberzeugung von der deshalb notwendig erklärten Erhaltung einer unablässigen Kriegsbereitschaft den Häuptlingen als wesentliches Mittel zur Aufrechterhaltung ihrer Macht dient.

Im Mittelalter waren die Schulen, wie geschildert, Instrumente der Kirche. Deshalb wurde Geschichte ausschließlich als „Heilsgeschichte" gelehrt, um an ihr darzutun, wie sich Gottes Wille und Macht im Leben der Menschheit offenbart. Man teilte sie demgemäß auch ein in die Geschichte der vier Weltreiche oder auch die des Alten Testamentes und des Neuen Testamentes und berücksichtigt wurde in der Hauptsache Palästina und Deutschland (bzw. das jeweilige Vaterland).

Das ändert sich schroff mit dem Entstehen des modernen Staates: Etwa im 16. Jahrhundert lanciert er ein allgemeines Interesse für Weltgeschichte und eine dementsprechende neue Geschichtsschreibung, deren Träger bezeichnenderweise hauptsächlich die *Humanisten* sind, die Feinde der Papstkirche und Helfershelfer des neuen Staates. Da der Humanismus seine Wurzeln in Italien hatte, finden wir denn zuerst auch Studium und Pflege der italienischen Geschichte. Erst Wimphelius berücksichtigt auch schon Deutschland und ganz ausdrücklich nach ihm Franz Irenicus („Exegesis historiae Germaniae", 1518).

Christoph Cellarius brach denn auch, — zum schweren Aerger der Theologen —, mit dem überkommenen Schema der vier Weltreiche (des babylonischen, persischen, mazedonischen und römischen), wie sie noch das meist benutzte Lehrbuch des Joh. Sleidarius („De quatuor summis imperiis") festhielt, und brachte drei Geschichtswerke heraus: die „historia antiqua" (1685) bis zu Konstantin dem Großen, die „historia media" (1688) bis zur Renaissance, und die „historia nova" (1696); denn nunmehr befaßte man sich auch lebhaft mit der zeitgenössischen Geschichtsschreibung. (Pufendorf „Einleitung zur Historie der vornehmsten Reiche und Staaten" 1682.)

In all diesen neuen Geschichtswerken tritt denn auch stets eine lebhafte *Polemik gegen das Papsttum und seine Machtansprüche* zutage, namentlich gegen das Decretum Gratianum und die Konstantinische Schenkung; daneben selbstverständlich eine freudige indirekte *Rechtfertigung* des modernen *Staats*gedankens und seiner Träger. *Die Geschichte tritt als instrumentum potestatis jetzt aus dem Dienst der Kirche in den des Staates über.*

Selbstverständlich würdigt der Staat nun auch schnell den Wert der Geschichte für die *Schulen*. Comenius empfiehlt schon die Geschichte als Lehrgegenstand für die Volksschulen und ihre Verteilung über alle Klassen (namentlich im Gymnasium) zwecks andauernder Beeinflussung der Jugend. Tatsächlich wurde im Laufe des 17. Jahrhunderts Geschichte in den Gymnasien allmählich überall Lehrfach, so sehr sich seine Leiter vielfach in altphilologischem Dünkel dagegen sträubten. In der berühmten Anstalt Schulpforta z. B. war noch bis 1808 Geschichte gar nicht gelehrt worden und wer von der Schülerschaft sich darauf warf, „galt für einen Flachkopf, für welchen bloßer Gedächtniskram oder amüsante Lektüre ohne Geistesarbeit Interesse habe". Als aber dann durch den Wiener Kongreß Schulpforta an Preußen gekommen war, wurde der Lehrplan schleunigst „modernisiert". Paulsen („Geschichte als Lehrgegenstand der höheren Schulen; Leipzig, Veit & Co., 1896, S. 413) berichtet hierüber:

„Als Döderlein im Jahre 1822 den Ort seiner Jugendbildung wiederum besuchte, rühmte der Rektor Ilgen mit halb ironischer, halb sarkastischer

Begeisterung: „Ja, Freund, bei uns sieht's jetzt anders aus: Fragen Sie unsere Tertianer von oben bis unten, in welchem Jahre Attila geboren und gestorben ist, wieviel Weiber und wieviel Kinder er gehabt hat, auch der unterste bleibt ihnen die Antwort nicht schuldig. Freilich anderes muß jetzt ruhen, was zu Ihrer Zeit gedieh und galt".

Als *Aufgabe des Geschichtsunterrichts* wird damals schon mit verständnisinniger Phraseologie angesehen: „die *Moral* mit Beispielen zu illustrieren, der *sittlichen Bildung* zu dienen und *vaterländische Gesinnung zu heben*" (a. a. O. 150). Mit faßt gleichen Worten erklärt dann auch später die von der Direktorenversammlung in den Provinzen des Königsreichs Preußen XIII 1882 gefaßte Resolution: „Der Geschichtsunterricht soll zugleich einen Verstand und Gemüt bildenden Einfluß ausüben, indem er das sittliche Wollen des Schülers kräftigt, *Begeisterung* für alles Gute, Wahre und Schöne in ihm erweckt und *insbesondere* seine *Liebe zum Vaterlande* belebt" (zitiert bei Julian Hirsch „Die Genesis des Ruhms", J. A. Barth, Leipzig, 1914, S. 132).

Die neuen Lehrpläne vom gleichen Jahre und weiter von 1890 (im Anschluß an die schon erwähnten kaiserlichen Erlasse) brachten dann eine Umgestaltung des Geschichtsunterrichts im Sinne einer noch ausgesprocheneren Gesinnungszüchtung: Die alte Geschichte (welche ursprünglich gerade in den Gymnasien im Anschluß an die Sprachen und Literaturen der Antike besonders gepflegt wurde), mußte einen erheblichen Teil der auf sie verwendeten Zeit an die neuere und neueste Geschichte abtreten, wobei die *brandenburgisch-preußische* zum *Mittelpunkt* der deutschen und überhaupt europäischen gemacht wurde, und den Lehrern wurde besonders eingeschärft, „im Anschluß an die vaterländische Geschichte und die Lebensbilder der betreffenden Herrscher vergleichende Berücksichtigung unserer gesellschaftlichen und wirtschaftlichen Entwicklung bis 1888 unter *Hervorhebung der Verdienste der Hohenzollern* insbesondere um die Hebung des Bauern-, Bürger- und Arbeiter-Standes" zu lehren. Dabei sollte „der stetige Fortschritt zum Besseren und die *Verderblichkeit aller gewaltsamen Versuche der Aenderung sozialer Ordnungen* aufgezeigt" werden, um „den gesunden Sinn unserer Jugend . . . . . zu einem Urteil über das Verhängnisvolle gewisser sozialer Bestrebungen der Gegenwart zu befähigen".

Wie die Stärkung der vaterländischen Gesinnung im Geschichtsunterricht erfolgte, zeigt z. B. der Hinweis von Dr. S. Kawerau in seiner „Denkschrift über die Deutschen Geschichts- und Lesebücher, vor allem seit 1823" (Hensel & Co., Berlin, 1927), daß *noch jetzt* die Okkupation Straßburgs durch Louis XIV. entrüstet als Länderraub gebrandmarkt, die mit Geld erkaufte Zustimmung des Großen Kurfürsten dazu aber mit keinem Worte erwähnt und die Teilungen Polens als ganz harmlos und in der Ordnung hingestellt werden. Die Annexion Elsaß-Lothringens 1871 wird gerechtfertigt, die Rückannexion von 1919 für verwerflich erklärt. Die fast restlose Annahme des österreichischen Ultimatums durch Serbien 1914 wird ebenso verschwiegen, wie die Annahme der von England vorgeschlagenen Botschafterkonferenz seitens Frankreichs und Rußlands, dagegen ihre Ablehnung seitens Deutschlands und Oesterreich-Ungarns. Mit der Annahme der Waffenstillstandsbedingungen wird die neue Regierung bemakelt, aber verschwiegen, daß Hindenburg erklärt hatte, sie seien auf jeden Fall anzunehmen, usw.

In der sozialistischen Sowjetrepublik dagegen wird nun eine Geschichte auf Grund der materialistischen Geschichtsauffassung gelehrt, die der bisherigen genau entgegengesetzt ist und den Interessen der neuen Staatsform ebenso einseitig dient: Jetzt erscheint die ganze Weltgeschichte gerade als der Beweis des *Segensreichen* „aller gewaltsamen Versuche der Aenderung sozialer Ordnungen". Treibende Faktoren sind nicht mehr die „großen Männer" oder gar die Fürsten, sondern die anonyme große Masse, deren Exponenten die an der Spitze geschichtlicher Vorgänge stehenden Individuen angeblich nur sind.

In dem maßgebenden Punkt also bleibt sich das Ziel des Geschichtsunterichts durch alle Wandlungen des äußeren Bildes hindurch gleich: Auch für die Sowjetunion, so gut wie auf den längst vergangenen Staat des aufgeklärten Despotismus würde es passen, was der bekannte Historiker der Hohenzollernzeit Eduard Meyer bald nach Ende des Weltkrieges in einem Vortrag im Deutschen Philologen-Verband unter Anwesenheit des Kultusminister Boelitz ausführte:

„*Den Staatsbegriff herauszuarbeiten, die Staatsgesinnung zu kräftigen* in völlig parteilosem Zusammenhang, *das ist Aufgabe des Geschichtsunterrichts* an höheren Schulen. Nicht auf die jeweilige Staatsform komme es an — die sei vergänglich und, wie die heutige, ein Provisorium —, aber auf die *Staatsgesinnung an sich*; denn der Begriff „Staat" bedeute auch Macht und Zukunft des Volkes." (Nach einem leider undatierten Referat im Berl. Börsen-Courier.)

Ebenso offenherzig hat in einer Sitzung des Hannoverschen Provinzial-Schulkollegiums Ende Oktober 1928 der Oberpräsident Noske erklärt, im staatlichen Interesse müsse jetzt verlangt werden, daß „die Schule sich in den Dienst der Republik stelle".

* * *

Man müßte also *eine absolut wahre und objektive Weltgeschichte* schaffen, an der dann alle Versuche der einzelnen Staaten, sie zu einseitiger Beeinflussung zu mißbrauchen, scheitern würden.

Aber ist dies eine auch nur irgendwie und annähernd zu erreichende *Möglichkeit*?

Zwei kluge und geistvolle Journalisten, die in langjähriger Tätigkeit mitten drin im Getriebe der Weltgeschichte gestanden haben, der Franzose Pierrefeu (der Redakteur der französischen Heeresberichte) und der Deutsche August Stein (der Berliner Vertreter der Frankfurter Zeitung, der namentlich mit Bülow enge Verbindung hatte) haben beide ihre Erinnerungen herausgegeben. Der Franzose betitelte sie „Plutarch hat gelogen", der Deutsche: „Es war alles ganz anders". Es ist kein Zufall, daß gerade zwei solche Männer aus zwei von jeher einander feindselig gegenüberstehenden Nationen, nach der Einsicht eines Lebens in die Weltgeschichte übereinstimmen in der Erkenntnis: Das, waswir als den geschichtlichen Hergang erfahren, sieht in Wirklichkeit ganz anders aus.

Und dasselbe niederdrückende Eingeständnis haben mehrfach hevorragende Politiker gemacht, die nicht als bloße Beobachter, sondern als Akteure in der Geschichte gestanden haben, wie z. B. der General Hoffmann, der an den Friedensverhandlungen von Brest Litowsk beteiligt war und nachher im Deutschen Hauptquartier weilte.

Das sollte keineswegs etwa nur bedeuten, daß in den geschichtlichen offiziellen Darstellungen gelogen, das Volk von seinen Machthabern einseitig getäuscht wird. Dies geschieht natürlich *auch*, sogar in ganz großem Umfang; aber dies ließe sich durch Vergleich der Darstellungen hüben und drüben ja schließlich einigermaßen entwirren, — Nein, es bedeutet die alte niederdrückende Erkenntnis des Faust:

> Und sehe, daß wir nichts wissen *können*.
> Das will mir schier das Herz verbrennen.

Wir können es ja als lebende Zuschauer bei jedem Streik, jedem Krawall beobachten, wie sich die Eindrücke von dieser und jener Seite oft unvereinbar widersprechen. Und wer einmal Gelegenheit gehabt hat, sich als Jurist mit der Entwirrung eines vor Gericht gelangten Ereignisses zu befassen und die Zeugen darüber zu verhören, die unter Eid die Wahrheit, *ihre* Wahrheit aussagen, wird dies bestätigen können. Wir kennen ja überhaupt keine Tatsachen, wir kennen bestenfalls psychologische Eindrücke einer Anzahl von Personen, die sie mit erlebt haben!

Auf dem Pädagogenkongreß in Weimar vor einigen Jahren kam der greise Kerschensteiner in einem Vortrage über den „Begriff der geistigen Arbeit" auch auf die Geschichte als Lehrgegenstand zu sprechen. Er kam dabei zur *absoluten Abweisung* dieser Disziplin als Mittel zur Erziehung zur Objektivität: Der Forscher — führte er aus — erarbeitet sich Bilder eines Wissens über die Vergangenheit. Aber selbst bei bestem Willen sind diese Bilder schon durch die geistige und seelische Einstellung des Forschers unweigerlich gefärbt. Durch die Persönlichkeit des Lehrers erleben sie unvermeidlich eine weitere Färbung: Er muß auf Treu und Glauben Berichte hinnehmen, deren objektive Wahrheit er gar nicht prüfen kann, und muß mit Begriffen arbeiten, die ihm selbst unklar bleiben müssen. Ebenso fragwürdig sind aber schon die Quellen, die der historische Forscher benutzen muß. Wenn man heute etwas uns so naheliegendes, wie die Entstehung des Weltkrieges, von je einem (subjektiv durchaus wahrhaftigen) Deutschen, Türken, Russen, Amerikaner, ja innerhalb des gleichen Landes etwa von einem Ludendorf, einem Quidde, einem Kommunisten geschildert erhielte, man bekäme die Schilderung von anscheinend ganz verschiedenen Kriegen. Ebenso, wenn man es mit Entstehung und Verlauf der sog. deutschen oder russischen Revolution und des italienischen Faschismus versuchte. Wenn es nun schon über selbst Miterlebtes unmöglich ist, die „Wahrheit" festzustellen, wie dann über längst vergangene Geschehnisse früherer Epochen, über deren Berichte die Forscher oft gar nicht beurteilen können (oder ganz verschiedene Meinung haben), wie vertrauenswürdig oder in welchem Sinne gefärbt ihre Quellen sind; über die wir oft genug überhaupt nur einen Bruchteil der etwa vorhanden gewesenen Berichte und an sich wenig Berichte besitzen! Ueber Sokrates z. B. wissen wir nur, was einerseits Plato, andrerseits Xenophon von ihm erzählen, und ein paar Späße des Aristophanes. Der Bericht des Kallistes und Auslassungen des Aeschines, die vielleicht unser Bild ganz ändern würden, sind verloren gegangen. — Und wie enorm auseinander gehen die Ansichten über die Persönlichkeit und die Wirkungen derartig bedeutsamer Männer, wie etwa Luther, Danton und Robespierre, Jeanne d'Arc, Caesar und Catilina, Wallenstein. Von ihnen und vielen andern stimmt nur allzusehr, was Schiller nach eingehendem Studium des dreißigjährigen Krieges von dem letztgenannten sagte:

> Von der Parteien Haß und Gunst verwirrt
> Schwankt sein Charakterbild in der Geschichte. —

Jahrhunderte lang sah man in *Friedrich Barbarossa* die höchste Blüte des Mittelalters. Heute sieht man in ihm einen ziemlich belanglosen alten Herrn, dagegen in seinem Nachkommen *Friedrich II.* ein Genie von unerhörten Fähigkeiten und Erfolgen, der in Süditalien längst vor der Renaissance schon den ersten modernen Staat schuf, der über dem religiösen Wahn seiner Zeit stand und seine Zeitgenossen um Haupteslänge überragte.

Ein Jahrhundert lang sah man im alten *Blücher* den Helden der Freiheitskriege und militärischen Befreier Deutschlands. Heute erachtet man ihn für kolossal überschätzt und sieht in *Gneisenau* den „Mann im Schatten".

Ludendorff halten die einen für einen genial veranlagten Mann, der alle *Hindenburg* zugeschriebenen Taten getan hat und, wenn er an der Spitze Deutschlands stände, das Reich wieder auf die Höhe bringen würde; andere sehen in ihm einen maßlos überschätzten nur in der Anmaßung und Selbsteinschätzung großen Mann, dem es in letzter Linie zu verdanken ist, daß Deutschland heute am Rand des Verderbens steht. — Wer hat Recht?

Es sind Phantasiebilder, ausgemalt von einigen Interessenten der jeweiligen herrschenden Richtung.

Wie oft sind frühere Ansichten über hervorragende Personen ganz ins Gegenteil umgeschlagen, und zwar ohne, daß etwa neue Unterlagen sachlich Neues über sie ergeben hätten: Virgil war dem Mittelalter eine Größe allerersten Ranges, Cicero der Renaissance eine literarische und politische Kapazität; uns erscheint der erstere als ein ziemlich belangloser Skribent, der letztere als ein eingebildeter, im öffentlichen Leben bedeutungsloser Schwätzer.

Und geht es nicht ebenso mit der Bedeutung ganzer Zeiten? Ulrich Wilken („Griechische Geschichte im Rahmen der Altertumsgeschichte", Berlin, München, Oldenburg, 1925) urteilt: der so einseitig ausgebaute spartanische Staat habe in der entscheidenden Stunde Griechenlands, als das

Persertum zu dessen Unterwerfung ausholte, die griechische Kultur *gerettet*. Neustadt-Roehm dagegen schreibt von Sparta: „Daher sein *Versagen* in den großen nationalen Aufgaben des Perserkriegs und der Einigung Griechenlands". — Die Periode der Römischen Könige haben wir in meiner Jugend noch als lautere Wahrheit gelernt. Mommsen erklärt sie als reine Mythe. — Umgekehrt ist uns Herodot als leichtgläubiger Nachschwätzer orientalischer und griechischer Schiffermärchen vorgeführt worden; heute gilt er als ernste Geschichtsquelle. — Ebenso ist es mit Tacitus' „Germania" gegangen und mit Livius „Ab urbe condita libri"; umgekehrt dagegen mit der „Historia Francorum" des Bischofs Gregor von Tours.

Man wird vielleicht sagen: Ja, aber die eigentlichen großen und wichtigen Vorgänge der Weltgeschichte lassen sich doch schließlich ziemlich einwandfrei feststellen. Aber was *ist* in der Geschichte *wichtig und unwichtig*? Auch die Beurteilung dessen, was „wichtig" ist und was demgemäß *berichtet wird*, ist ganz und gar von der *Weltanschauung* und der *Parteistellung* des Beobachters und Berichters abhängig. Man lese z. B. die eben erwähnte Historia Francorum! In der Gründung des kleinen Konsumvereins der „Pioneers of Rochdale" sieht der Sozialist den Vorstoß einer neuen Zeit, während etwa ein Carlyle oder H. St. Chamberlain sie überhaupt nicht der Beachtung wert erachtet hätte. Eine religiös eingestellte Persönlichkeit wieder wird etwa in dem Entstehen und der Ausbreitung der Anthroposophie oder der Christian Science, des Spiritismus oder der Astrologie Vorgänge von höchst bedeutsamen und eingehender Beachtung werten Wandlungen sehen, während Historiker anderer Auffassung Anbahnungen verwandschaftlicher Beziehungen zwischen bestimmten Fürstenhäusern oder den Ausfall eines bestimmten Aufruhrs oder auch etwa die sich in der Gegenwart wandelnde rassenhafte Mischung des amerikanischen Volkes für Dinge von ausschlaggebender geschichtlicher Wichtigkeit halten. Sogar die Gliederung der Weltgeschichte nach Epochen steht unter der Wirkung derartiger Ansichtsverschiedenheiten.

Ferner: Die Geschichte kann nur *äußerlich greifbare Vorgänge* festhalten und der Nachwelt übermitteln. Diese aber sind doch nur die Schattenbilder *innerer psychischer* Vorgänge und Wandlungen, von denen wir überhaupt nichts wissen, die wir bestenfalls durch Handlungen und Aussprüche indirekt erschließen können, und die dann oft genug mit irriger Auslegung oder gar durch absichtliche Irreführung verwirrt sind. Auch wahre Vorgänge der Vergangenheit und ihre Einwirkung auf die Zeitgenossen beurteilen wir sehr häufig ganz falsch, weil wir sie notwendigerweise *so* beurteilen müssen, als ob sie *in unserer Zeit* (bzw. in der des Geschichtsschreibers) stattgefunden hätten: Wir schildern z. B. den dreißigjährigen Krieg als eine höllische Zeit an Hand der Klagen der Zeitgenossen desselben. Objektiv wäre er wahrscheinlich ein harmloses Kinderspiel, wenn ein Teilnehmer des Weltkrieges jetzt jene Zeit durchleben würde. Man denke: Wallenstein führte ganze 30 000 Mann, Gustav Adolf gar nur 18 000. Ihre Waffen waren in der Wirkung lächerlich, geeignet mehr für eine große Prügelei, als für das, was man sich heute unter einem Krieg vorstellt. Den Winter über bezog man friedlich Winterquartiere. Im übrigen lieferte man dem bösen Feind alle Jahre mal eine Schlacht; zog dieses Jahr nach Schlesien, das nächste nach Westfalen. Große Gebiete des Reiches blieben überhaupt lange Jahre hindurch vom Kriege unberührt.

Und wie unendlich fern stehen uns nun gar die *Menschen* entlegener Zeiten. Den mittelalterlichen Menschen etwa, oder den der Antike können wir heute überhaupt nicht nachempfinden, auch wenn er uns wirklich naturgetreu geschildert werden könnte. Es bleibt schon durchaus richtig, wenn Faust zu Wagner sagt:

„Was ihr den „Geist der Zeiten“ heißt,
Das ist im Grund der Herren eigner Geist,
In dem die Zeiten sich bespiegeln“.

Was wir als Weltgeschichte lernen, hat in letzter Linie nicht mehr innerliche Wahrheit, als die historischen Romane von Ebers und Dahn: Romane neudeutscher Menschen, denen altägyptische oder altgermanische Kostüme angezogen sind. Ein Gelehrter des 12. Jahrhunderts würde als Triebfeder aller Menschen wahrscheinlich die Furcht vor dem Höllenfeuer erachten. Alfred Adler würde ihren Geltungstrieb als maßgebendes Motiv in allen finden, Sigmund Freud eine unterdrückte Sexualität. Wer hat Recht?

Seit Hegel das Schlagwort der „Entwicklung“ zum Abgott aller Wissenschaften gemacht hat, glauben wir auch in der Geschichte eine notwendige und immanente Entfaltung wenigstens der einen Zeit aus der andern im Großen beobachten und dementsprechend auch das notwendig lückenhafte Material der Ueberlieferung erfolgreich ergänzen und ausdeuten zu können. Aber wie oft ist alles, was wir für „Entwicklung“ halten, in Wirklichkeit nur eine Reihe von Zufällen und äußeren Umständen. Man erwäge einmal: Wenn der Student Cohen, der Bismarck-Attentäter, am 7. Mai 1866 besser gezielt hätte oder wenn Wilhelm I. an den Folgen des Hödelschen oder Nobilingschen Attentates 1878 gestorben wäre und Friedrich III. ein Jahrzehnt länger gelebt hätte, — die ganze nicht nur deutsche oder europäische, nein, Weltgeschichte wäre ganz wesentlich anders verlaufen. Wenn Karl Liebknecht und Rosa Luxemburg nicht in den Weihnachtsfeiertagen 1918 gefeiert hätten, hätten sie die verlassenen Regierungsgebäude widerstandslos besetzen können und wir hätten heute vielleicht ein bolschewistisches Reich, das wiederum Rußland *nicht* bekommen hätte, wenn Ludendorff nicht die Idee gehabt und durchgeführt hätte, Lenin, Trotzki und Genossen im plombierten Zuge aus der Schweiz nach Rußland hinein zu transportieren.

Wenn von solchen Aeußerlichkeiten die weitestgehenden Entwickelungen der Weltgeschichte abhängig sind, kann es sich dann überhaupt *lohnen*, auf ihre Erlernung Zeit und Mühe zu verwenden? Wahrscheinlich sind alle Veränderungen und Verschiebungen der Staaten und Fürstenhäuser, Klassen und Stände für die späteren Generationen ebenso wenig des Wissens und des Interesses wert, wie etwa für die lebenden Bewohner eines Dorfes die Frage, wer vor hundert Jahren die Besitzer der einzelnen Bauerngüter waren und wie diese sich durch Teilung, Zusammenlegung oder sonstige Umorganisation umgestaltet haben. So wenig, wie für die heutigen Kunden der großen Konfektionsgeschäfte die Fragen, welche Modekleider ihre Mütter oder Großmütter getragen haben. Man lege sich allen Ernstes einmal die Frage vor: Was für etwaige Nachteile, ja auch nur kleinere Unannehmlichkeiten würden dadurch entstehen, wenn wir alle in der Schule gar nichts vom siebenjährigen oder dreißigjährigen Krieg, von Luther oder den Kreuzzügen, von Napoleon oder der französischen Revolution gehört hätten? Man versuche diese Frage einmal ernstlich und ehrlich zu beantworten. Ich kann es nicht. Die Philosophen und Künstler, welche Griechenland seinen Ewigkeitsruf schufen, haben *keine* Geschichte gelernt und die Römer, die sich die Welt unterwarfen, auch nicht. Vielleicht hätten wir sogar keine griechische Kultur und kein Cäsarenreich *bekommen*, wenn die Bürger Athens und Roms hätten ihre Jugend hindurch stets zehn Jahre lang im modernen Gymnasium hocken müssen.

Ich sage kein Wort dagegen, daß nicht einzelne geschulte *Forscher*, welche für diese Disziplin besondere *Neigung* haben, sich zur wissenschaftlichen Aufgabe machen, das Leben und die Vorgänge verflossener Epochen der Menschheit zu studieren, nach Möglichkeit in sie einzudringen und das Ergebnis ihrer Untersuchungen in Büchern zu schildern; auch nicht dagegen, daß auf Grund ihrer Ergebnisse begabte Schriftsteller diese Materie interessant und populär darstellen, und daß sich andere Menschen dann, die Interesse für die Materie haben, aus diesen Schriften nach Wunsch Lektüre auswählen. Auch die Jugend mag es schon tun und sich nach Gefallen an vergangenen Zeiten und ihren Helden erfreuen und begeistern. Es wird ihr so wenig schaden, als wenn sie Cooper, Gerstäcker und Karl May liest. Aber sie soll diese Erzählungen von — bestenfalls — Wahrscheinlichkeitswert nicht *lernen* müssen, sie sollen sie vor allem nicht lernen *müssen* und am allerwenigsten lückenlos die ganze Vergangenheit von der Einführung des 365-tägigen Kalenders in Unterägypten am 19. Juli 4241 vor Christo bis zur Unterzeichnung des Versailler Friedens mit Jahreszahlen und Personennamen in das arme Hirn hineingepreßt bekommen.

Die Engländer sind wenigstens unbekümmert und zynisch genug, um den Geschichtsunterricht in ihren Schulen im ganzen auf das zu beschränken, was englischen Patriotismus züchtet. Ich inquirierte einmal (allerdings schon vor dem Krieg) eine mir gut befreundete englische junge Dame, die die Schule noch nicht lange hinter sich hatte und sonst gut gebildet war und aus guter Familie stammte; ihre Kenntnisse der deutschen Vergangenheit waren verblüffend bescheiden. Ich fragte weiter nach Peter dem Großen. War ihr angeblich nie begegnet. Napoleon der Große? „Aoh yes, I remember: it was a french king; he was once in war with England“. Näheres versagte. (Wohlgemerkt, ich berichte das nicht etwa, um die englischen Schulen gegenüber den deutschen herabzusetzen. Im Gegenteil: Die Engländer haben ganz Recht: Wozu sollen sie den Kindern viel Mühe machen, um den Anschein aufrechtzuerhalten, als gälte es hier *Wissenschaft* zu pflegen. Weltgeschichte ist *Gesinnungsfach* und wird stets nur unter diesem Ziele gelehrt. Daher sieht demnach für jeden, — je nach der Staatsangehörigkeit — die Weltgeschichte so ganz verschieden aus.)

Eng mit der Geschichte verknüpft ist

Die Geographie.

Auch sie ist nur ein Gesinnungsfach. Hierüber nur drei Worte: Daß der Mensch eine ungefähre Anschauung bekomme, wie die Erdkugel aussieht und wie sie bewohnt ist, mag angehen. Aber darüber geht der geographische Schulunterricht weit hinaus und sein Kern ist doch die *politische* Geographie. Sie ist im Grunde nicht nur gleichgültig, sondern sogar irreführend. Denn die Gebiete der Staaten sind bekanntlich oft genug gar nicht identisch mit den Gebieten der betreffenden Rassen und Sprachen. Und das, was den Schülern da obligatorisch eingepaukt wird, sind in letzter Linie doch die Staatsgrenzen und die Staatsresidenzen. Was hat es aber vom Standpunkt der „Intelligenz" aus für ein „Bildungs"interesse zu wissen, wo etwa nun Assuncion oder Tientsin gelegen ist und an welchem Flusse Lyon liegt? Wenn dort etwas „passiert", so bringen ja die Zeitungen ohnehin darüber Mitteilung, meist mit besonderen Kärtchen dazu. Außerdem aber wird man eben — ganz so, wie wir es seinerzeit eventuell alle an Hand besonderer Kriegskarten gemacht haben, — Atlanten bei der Hand haben, aus denen man sich im Einzelfalle informiert und mit der Zeit von selbst ein gewisses Anschauungsbild erhält. Warum soll man auswendig *lernen*, welches die Hauptstadt von Beira ist und welcher der höchste Berg der Sierra Nevada?

Die Geographie dient in Wahrheit nur dem nationalpolitischen Zweck, der Jugend die *Wichtigkeit* der Staaten und Staatsgrenzen und die (an sich gar nicht natürlich gewachsene) Liebe zu „Deutschland, Deutschland über alles" zu suggerieren und darum auch die Vorstellung zu erwecken, daß man von *diesem* geliebten Lande natürlich auch *jede Einzelheit wissen* müsse.

Die deutsche Sprache.

Das zweite große „Gesinnungsfach" ist die *deutsche Sprache*, und zwar im weitesten Umfang, d. h. Lesen und Schreiben, Rechtschreibung und Grammatik, Literaturgeschichte und Lesen deutscher Dichter, endlich der Aufsatz.

Ich verzweifele daran, meiner Feder den Schwung zu geben, der nötig wäre, um wirklich deutlich werden zu lassen, was für ein *ungeheurer Unfug* auf diesem Gebiete getrieben und welche Versündigung nicht nur an den Schulkindern, sondern auch an der deutschen Sprache selbst damit begangen wird. Ich will auch nicht zu sehr ins einzelne gehen, nachdem ich an dem einen Beispiel der „Geschichte" einigermaßen aufgedeckt zu haben meine, wie der Grundtrieb auch bei einem anscheinend wirklichen Bildungszwecken dienenden Schulfach tatsächlich die Unterjochung unter den Staat ist. Nur einige Hinweise seien daher hier gegeben:

Zunächst ist es ebenso überflüssig, wie schädlich, den Kindern überhaupt *Schreiben* und Lesen durch *Schulzwang* beizubringen. Die praktische

Erfahrung läßt für jeden, der die Augen aufmachen kann, keinen Zweifel darüber, daß die Kinder ohne Schulunterricht beides nicht nur ebenfalls, sondern sogar schneller und besser lernen würden, wenn man ihnen ermöglichte, es statt aufgezwungenen Drills in bestimmten Stunden, spielend freiwillig von einander zu lernen, zu der Zeit, wo bei ihnen das Interesse dafür erwacht, und an solchen Tagen und Stunden, wo sie Neigung dazu haben.

Ich selbst habe z. B. durch eine glückliche Fügung an meinem vierten Geburtstag ein Zusammensetzspiel geschenkt bekommen, wo auf der Rückseite der quadratischen Teilstücke der Bilder die gedruckten Buchstaben aufgemalt waren. Nachdem ich auf Fragen von den Dienstboten belehrt worden war, daß dies die Zeichen für die verschiedenen Sprachlaute wären und daß ich damit Worte zusammensetzen könnte, begann ich mir den Lautwert dieser Buchstaben ganz gelegentlich sagen zu lassen, fing natürlich an mit „Mama“, „Papa“, „Popo“, „Pipi“ usw. und ehe ein halb Jahr vergangen war, erstaunte ich meine Eltern morgens beim Frühstück maßlos dadurch, daß ich, auf dem Teppich bäuchlings liegend, das Morgenblatt der Kreuzzeitung vor mir, fragte: „Mama, was soll denn das heißen? Hier steht ja »I-n-s-e-r-a-t-e«. Das ist doch kein Wort.“ Und auf ungläubiges Verlangen: „Lies mal hier“ weiter buchstabierte: „Kul-tus-mi-ni-ster-Falk“.

Ich glaube durchaus nicht, daß ich ein besonderes Genie gewesen bin. Ich glaube vielmehr, daß die ganze große Masse aller Kinder dasselbe tun würde, wenn ein glücklicher Zufall ihnen dieselben günstigen Möglichkeiten gewährte. Doch meine Eltern beschlossen nun — leider —, mir jetzt schleunigst auch das Schreiben und etwas Rechnen beibringen zu lassen, damit ich dann die unterste Schulklasse überspringen könne. Das war ganz gut gemeint, aber der falsche Weg. Wenn man mir im Schreiben ebenso freieste Hand gelassen hätte, wie ich sie beim Lesen gehabt hätte, so würde ich wahrscheinlich auf eigene Faust und Methode in einer weiteren Reihe von Monaten auch das Schreiben gelernt haben, und zwar mit Freude und Stolz. Jetzt aber kam ein Elementarlehrer, Herr Hechler, ins Haus, der mich jeden Tag zu bestimmter Stunde nötigte, bestimmte Buchstaben zu malen, die mir ganz gleichgültig waren (während andere, die mich interessierten — etwa, um ein bestimmtes Wort zu schreiben — mir *nicht* gezeigt wurden). Außerdem plagte er mich, wofür es noch lange nicht in meiner geistigen Entwicklung (und ebenso bei den meisten Kindern) an der Zeit war, mit dem ekelhaften „kleinen Einmaleins" und es wurde lediglich eine Quälerei und Katastrophe:

Das eine Jahr habe ich zwar tatsächlich gespart, indem ich gleich in die zweite Vorschulklasse kam. Aber dafür bin ich dann später viermal sitzen geblieben, habe also den Vorsprung wieder reichlich preisgegeben.

Man sagt nun wohl: Ja, das mag ja mit manchen Kindern, sogar mit vielen gelingen. Aber wir müssen doch an die Gesamtheit denken. Was wird denn nun mit den Kindern, die *nicht* von selbst Lesen und Schreiben lernen, die einfach kein Interesse daran haben?

Erstens glaube ich nicht, daß es mehr als sehr vereinzelte Kinder der Art gibt. Der praktische Wert des Lesens und Schreibens ist heutzutage so offenbar, daß wohl *jedes* Kind früher oder später danach verlangen wird. Aber auf das *„oder später"* kommt es an, das ist wichtig! Die Kinder kommen heute mit sechs Jahren in die Schule. Für die meisten Kinder ist es eine wahre Sünde, in so zartem Alter sie einer systematischen Geistesbildung zu unterziehen. Im ersten Augenblick merkt man das noch nicht. Aber es ist ja eine Erfahrung, die jeder Lehrer macht: Die sowohl körperliche, wie geistige Frische, die Neigung zu lernen und das allgemeine Interesse der Kinder nimmt ganz systematisch mit jedem weiteren Schuljahr ab. Und schuld daran ist nicht zuletzt auch, daß sie *viel zu früh geistig trainiert* werden. Außerdem sind die Kinder sehr *verschieden* veranlagt: Bei manchen regen sich schon mit vier Jahren geistige Wünsche und Interessen, die bei anderen — und gar nicht etwa nur bei geistig minderwertigen — erst mit sieben und acht Jahren auftauchen. In der Schule aber muß alles über einen Kamm geschoren werden. Für alle die Kinder, bei welchen der geistige Entwicklungs- und Lern-Trieb sich erst später zeigt, ist aber dessen vorzeitige Aufstachelung ungefähr dasselbe, als wenn man eine Rose in zarter Knospe künstlich aufpellt und denkt, sie dadurch zur Blüte zu bringen. Das Gegenteil tritt ein: Sie welkt und fällt ab.

Ferner ist es ganz allgemein ein *Mißgriff*, den Unterricht der Kinder mit *Lesen und Schreiben anzufangen*. Das Interesse dafür und die Erkenntnis ihres Wertes erwachsen meist beim Kinde erst erheblich später, als mit dem Alter des Schulanfangs. Es ist lediglich das Interesse des *Lehrers*, wenn man den Unterricht damit anfängt. Denn jeder Unterricht wird (zwar sachlich geschädigt, aber) für den Lehrer erheblich bequemer gemacht, wenn man den Kindern erst *Bücher* in die Hand geben und sie zum selbständigen häuslichen Arbeiten daraus oder zu schriftlichen Hausarbeiten nötigen kann. Die Tatsache, daß sie lesen können, ist auch für die Kinder selbst keineswegs ein Segen. Sie fangen dann nur allzufrüh an, Stubenhocker und Bücherratten zu werden und alles mögliche in sich hineinzulesen. Es wäre gar kein Schade, wenn das Lesen- und Schreiben-Lernen um Jahre hinausgeschoben würde. Wahrscheinlich würde es einer außerordentlichen Steigerung des *Denkens* und des *Beobachtens* zugute kommen.

Aber wenn nun trotzdem und alledem wirklich eine Anzahl von Kindern übrig bleiben, die einfach nicht lesen und schreiben lernen *wollen*?

Nun in Gottes Namen, dann lasse man sie! Es ist ein gänzlich unbegründetes Vorurteil unserer papiernen Zeit, unserer Bildungsphilisterei, den Analphabeten als einen minderwertigen Menschen zu betrachten und ein Land schlechtweg nach dem Prozentsatz der Analphabeten in seiner Bevölkerung höher oder geringer einzuschätzen. Es ist die leidige Asphaltkultur, die aus dieser Mentalität spricht. Für weite Schichten (insbesondere der Landbevölkerung) ist wirklich der Wert der Schriftkunde nicht entfernt so hoch, wie man ihn gemeinhin einzuschätzen liebt. Man ignoriert immer ganz die Bedeutung des *gesprochenen* Wortes. Die paar öffentlichen Anschläge (etwa an Bahnübergängen oder dergleichen), die für alle vielleicht in Betracht kommen, wird er sich bald von den Nachbarn und Freunden vorlesen lassen.

Aber *einer* allerdings bedarf unbedingt der allgemeinen Lese- und Schreibe-Kunde: Das ist der *Staat*. Der moderne Staat ist absolut darauf angewiesen, daß seine Untertanen sämtlich und ausnahmslos lesen und schreiben können. Bei der Unzahl von Gesetzen, Verordnungen und Verfügungen, die er heutzutage produziert und deren Lektüre er mindestens theoretisch und als Fiktion von jedem Sachbeteiligten voraussetzen muß — (schon der kriminalpolitische Grundsatz: Unkenntnis des Gesetzes schützt nicht vor Strafe wäre einleuchtenderweise sonst nicht aufrechtzuerhalten!) —, bei der Fülle von Erhebungen und Umfragen, Statistiken und Steuerformularen, die er massenhaft in die Häuser schickt, wäre er lahmgelegt, wenn auch nur gewisse Bruchteile der Bevölkerung Analphabeten blieben. Mit „Ausklingeln" läßt sich das heute nicht mehr machen.

Nun denke man gar an den Kernpunkt des Staates: den Kriegsfall. Was helfen ihm die Heeresmassen, wenn nicht jeder einzelne Soldat zuverlässig lesen und schreiben könnte? Wie sollte er die Zivilbevölkerung reglementieren, wenn sie teilweise (namentlich auf dem Lande) analphabetisch wäre? Wie wollte er vor allem Patriotismus und Kriegsbegeisterung aufrechterhalten, für zuversichtliches „Durchhalten" sorgen, wenn nicht seine offiziellen und offiziösen Veröffentlichungen, vom Heeresbericht bis zum Sachverständigenaufsatz über den Nährwert der Kohlrübe, erfolgreich in die Massen gestreut werden könnten?

Und das führt schließlich zum dritten ausschlaggebenden Faktor den *parlamentarischen Parteien*. Ihre Herrschaft — und gerade die der heute herrschenden demokratischen Parteien — beruht ja vollkommen auf der Wirkung des gedruckten Wortes. Wie wäre Parlamentarismus durchführbar, wenn man nicht die Wähler auf Schritt und Tritt beeinflussen könnte? Das gesprochene Wort reicht da nicht aus. In die Versammlungen kommen zumeist ja nur Leute, die schon Anhänger der Partei sind (oder die ohnehin Gegner sind und nur polemisieren und stören wollen). Flugblätter aber und vorgedruckte Stimmzettel kann man jedem in die Hand drücken, in jeden Briefkasten stecken, unter jeder Wohnungstür durchschieben. Und ebenso Exemplare der Parteipresse, die wieder vor allem durch guten Nachrichtendienst, fesselndes Feuilleton usw. den Leser zum Abonnement anreizen sollen, damit man ihn dann alltäglich auch politisch bearbeiten kann. Wo blieben alle diese Möglichkeiten der Massenbeeinflussung, wenn nennenswerte Bruchteile — gerade auf dem ohnehin dezentralisierten Plattland — nicht lesen könnten? Und was nützen die schönsten Reden, die im Parlament geschwungen werden, wenn sie nicht durch die Presse in alle Welt, auch zu den Gegnern, hinausgetragen und von ihnen gelesen werden? Man entsinnt sich vielleicht noch des Journalistenstreiks, der vor dem Kriege einmal im Reichstag einsetzte. Man sah und hörte im Publikum überhaupt nichts mehr vom Reichstag, er war faktisch tot, wirkungslos, und — das Schlimmste — man merkte, daß sein Nichtmehrvorhandensein gar nicht weiter bemerkt wurde. Das Leben ging nach wie vor seinen Gang, das Interesse am Parlament begann abzusterben, es drohten Zweifel zu entstehen, ob denn das Parlament wirklich so wichtig war, wie es sich immer machte, — und nach kaum einer Woche war es bereit, den streikenden Journalisten jede Genugtuung zu gewähren.

Hier liegt der Hund begraben. Diese drei großen Interessengebiete des heutigen Staates: zentralisierte stramme Verwaltung, Militärdienst und Parteipolitik sind die Gründe, warum der Staat zwangsweise dafür sorgt, daß alle seine Untertanen lesen und schreiben können. Die „geistige Bildung" der Staatsbürger ist ihm vollständig Wurst.

Müller-Holm, ein Fachmann der Schulpraxis, dessen treffliches, leider fast ganz unbekannt gebliebenes Buch „Die Zwangsschule", Hamburg

1927 (jetzt versendet es der Stirn-Verlag Hochheim/Erfurt) allen Interessenten aufs Wärmste empfohlen sei, sagt hierzu (S. 96): „Die Schullehrer müssen allen Ernstes glauben, daß die Kinder gar nicht lange genug auf der Schulbank sitzen können. Wie sollte es anders zu erklären sein, daß noch im fünften und sechsten Schuljahr Schreibunterricht erteilt wird? Zwar lernen die Kinder in einem, höchstens zwei Jahren das Schreiben und von da an bedürfen sie nur noch fortgesetzter Uebung, zu der ja auch die Gelegenheit in keinem Unterrichtsfach fehlt. Dennoch aber bleibt das Schreiben auf dem Stundenplan. Warum? Weil unter fünfzig Schülern immer einige sind, die sich keine Mühe beim Schreiben geben. Um dieser wenigen willen, die wohl könnten, aber nicht wollen, muß die ganze Klasse geplagt werden . . . . . Jede auch nur halbwegs verständige Mutter könnte die Kinder anhalten, gut zu schreiben, denn besondere Kenntnisse gehören dazu so wenig, wie tiefe pädagogische Einsicht oder langjährige Erfahrung . . . . So aber . . . . geht der alte Schlendrian seinen Gang. Ich habe selbst an der Schule, wo ich tätig war, mich viele Jahre bemüht durchzusetzen, daß wenigstens von der vierten Klasse ab der Schreibunterricht wegfiele, aber es war vergeblich; an der ehernen Wand des bürokratischen Vorurteils prallten alle Vernunftgründe ab".

Es waren aber weniger „Vorurteile", welche eine Aenderung verhindern, als vielmehr der unbewußte Trieb des Staates, die Jugend so lange und viel wie möglich unter der Schuldisziplin festzuhalten.

Beim Lesen und Schreiben sehen die Kinder nun wenigstens noch, daß das Lernen einen greifbaren Nutzen hat. Aber nun kommt die zehnmal verfluchte *Rechtschreibung* dran. Ich glaube, daß während der ganzen langen Kinderzeit nichts anderes auch nur annähernd in gleichem Maße das Dasein verbittert und jedes Lernen verekelt, wie dieser höllische Unsinn der Orthographie. Müller-Holm sagte darüber (S. 105) : „Man mache sich nur einmal klar, welche Unsumme von Zeit und Kraft an die lächerlichen Quisquilen der Rechtschreibung verwandt wird ! Welche Aufgabe für einen Lehrer (der darüber wirklich diesen Namen verdient), den Schüler darüber aufzuklären, ob er Drechsler zu schreiben habe oder Drechfler, bescheid sagen oder Bescheid sagen, ergibig oder ergiebig, Star oder Staar. Diese offizielle *Schulorthographie* ist *ein Wust von Unsinn und Inkonsequenz* . . . . . Nicht viel vernünftiger ist der Sport, der mit der *Interpunktion* getrieben wird, zur Qual der Schüler und zum Verdruß der verständigen Lehrer . . . . . Sogar die deutsche *Grammatik* wäre zu drei Vierteln entbehrlich. Mit der sprachlichen Ausdrucksfähigkeit jedenfalls hat sie gar nichts zu tun. Was kann sinnloser, geisttötender sein, als die Uebungen in der Satzanalyse, womit die Schüler in allen Schulen jahraus jahrein gemartert werden. . . . . . Sicherlich schreibt einer nicht besser und richtiger, weil er die verschiedenen Arten von Adverbialsätzen bestimmen kann oder weil er den Unterschied von Entscheidungs- und Ergänzungsfragen kennt".

Aber auch die Rechtschreibung ist — so sehr man zunächst darüber lachen wird — wieder nur ein Auswuchs der Machtpolitik des Staates. Eine „deutsche Sprache" nämlich *gibt* es eigentlich gar nicht (so komisch das klingt), sondern nur Dialekte. Diese sind zum Teil recht verschieden voneinander. Darum wurde das „Hochdeutsch" geschaffen, das ein durchaus künstlich konstruiertes Idiom, nicht ein natürlich gewachsenes ist. Der Staat hat ein dringendes Interesse daran, bei seiner Untertanenschaft die Suggestion zu erwecken und zu erhalten, als ob sie ethnologisch alle Kinder der einen Mutter, Glieder einer großen Familie, hingegen die Nachbarvölker danebenstehende Fremdlinge seien. Daher geht seit Urzeiten stets das Streben des Staates auf „Nationalisierung der Sprache", auch in dem Sinne, daß Dialekte nach Tunlichkeit diskreditiert werden. So wurde in Frankreich *ein* Dialekt, der der Isle de France, als der allein gesellschaftlich feine durchgedrückt und dem Volke aufoktroyiert. In Norwegen wird jetzt, nach seiner Trennung von Dänemark, ein „Landsmaal" mit allen Mitteln nationaler Begeisterung lanciert, das ganz ebenso, wie das Hochdeutsch bei uns, eine Art neutraler Extrakt aus allen Dialekten ist. Im alten Griechenland gelang die Durchsetzung eines einheitlichen „Hellenisch" erst nach der politischen Einigungsaktion der Philipp und Alexander, während zur klassischen Zeit die Dialekte vollkommen nebeneinander als Schriftsprache fungierten. In Deutschland ist nun die fatale Situation, daß die Dialekte — ähnlich den griechischen — im Vokabular, der Ausdruckweise und Phraseologie zwar nicht allzugroße Verschiedenheiten aufweisen, wohl aber in der Aussprache. Ein Tiroler und ein Mecklenburger Bauer, ein Schwab und ein Ostpreuße, ein Badenser und ein Rheinländer können sich oft kaum verständigen. Da ist denn der einzige Ausweg, welcher ein einheitliches „Schuldeutsch" ermöglicht, die Schaffung einer einheitlichen, natürlich ganz gekünstelten Orthographie, die nun den Kindern, auch in der Volksschule, mit aller Gewalt eingedrillt wird. Sie vergiftet ihnen zwar die Schulzeit, macht sie aber dafür eben zu einheitlichen „guten Deutschen", während die „Ausländer", wie Holländer, Dänen, die „Lüt vom Schwyzer Dütsch", Schweden etc. als nicht zum deutschen Volk gehörende Fremde, womöglich gar Feinde, danebenstehen, obgleich ihre Sprachen genau ebenso den germanischen Dialekten angehören, wie etwa der sächsische oder schlesische. Hätten wir keinen deutschen *Staat*, so hätten wir auch kein Hochdeutsch und demgemäß keine deutsche Rechtschreibung, (vermutlich aber dafür eine internationale oder mindestens gemeineuropäische Neutralsprache, deren Entstehung jetzt von allen Seiten mit freundlichstem Lächeln und scheinbarem Entgegenkommen erfolgreich sabotiert wird, wie — der Zollabbau oder die Abrüstung).

Die so viel ersehnte konsequente „Fonetik" der Schreibweise ließe sich natürlich ganz einfach und leicht herstellen: Aber dann würde das Märchen von der einheitlichen Familie des deutschen Volkes zu ostentativ in die Brüche gehen, und das muß verhütet werden. *Darum* quält man unsere Kinder nach wie vor mit einer schon lieber *ganz* unfonetischen sog. „historischen" Orthographie. *Darum* jongliert man kunstvoll mit einem Unterschied von „Sprachen" und „Dialekten" der faktisch nicht aufrecht zu erhalten ist: Dialekte sind verschiedene (jedoch stammverwandte) Sprachen, deren Träger derselben politischen Regierung unterworfen sind. Bei Dialekten, deren Träger verschiedene Staaten bilden, spricht man von „Sprachen". Wo die Sachlage prekär wird, wie bei Fanzösisch und Provencalisch, Russisch und Ukrainisch, macht man dann schöne Redensarten.

Aber gerade das, was Müller-Holm als nachteilige Folge der Rechtschreibung hervorhebt: daß sie „eine Unsumme von Zeit und Kraft" vergeudet, das ist ja eben ein Moment, das beim Staat *für* ihre Beibehaltung spricht. Denn der Staat *braucht* ja eben Lehrgegenstände, die mit dem Anschein sachlicher Unentbehrlichkeit eine möglichst weitgehende Inanspruchnahme von Zeit und Kraft des Schülers verbinden, damit genügend Anlaß ist, ihn zu „disziplinieren" und ihm alle Fähigkeit und Neigung vergeht, außerhalb der Schule seinen Geist noch mit Dingen zu befassen, die für den *Staat* „Allotria" sind.

Man mißverstehe mich nicht: Ich stelle mir natürlich nicht vor, daß an der Spitze der Schulverwaltung Männer stehen, die bewußt darauf hinarbeiten, den Lehrplan so zu gestalten und die Schulorganisation so einzurichten, daß der Schüler verblödet und Maschine wird. Aber das Zeitalter der Psychoanalyse hat uns ja gelehrt, die Triebkräfte menschlicher Handlungen nicht in *den* Motiven zu suchen, die der Handelnde in ehrlicher Meinung als solche angibt, sondern in jenen dunklen Regionen, des Unterbewußtseins, wo sich die dem Handelnden selbst unbekannten Vampyre der Tiefe tummeln. Die Erkenntnisse der Psychoanalyse aber sind durchaus auch auf den Staat und seine Leiter anzuwenden. Glaubt nicht an ihre offenen Motive, sondern lest zwischen den Zeilen, die euch die *Wirkungen* ihres Handelns schreiben. *Dort* findet ihr die Wahrheit!

Was die deutsche *Grammatik* anlangt, so besinne ich mich noch mit erschreckender Deutlichkeit, welche Pein und Qual es mir bereitet hat, mein junges Hirn mit so schweren Wörtern und so abstrakten Begriffen, wie Substantiv, Präposition, Adverbium, Objekt usw. zu martern. Die Bürde dieses zugleich gedanklich schwersten und dabei trockensten und langweiligsten Lehrstoffes legte alle Arbeitskraft lahm und züchtete den ersten Widerwillen gegen das zwangmäßige Lernen für die Schule überhaupt. Aber unentwegt mußte ich ein Menschenalter später mit meiner Tochter dasselbe erleben und jetzt an meiner Enkelin zum dritten Mal. Und dabei kommt die Zeit, wo im jugendlichen Menschen von selbst die Freude an begrifflichen Unterscheidungen und sprachlichen Klärungen lebendig wird, wenn man ihn sich selbst überläßt !

Ist dann der Schüler über die Hölle der Rechtschreibung und Grammatik glücklich hinweggekommen, dann öffnet sich ihm das Tor zu den zwei obersten Stufen des „Deutsch“: dem „Aufsatz“ und der „Literaturstunde“.

Gegen den deutschen Aufsatz ist von schulreformerischen Kreisen schon so Vieles und Gutes geschrieben worden, daß ich nur schon Gesagtes wiederholen könnte. Müller-Holm sagt auch hierüber sehr gut: Er besteht „entweder (und das ist der günstigste Fall) in bloßem Wiederkäuen des vom Lehrer gebotenen und nach allen Regeln der Kunst vorexerzierten Stoffes oder gar in leerem und widerwärtigem Phrasengedresch“. Dies letztere namentlich bei den beliebten abstrakten Themen, wie Sentenzen und dergleichen. Wird aber das Thema aus der klassischen Dichtung oder der Geschichte entnommen, so ergibt sich die Verlogenheit des Aufsatzes aus der (noch aus Ciceros Reden stammenden, scholastischen, aber von unserer Pädagogik krampfhaft festgehaltenen) formalen Forderung der Disposition, und zwar der Dreiteilung in Einleitung, Hauptteil und Schluß, die sich in keiner sachlich berichtenden Abhandlung irgendeines Fachschriftstellers finden (es sei denn, als verhängnisvolles Ueberbleibsel aus seiner Schulzeit).

Es ist Müller-Holm nur zuzustimmen, wenn er schreibt (S. 75 f.): „Je mehr Erfahrungen ich mit dem Aufsatz mache, desto deutlicher wird mir, daß *die Aufsatzübungen der Schule* so gut wie *völlig überflüssig*, hingegen *sehr oft schädlich*, in hohem Grade schädlich sind. — Wer überhaupt denken kann, wird auch ohne die pädagogischen Künste des Aufsatzlehrers ganz von selbst sich gut und richtig ausdrücken, vorausgesetzt, daß er den Gegenstand beherrscht .... Aber etwas anderes kann die Schule bewirken: sie kann schlechte Schreiber züchten. Es kann nämlich nur der gut über eine Sache schreiben, der sie vollkommen *beherrscht* .... Die Schule zwingt den Schüler unaufhörlich, über Dinge zu schreiben, die ihm nur sehr unvollkommen bekannt sind. Bei den abstrakten Themen ist dies selbstverständlich" .... und bei anderen, die vorher doziert worden sind und bei denen er sich nun freier ergehen soll, „ist der Phrase Tür und Tor geöffnet" und das „macht sich dann im späteren öffentlichen und gesellschaftlichen Leben in höchst widerwärtiger Weise bemerkbar".

Einige Proben von Schüleraufsätzen, die der Autor aus eigener Praxis dann wiedergibt, bestätigen sein Urteil sehr ergötzlich und erweisen das „gräßliche Deutsch", den „elenden Satzbau", die „falsch angewendeten Ausdrücke", die „unerträglichen Breiten", zu denen die Schüler durch den leidigen deutschen Aufsatz erzogen werden.

Seine Kritik ist durchweg berechtigt. Was er aber wiederum nicht sieht, das sind die „Vampyre des Unterbewußtseins", die den deutschen Aufsatz trotz aller seiner unverkennbaren Uebelstande am Leben erhalten: Es gibt kaum ein wirksameres Mittel, den Halbwüchsigen, ohne daß sie selbst es merken, die Eigenschaften eines *guten Staatsbürgers* ins moralische Bewußtsein einzuflößen, sowohl durch Auswahl geeigneter Themen, als bei deren Vorbesprechung. Dadurch, daß der Schüler sie dann in „schöpferischer" eigener Arbeit gedanklich ausgestaltet und ausspricht, werden sie in ihm zu anscheinend in seinem Innern selbst entstandenen Ueberzeugungen.

Gleichartige Strebungen müssen es auch gewesen sein, welche zur Einführung der *Literatur* in den Schulbetrieb geführt haben. Denn sonst wäre es einfach unverständlich, wie man auf die absurde Idee verfallen konnte, Jahre hindurch in jedem Semester z. B. ein Drama von Schiller oder sonst ein klassisches Dichterwerk in einer mit 30 bis 50 Schülern besetzten Klasse Zeile für Zeile laut lesen zu lassen, um dann „erläuternde Betrachtungen" daran zu knüpfen. Daß jede ästhetische Freude an dem Werk damit im Keim erstickt wird, versteht sich von selbst. Ein Fachmann (Böhme in der „Pädagogischen Reform", Heft 8, zitiert bei Müller-Holm) fragt ganz mit Recht: „Ist es überhaupt möglich, ruckweise Interesse, Spannung, Mitleid, Furcht zu erwecken und großzuziehen, dann abseits in einem Gedächtniswinkel kühl aufzubewahren, um sie nach einer Mathematik-, Grammatik- oder Turnspiel-Stunde für zehn Minuten gut konserviert wieder hervorzuholen und durch zehnmalige Wiederholung dieses Verfahrens zu steigern?“ Sieht man von der dadurch indirekt gepflegten Gesinnungszüchtung ab (wie sie am schönsten bei Schillers — daher auch meist auswendig gelernter und mit Aufsätzen zu Tode gehetzter — „Glocke“ möglich ist), so bleiben überhaupt nur noch zwei Gedanken zur Rechtfertigung der Literaturpflege in der Schule: der eine, daß man den Schülern die Literatur so *verekeln* möchte, daß sie niemals mehr von selbst daran tasten und daher von der Lektüre der dem Staatsinteresse abträglichen Werke, wie die Räuber, Kabale und Liebe, Fiesko, Heines Ardhingello, Schubarts Fürstengruft, ja ganzer oben unliebsamer Dichter, wie Wieland, Herwegh, Heine, Börne und anderer gar nichts oder bestenfalls erst in vorgerücktem, bereits genügend verspießerten Lebensalter etwas erfahren. Der andere: daß man einen — der Öffentlichen Meinung gegenüber leicht zu vertretenden Stoff haben will, um den Schülern in der Schule und vor allem auch daheim (mit Hauslektüre und dergl.) Zeit, Kraft und Gedanken dermaßen zu beschlagnahmen, daß sie für andere von der Schule *nicht* sanktionierte, ihr geistiges Eigenleben fördernde Gegenstände nichts davon mehr übrig behalten. Eine Stütze findet diese etwas zynische Auffassung in dem Ausmaß, mit welchem im Literaturunterricht eine so gleichgültige Sache, wie die Metrik, überhaupt die Verslehre betrieben wird (auch in der antiken Literatur übrigens), die Müller-Holm mit Recht dem „grammatischen Wust“ in der allgemeinen Deutschlehre zur Seite stellt. Er sagt — (ich muß ihn immer wieder zitieren) — : „Man kann ein Gedicht . . . . vollkommen würdigen und braucht darum doch weder vom Jambus noch vom Trochäus, weder von umfassenden, noch gepaarten, noch gekreuzten Reimen, weder von weiblichen noch von männlichen Ausgängen, von Cäsuren, Diäresen und dergleichen je etwas gehört zu haben. Dennoch hält die Schule daran fest . . . . . Dinge, die ganz ohne Anteil des Verstandes und Gemüts nur auswendig gelernt werden.“

Daß die den Literaturtrieb ergänzende *Literaturgeschichte* neben dem Zweck zeitmordender Geistesinanspruchnahme vor allem der Züchtung nationaler Ueberhebung dient, braucht wohl nicht erst erwiesen zu werden. Der Schüler soll durch sie von dem Empfinden durchdrungen werden, daß die deutsche Literatur eine geradezu unübersehbare Fülle von hoher Geistesproduktion darstellt, neben der das Ausland — von dessen Literatur er ja so gut wie nichts oder nur ganz nebenbei ein paar Brocken erfährt — sich in keiner Weise blicken lassen könne. Selbstverständlich wird das in *jedem* Lande so gemacht. In Deutschland züchtet man so den Stolz auf „das Volk der Dichter und Denker", in Frankreich den auf die „grande nation", in Amerika den auf „gods own country", in Rußland auf „matka Rossija" usw., und entsprechend die Geringschätzung der „dirty foreigners", des „faulen Westens" usw.

Fremdsprachen.

Der Unterricht im Deutschen und in der Literatur führt uns zu dem in Fremdsprachen. Von ihnen, namentlich vom Lateinischen, wird ja immer behauptet, daß sie als *Instrument geistiger Schulung* unvergleichlich wären. Hieran ist in der Idee sogar etwas Wahres: Die Sprache zeigt daß innerste Denken des Menschen und wenn man sich mit Sprachwissenschaft näher beschäftigt, so erstaunt man über die verblüffend verschiedene Art und Weise, wie verschiedene Gruppen des homo sapiens ihre Gedanken zum Ausdruck bringen. Man vergleiche einmal, wie dieselbe einfache Mitteilung sich gestaltet etwa in den chinesischen Dialekten, in denen der Banstuneger, in der Sprache der Eskimos, der Samoaner, in den semitischen Sprachen, im Türkischen usw.: Die „isolierenden Sprachen" des fernen Ostens stellen einsilbige, nicht weiter zerlegbare Wörter ohne jedes Zeichen ihrer Zugehörigkeit zu einer bestimmten grammatischen Kategorie oder ihres Verhältnisses zum ganzen Satz nebeneinander und lassen ihre Bedeutung nur durch die Stellung im Satze hervortreten, wozu überdies noch die Eigentümlichkeit kommt, daß die gleiche Wortsilbe durch die *Art des Tons*, mit dem eie ausgesprochen wird, eine ganz verschiedene Bedeutung erhält. Die afrikanischen Negersprachen umgekehrt verbinden jedes Wort mit einem bestimmten Präfik, welches anzeigt, zu welcher begrifflichen Gruppe der damit ausgedrückte Begriff gehört: Person, Ding, Menge, Lebendiges, Beschaffenheit, Individuelles, Richtung, usw.; im ganzen (je nach dem Dialekt) 1½ bis 2 Dutzend, während die *Wortstellung* kaum eine Rolle spielt. Die grönländische Sprache macht jeden Satz zu einem einzigen Wort, indem in das wesentliche Grundwort die damit verbundenen weiteren Begriffe in Art von Suffixen formal eingefügt werden. (Statt: „Eine amüsante Geschichte ist folgende": würde sie etwa sagen: „Zunge MißbesitzEinzigartigesergötzlichessogewordenes".) Die türkische Sprache (und ebenso die ungarische) zeigen die Eigentümlichkeit der sog. „Vokalharmonie", daß sich nämlich jeweils der Vokal der (in großer Zahl vorhandenen) Suffixe dem Vokal des Grundwortes anzupassen hat und alles, was durch Vokalharmonie zusammengehalten wird, als *ein* Wort anzusehen ist. Die semitischen Sprachen haben die Eigenart, daß ihre Worte nur aus drei Grundkonsonanten gebildet werden, während die verschiedenen (ungeschriebenen) Vokale dann die nähere Bedeutung anzeigen und modifizieren (z. B. beim Verbum: Aktiv, Passiv, Gegenseitigkeit, Wiederholung, Insentität, Kausalität u. a. m.). — Man sieht aus diesen kurzen Andeutungen bereits, welch einen in der Tat außerordentlich das Denken schulenden Wert es haben könnte, wenn die Schüler etwa die nordchinesische Umgangssprache, die ägyptisch-arabische Umgangssprache, die Osmanlisprache, die Szubijasprache (der südafrikanischen Neger am oberen Sambesi), die grönländische Sprache und vielleicht noch die samoanische Sprache in den Grundzügen lernen würden oder wenigstens drei bis vier derselben. Dabei würde es durchaus genügen, wenn sie die Grundlagen sich soweit aneigneten, daß sie einen ganz einfachen kurzen Text ungefähr dem gedanklichen Inhalt nach entziffern könnten. Das würde ihnen sogar viel Spaß machen und noch lange nicht so viel Zeit und Kraft in Anspruch nehmen, wie jetzt auf Englisch und Französisch, Latein und Griechisch verwendet werden muß.

Aber es ist ja offenes Geheimnis, daß die „Schulung des Geistes" nur ein Vorwand ist. Das erweist schon die Auswahl dieser vier europäischen Sprachen. In ihrem Bau sind sie einander so gleich, daß kaum irgendwie die Verschiedenheit menschlicher Denkweise dabei zutage treten kann: es sind alles indogermanische Sprachen von sogar naher Verwandtschaft; nicht mal auf die beiden Hauptgruppen der sog. „centum"- und „satem"-Sprachen verteilt!

Das Lateinische und Griechische ist einfach ein absolutes Ueberbleibsel aus der Zeit des Humanismus. Für die Aufrechterhaltung des *Griechischen*, das mit seinem großen Formenreichtum ungewöhnliche Ansprüche an mechanische Gedächtnisarbeit stellt, sind auch nicht die fadenscheinigsten Gründe mehr beizubringen. Die griechischen Meisterwerke liegen längst in ausgezeichneten Uebersetzungen vor und wo sie dennoch unvollkommen (wie jede Uebersetzung) bleiben müssen, reicht der Gymnasialunterricht auch nicht entfernt aus, den Schülern auch nur das Verständnis dafür nahezubringen. Die einzige praktische Folge des griechischen Sprachunterrichts ist, daß den Schülern das wenige, was sie lesen, durch die Sprachpaukerei verekelt wird und daher die große Gesamtliteratur des griechischen Altertums ihrer krassen Unwissenheit ein unbekanntes Land bleibt. Das *Latein*, auf welches, abgesehen Ton der den Hausaufgaben zu widmenden Zeit, dreitausend Unterrichtsstunden oder mehr verwendet werden (!), wird angeblich gebraucht, weil später der Jurist das corpus juris, der Theologe die Vulgata, der Historiker die mittelalterlichen Urkunden lesen, der Mediziner seine lateinischen Fachausdrücke verstehen müßte. In Wirklichkeit wird heute vom corpus juris nur gerade beim Referendarexamen noch 10 Zeilen Probe gelesen, weil die Studenten nun doch einmal von der Schule her lateinisch kennen. Das mittelalterliche Latein etwa eines Capitulars Karls des Großen oder der lex Ripuaria ist von dem in der Schule gelehrten Ciceronianischen Latein so verschieden, daß der Student es beinahe neu lernen muß. (Das habe ich im Juristischen Seminar an den leges barbarosiem mit Schmerzen selbst feststellen müssen.) Die lateinischen Fachausdrücke der Medizin sind genau so ein alter Zopf, wie die der Jurisprudenz es bis vor kurzem waren und würden zum Segen der Sache, wenn eben nicht die nun einmal vorhandene Lateinkenntnis zur Stütze des Standesdünkels ausgenutzt werden sollte, ebenso schnell und einfach verschwinden, wie in der Jurisprudenz, wo das BGB. mit einem Schlage mit der Kumulation, der Exceptio plurium, der Realkaution, der Inquisitonsmaxime, der Präsumtion, der Eventualmaxime, den Korreal- und Solidar-Obligationen, den Konsensualkontrakten, der Superficies und Ephyteusis, den Prädialservituten und all diesem für unentbehrlich angesehenen abgeschmackten manirierten Bombast ein plötzliches Ende machte, so daß nun nicht mehr der Richter, wie noch unserer biederer Amtgerichtsrat M. in O., das polnische Bäuerlein durch den Einwurf verblüffen kann: „Sie mußten doch wissen, daß Sie dem Käufer das praedium liberum zu prästieren hatten?“ (das Grundstück lastenfrei zu übergeben).

Bei Englisch und Französisch kann nun von einer Geistesschärfung sicher nicht die Rede sein; denn beide Sprachen stehen unserer deutschen Ausdrucksweise so nahe, daß lediglich eine Reihe von unwesentlichen Anglizismen und Gallizismen als Besonderheiten festzuhalten sind. Alles andere ist Ausspracheschwierigkeit und vokabulares Gedächtniswerk. Beides wird durch einige Monate Berlitz-School erfahrungsgemäß viel leichter und besser erworben, als durch gymnasialen Schulunterricht, der mit langweiligen grammatikalischen Gesetzen und überströmender Formenlehre einsetzt und dabei das pedantische Ziel verfolgt, der Schüler müsse sich idiomatisch und lautlich so ausdrücken, daß man „ihm den Deutschen nicht mehr anhöre". (Was das für einen Zweck haben soll, weiß ich nicht, außer allenfalls für Spione.) Wie weit man praktisch mit dem Schulfranzösisch kommt, habe ich kennengelernt, als ich seinerzeit anläßlich eines Kongresses in Brüssel mir dort ein Paar Lackstiefel kaufen mußte: Das ganze Geschäftspersonal stand mit Sprachführern und Handwörterbüchern um mich herum und ich angstschwitzend in der Mitte. Und ich hatte doch neun Jahre lang französischen Unterricht gehabt, und war nicht der schlechteste Schüler gewesen.

Wenn man sich überlegt, ein wie geringer Bruchteil der Schülerschaft später im Leben wirklich einmal in die Lage kommt, mehr als ganz gelegentlich einmal durch einen Zufall überhaupt mit einem Engländer oder Franzosen zu reden oder korrespondieren, der nicht Deutsch versteht, und mit dem die Verständigung wirklich erwünscht ist, nicht bloß zum Vergnügen erfolgt, — und wenn man weiter bedenkt, daß mit Russen, Tschechen, Polen, Italienern, Schweden, deren Sprachen wir *nicht* lernen, wahrscheinlich mindestens ebensooft eine gleiche Situation sich einstellt, so wird man zugeben müssen, daß auch in Englisch und Französisch der Schulunterricht nichts als eine *zwecklose planmäßige Zeitvergeudung* darstellt, deren Ergebnis die wenigen, die es später brauchen können, freiwillig und außerhalb der Schule weit besser erzielen können.

Statt dadurch nur künstlich zu fördern, daß Englisch und Französisch tatsächlich Weltsprachen werden, sollte man lieber sich mehr für den sehr seriösen Gedanken einer synthetisch geschaffenen *europäisch-amerikanischen Gemeinsprache* interessieren, die — nachdem jetzt eine der allerersten Autoritäten der internationalen Sprachwissenschaft, der Kopenhagener Universitätsprofessor, Dr. phil. et litt, et jur. Otto Jespersen, mit einem sehr lesenswerten Werk („Eine Internationale Sprache", deutsch von Dr. S. Auerbach, Verlag der Universitätsbuchhandlung Carl Winter, Heidelberg, 1928) dafür eingetreten ist, und die Grundlagen dafür entwickelt hat, — tatsächlich die Gestalt eines lösbaren Problems gewonnen hat. Wenn die Staaten, wenn der Völkerbund es *gewollt* hätten, wäre auch das kümmerliche Esperanto, geschweige das bereits wesentlich einwandfreiere Ido, Occidental, Arulo oder andere Systeme als Internationalsprache anwendbar oder ausbaubar gewesen, könnten wir heute schon praktisch eine Weltsprache *haben*. Aber die Staaten haben samt und sonders alles Interesse, *keine* Weltsprache entstehen zu lassen, sondern im Gegenteil die Nationalsprache immer ausgeprägter und getrennter sich auswachsen zu lassen. Denn jede Beseitigung oder Abschwächung der Verschiedenheiten der staatlich eingezäunten Sprachgemeinschaften schwächt ja das stärkste Instrument des staatlichen Zusammengehörigkeitsgefühls und des Fremdheitsgefühls gegenüber dem Staats-*Nicht*angehörigen, das die Untertanenschaft kennt. Darum wird — genau wie bei der Heuchelei mit Pazifismus, Zollabbau, Abrüstung — ein *Staat* sich *nie und nimmer* — trotz aller schönen Redensarten bei Gelegenheit von Kongressen und dergleichen — darauf einlassen, praktisch etwas zu fördern, was ernstlich der Entwicklung von internationalem Gemeinschaftegefühl oder internationaler Organisation dient. Das widerspricht seinen vitalsten Herrschaftsinteressen.

Soeben erhalte ich eine in diesem Zusammenhang ganz interessante briefliche Nachricht: Ende März, Anfang April fand in Genf eine private Konferenz von einerseits den Vertretern der wichtigsten Weltsprachensysteme, andererseits hervorragenden Linguisten von Universitäten verschiedener Länder statt, um einerseits die offizielle Sprachwissenschaft dem Problem einer Weltsprache näher zu bringen, andrerseits die verschiedenen wichtigsten bestehenden Konkurrenzsysteme zu einer Annäherung und eventuellen Ausgleichung zu bringen.

Veranstaltet war diese von nur ca. 20 namhaften Fachmännern zusammengesetzte Aussprache von einer seit einigen Jahren in diesem Sinne tätig gewordenen mit erheblichen Mitteln ausgestatteten privaten Organisation der U. S. A., welcher hervorragende, wohlbekannte neutrale Privatpersonen verschiedenster Kreise angehören.

Es wurden auch erfreuliche Ziele erreicht, insbesondere die Schaffung einer neutralen Zeitschrift „Interlinguistica" und die Zusage, das Weltspracheproblem auf dem im Herbst bevorstehenden wissenschaftlichen Linguistenkongreß zur Sprache zu bringen.

Zwei namhafte Gelehrte, die zu dieser Konferenz eingeladen waren und zugesagt hatten, haben nun zu dieser harmlosen, rein wissenschaftlichen kleinen Tagung zur Förderung einer Weltsprache *keine Genehmigung ihrer Regierung erhalten*. Das waren die Professoren derjenigen beiden Länder, die ich hier loyaler Weise nicht nennen darf, die aber den Begriff *Staat* zur Zeit am krassesten durchgeführt haben.

Die Naturwissenschaften.

Das dritte große Fach des Lehrplans sind die *Naturwissenschaften*. Ich will gar nicht darauf eingehen, *was* man hier lehrt und *wie* man es lehrt. Schließlich kennt ja jeder Leser den Betrieb aus eigener Erinnerung zur Genüge. Es kommt in der Hauptsache wiederum auf Einpauken einer Masse von Gedächtnismaterial hinaus. Früher wurde in der Botanik z. B. die Morphologie in den Vordergrund gestellt: Da mußte man nach Schema F von jeder Pflanze über Wurzel, Stengel, Blätter, Blüten und Früchte Bescheid wissen — (an Hand wiederum von feststehenden Merkmalen: ob die Blätter sitzend oder gestielt, glatt oder behaart, ob herzförmig, nierenförmig, gefächert usw. sind, der Rand gekerbt, gezähnt, gesägt oder glatt ist.) — Jetzt ist die biologische Betrachtungsweise Mode: jetzt wird gepaukt, wie ihr Standort, ihre Ernährung, die Verbreitung der Samen, die Lockmittel der Blüte usw. sind. Genau ebenso in der Zoologie und Mineralogie; und nicht viel anders in der Chemie und Physik, nur daß hier mit Wonne mathematische Formeln und zu behaltende Gesetze abgefragt werden können. Müller-Holm sagt ganz richtig: „Eine einzige Woche auf dem Lande, unter Bauernkindern, im Stall, auf dem Felde, am Dorfteich verlebt, fördert weit mehr, als ganze Jahre dieses Unterrichts" (S. 70); insbesondere gilt das natürlich für die Stadt, wo jede Spur von Anschauung und Beobachtung fehlt.

In der Chemie und Physik versucht man ja, den Unterricht auf das Experiment zu stellen. Aber auch hier wird wohl jeder Leser sich entsinnen, wie kläglich die geistigen Ergebnisse dieser Bemühungen bleiben. Ein Münchener Fachmann, Dr. Ernst Weber, führt zutreffend aus („Die Deutsche Schule, Jgg. 15, 1911, Augustheft): „Da wird gemessen, gewogen, verteilt und gesammelt; Gläser werden gereinigt, Bunsenbrenner auf- und zugeschraubt, Korkpfropfen gebohrt, Röhren gebogen und gezogen usw.". Das macht den Jungens wohl ein äußerliches Vergnügen: „Es macht ihnen Spaß, wenn das Wasser an zu kochen, die Mischung an zu glühen fängt", insbesondere natürlich, wenn der Glasbehälter kaputt geht oder der Mischmasch explodiert oder auch, wenn das Experiment nicht glückt und der boshafte Apparat stillsteht wie ein Felsblock, während dem sich mühenden Lehrer der Angstschweiß auf der Stirn steht. All das kommt ja immerzu vor. Aber daß die Schüler davon *irgendwelchen geistigen Gewinn* haben, ist füglich zu *bezweifeln*."

Es ist aber auch absolut nicht einzusehen, welchen *Sinn und Zweck* der ganze naturwissenschaftliche Unterricht hat. Daß seine Ergebnisse zur „allgemeinen Bildung" gehörten, ist nichts als ein hohles Schlagwort. Mir ist immer als sehr charakteristisch folgendes erschienen: Ich habe — teils durch Versetzung meines Vaters nach einer anderen Stadt, teils durch mehrfaches Sitzenbleiben — niemals während meiner ganzen Schulzeit auch nur eine einzige Unterrichtsstunde in Chemie, ebensowenig Mineralogie gehabt: Das eine Semester, während dessen damals jeweils die Chemie bzw. die Mineralogie den naturwissenschaftlichen Unterricht ausmachte, ging immer zufällig gerade sorgfältig um mich herum. Ich habe nun aber andererseits auch *niemals* während meines ganzen, nun sechzigjährigen Lebens eine einzige Situation erlebt, in der mir dieser ostentative Mangel meiner Schulbildung im geringsten fühlbar geworden, überhaupt zum Bewußtsein gekommen wäre. Wo wirklich einmal ein Wissen auf diesem Gebiete — etwa in einer Unterhaltung — hätte erwünscht sein können, hat schlimmstenfalls eine ungescheute Frage oder ein Nachschlagen in einem populären Werk oder im Konversationslexikon die vorhandene Lücke schnell und vollkommen ausgefüllt, während ein Ueberbleibsel von ehemaligen Schulkenntnissen, selbst wenn sie vorhanden gewesen wären, zweifellos nur ein durchaus unzureichender Ersatz dafür gewesen wäre.

Man muß sich auch einmal klar machen, daß alle diese naturwissenschaftlichen Disziplinen sachlich in der Schule *gar nichts zu suchen* haben. Die Aufgabe der Schule wäre sinngemäß, die Kinder mit denjenigen grundlegenden Kenntnissen und Fertigkeiten zu versehen, deren sie bedürfen, um je nachdem ins praktische Leben hinauszutreten und einen Erwerbsberuf zu ergreifen oder — bei den höheren Schulen — zum Zweck des Studiums eines akademischen Berufes die Universität zu beziehen. Um diesen Anforderungen gewachsen zu sein, muß die Jugend zweifellos mehr oder weniger fließend lesen, schreiben und rechnen können, braucht auch vielfach (was auf der Schule sogar sehr *vernachlässigt* wird) eine gewisse Fertigkeit im Zeichnen und Stenographieren, muß vielfach sich schriftlich gewandt und prägnant ausdrücken können (wozu der Aufsatz ihr nur ganz mangelhaft verhilft), muß ungehemmt, klar, kurz und gut disponiert *reden* können (was sie in der Schule überhaupt nicht lernt). Für das Studium kann auch eine gewisse Beherschung der lateinischen Sprache nützlich sein und selbst einige Grundzüge der europäischen Geschichte ließen sich noch rechtfertigen im Hinblick darauf, daß sie ein Spalier bilden, an welches sich die Ranken der Geschichte einer späteren Spezialwissenschaft hie und da festbinden lassen. Was in aller Welt aber soll man mit den Naturwissenschaften anfangen?

Gewiß, wenn der Betreffende gerade Ingenieur oder Techniker, Architekt oder Mechaniker wird, so braucht er wenigstens Kenntnisse der Chemie und Physik, die er sonst eben auf der Universiät nachholen müßte, hat also nicht umsonst gelernt. (Wie gering freilich die Schulkenntnisse im Vergleich zu der darauf verwandten vielen Zeit und Arbeit einzuschätzen sind, ersieht man daraus, daß die Mediziner ohnehin auf der Universität erst noch das „Physicum" und die Studenten der Technischen Hochschule ein „Vorexamen" nachmachen müssen, zu dessen Erlangung sie vier Semester brauchen!) Aber für die ganze große Masse der übrigen Schüler ist der naturwissenschaftliche Unterricht genau so sinnlos, wie etwa für den späteren Apotheker eingepaukte Vorkenntnisse der Soziologie sein würden oder für den späteren Arzt die Elemente der indogermanischen Sprachwissenschaft.

Das vielstrapazierte Wort von der *„allgemeinen Bildung"* muß da wieder einmal zur Begründung herhalten. Aber wahre Bildung besteht in der Erlangung der allgemeinen formalen Fähigkeiten des Auffassens, Beurteilens und Darstellens, die gerade in der Schule verkümmern, Reichtum an Spezialkenntnissen gehört nicht nur an sich in die Fachbildung, sondern müßte sich vor allem, wenn man ihn schon mit gelten ließe, erstrecken auf diejenigen Lebensgebiete, welche wirklich *alle gleichermaßen* berühren.

Hierhin würde gehören in erster Linie die Kenntnis des eigenen Körpers und seiner Funktionen, erste Hilfe bei Unfällen und beginnenden Erkrankungen oder leichterer Unpäßlichkeit, Belehrung über die gesundheitlichen Erfordernisse der Wohnung, Kleidung, Ernährung, über Ansteckungsgefahren und vorbeugendes Verhalten (Schwindsucht), über das Geschlechtsleben des Menschen und seine Hygiene. Aber dabei wäre ja — Gott behüte! — die Behandlung des Geschlechtslebens und seiner Hygiene gar nicht zu vermeiden. Und noch etwas anderes: die absolut unzureichenden Lebensverhältnisse des Proletariats würden dabei kraß in die Augen springen. Also das scheidet schon von vornherein aus. So was ist für den Staat „tabu".

Etwas ebenso Notwendiges und Allgemeines wäre das ganze Gebiet der Nationalökonomie. Es ist sogar ein unerhörter Mangel, daß über dies für alle Menschen äußerst wichtige Gebiet der einzelne ganz auf den — stets natürlich einseitig im Parteiinteresse darstellenden — oberflächlichen und einseitigen Unterricht durch die Zeitungen und evtl. Parteiredner angewiesen ist. Aber auch hier wäre ja eine Erörterung der Wirtschafts*politik* überall im Zentrum der Darstellung und da der Staat ja hier im höchsten Maße selbst Partei ist, so wäre ihm eine solche Erörterung in der Schule höchst fatal. Nur „allgemeine Bürgerkunde" wird jetzt warm für die Schulen empfohlen, damit jedenfalls der Schüler zu einem überzeugten *Staats*angehörigen im Prinzip und eifrigem Wähler erzogen wird.

Auch die Grundzüge der Rechtswissenschaft ließen sich durchaus rechtfertigen. Denn jeder Staatsbürger, männlich oder weiblich, hat viel häufiger, als man auf den ersten Blick annimmt, Anlaß, sich mit rechtlichen Fragen zu befassen oder praktisch mit dem Gericht in Berührung zu kommen. Wer selbst einmal als Jurist tätig gewesen ist, weiß, wie enorm die Unkenntnis, wie verhängnisvoll die grotesken Begriffe sind, welche sich auch der gebildete Laie über rechtliche Dinge macht. Ueber Verantwortlichkeit, Unterlassung, Notwehr und Notstand, Zurechnungsfähigkeit, Absicht und Vorsatz, Fahrlässigkeit, mildernde Umstände usw. müßte in einer Kultur, in der ein jeder täglich einen Verstoß gegen das Strafgesetz begehen kann, auch ein jeder ebenso unterrichtet sein, wie über Rechte und Pflichten der Polizei (Haussuchung, Festnahme usw.), über Vorgehen bei Stellung eines Strafantrages und dergleichen Dinge der Praxis. Ueber ganz wesentliche Dinge des konkreten Strafrechts, wie Hausfriedensbruch, Briefgeheimnis, Grenzen der Körperverletzung, Freiheitsberaubung, Nötigung, Ehrverletzung usw. sind die meisten Menschen in rührender Unwissenheit. — Nun gar auf dem Gebiete des Zivilrechts! Es ist gar nicht zu berechnen, welch ein Bruchteil von Rechtsverletzungen und evtl. Klagen, geschweige denn Streit und Aerger vermieden werden könnte, wenn die Menschen nur ein wenig darüber klar wären, was man tun und verlangen darf und was nicht, so wie die Gesetze nun einmal sind.

Warum hat noch nie eine Regierung daran gedacht, all diese (und noch manche andere gleich beachtenswerte) Dinge zur „allgemeinen Bildung" zu rechnen, die in der Schule den Schülern beizubringen ist? Weil hieran der *Staat* kein eigenes *Interesse* hat. (Denn ob sich durch rechtzeitige Aufklärung hätte verhindern lassen, daß große Massen von Menschen sich vor Gericht streiten müssen, oder wegen Gesetzesüberschreitungen zu Geld- oder Gefängnisstrafen verurteilt werden, das ist dem Staate als solchem nicht nur gleichgültig, — im Gegenteil: Je stärker die Zivilgerichte in Anspruch genommen werden, je mehr Personen wegen leichter Verstöße gegen das Gesetz vor den Staatsanwalt kommen, desto gewaltiger und drohender steigt die Autorität und Macht des Staates, sein Prestige im Volke. —

Was aber hat er nun für ein Interesse an den *Naturwissenschaften*? Um das zu verstehen, muß man die Zeit studieren, zu welcher diese Disziplinen in den Schulunterricht eingeführt wurden: Es war die Epoche, bald nach der Mitte des vorigen Jahrhunderts, wo dem Staat die allseitige Bevormundung durch die *Kirche* und ihr Hineinreden in all und jedes sehr fühlbar und unbequem wurde. Sich ihr zu entziehen, dazu war er nicht imstande und das wäre auch mißlich gewesen, weil sie ihm immerhin „das Volk, den großen Lümmel“ an der Leine hielt. Aber er wurde doch ihr gegenüber recht verstimmt. Es trat bei ihm jetzt jener Gemütszustand ein, den die Psychoanalytiker mit dem Begriff der „Ambivalenz“ bezeichnen. In einer psychoanalytischen Arbeit fand ich einmal einen sehr interessanten Fall geschildert: Ein Kind bat die Mutter um Erlaubnis, zu den Spielgefährten hinunter auf die Straße gehen zu dürfen. Da aber die Mutter unpäßlich war und sonst niemand in der Wohnung war, der ihr hätte eine Handreichung tun können, so sagte sie dem Kinde, es solle lieber oben bleiben. Das Kind (das an sich seine Mutter liebte) tat das auch ohne Murren und Widerrede. Aber alle Spiele und Beschäftigungen, die es vornahm, waren so geartet, daß sie der Mutter auf die Nerven fielen: sie machten Lärm, sie schädigten die Möbel, machten das Kind schmutzig usw. — So ähnlich verfuhr auch der Staat: Er blieb an sich der Kirche willfährig, aber er gestaltete — natürlich nur, weil es die allgemeine Bildung der modernen Zeit so verlangte! — die Unterweisung des Volkes so, daß diesem Kenntnisse und Anschauungsweisen eingeflößt wurden, welche es mit biblischen Berichten und Ansichten der Kirche in Widerspruch bringen und der Kirche „auf die Nerven fallen“ mußten. Zweifellos ebenso unterbewußt und ohne direkte böse Absicht, wie das geschilderte Kind, aber deswegen nicht weniger wirksam. Verständlich, aber heute nicht mehr rechtfertigend, daß wir deswegen die Ueberbürdung unserer Schüler steigern.

Die Mathematik.

In engem Zusammenhang mit den naturwissenschaftlichen Disziplinen steht die *Mathematik*, — in so engem sogar, daß ihre Ergebnisse wenigstens für den Unterricht in der Chemie und Physik vielfach als erforderliche Hilfswissenschaft erscheinen. Daß in der Praxis jedermann heute die vier Spezies beherrschen können muß, bedarf keiner Erwähnung. Aber gerade dieser Lehrstoff eignet sich weniger, als mancher andere für den *Kollektiv*unterricht in ganzen Klassen. Was dem einzelnen in dieser oder jener Weiße schnell klar zu machen ist, wird, wenn es vor dreißig oder fünfzig Schülern schematisch an der Wandtafel demonstriert werden muß, einer großen Zahl von ihnen nur sehr unzulänglich zu eigen werden. Nun liegt aber gerade beim Rechenunterricht die Sache so, daß wenn ein Schüler in irgendeinem Punkte — sagen wir im Bruchrechnen — nicht ganz klar und firm geworden ist, der ganze weitere Unterricht für ihn wertlos bleibt und mit jedem weiteren Fortschritt im Pensum sich immer mehr verwirrt. Wenn nicht die Schüler aus eigenstem Antrieb sich gegenseitig in ihrer natürlichen, ihnen gegenseitig verständlichen Jungensprache zum Verständnis hülfen — (wie sie vernünftigerweise *alles* lernen sollten) —, so wäre der Zustand noch viel katastrophaler. Aber auch jetzt ist die Rechen- und Mathematik-Stunde, wie jeder weiß, für die überwiegende Menge der Schüler eine ständige Angst und Qual. Und das liegt in der Hauptsache daran, daß allen schematisch mit gleicher Altersstufe und durchgängig viel zu früh dieses abstrakte und für sie noch ganz interesselose Zeug mit Gewalt in den Kopf gepaukt werden muß. Dafür erzeugt es dann aber mit besonderem Erfolg jene eigenartige Mischung aus seelischer Einschüchterung und geistiger leichter Verblödung, die dann nach Verlassen der Schule so ausgezeichnet Untertanengeist zu kneten gestattet, (je nach Bestellung in nationaler, sozialer oder klerikaler Nüance).

Kann man sich beim einfachen Rechnen nun noch damit trösten, daß ihnen hier wenigstens etwas an sich Nützliches — wenn auch mit viel Zeitverlust und unnötiger Anstrengung — beigebracht wird, so läßt sich dies für die Mathematik durchaus nicht mehr geltend machen. Die offizielle Entschuldigung dieses Unterrichts ist, daß er eine ausgezeichnete und unentbehrliche Methode zur *Schulung des Denkens* sei. Aber da möchte ich ein großes Fragezeichen daneben machen. In der Geometrie hängt das Verständnis in hohem Maße von dem Grade des Anschauungsvermögens, namentlich des abstrakten, ab. Das ist aber absolut keine Fähigkeit, die man sich erarbeiten kann, sondern Sache der visuellen Grundanlage der Persönlichkeit. Wer sie besitzt oder gar „eidetisch" veranlagt ist, dem werden alle geometrischen Aufgaben und Probleme leicht; wer akustisch veranlagt ist, wird niemals ein Held in der Geometrie werden. — In der Arithmetik kommt es vielleicht etwas auf intensive Konzentration an: aber in beiden Disziplinen spielt schließlich doch das rein Gedächtnismäßige, die trigonometrischen und stereometrischen Formeln, der binomische Lehrsatz und dergleichen die Hauptrolle. Wer sie ordentlich auswendig gepaukt hat, wird mindestens in der Prüfung sich immer noch durchzuheften wissen. Und da dies für den Schüler doch das Ziel aller seiner Arbeit ist, so konzentriert sich in Wirklichkeit doch die Arbeit auch auf dem Gebiete der Mathematik wesentlich auf Gedächtniswerk. Unbestreitbares Faktum aber ist, daß Neigung und Begabung für Mathematik und Rechnen etwas äußerst *individuelles* ist. Es gibt eine (relativ kleine) Anzahl von Schülern (und merkwürdigerweise, was man bei dem trockenen und abstrakten Charakter dieser Disziplin nicht vermuten sollte, auch Schülerinnen), welche für dieses Fach ausgesprochenes Interesse haben und dann auch etwas in ihm leisten; für die überwiegende Mehrzahl sind die Mathematik-Stunden Gegenstand des Schreckens und der Verzweiflung, und zwar sehr bezeichnend: keineswegs etwa nur für solche, bei denen an sich Aufmerksamkeit, Konzentration und abstraktes Denken schwer fällt, sondern recht häufig gerade auch für Schüler, die sonst als begabt, gescheit und fleißig gelten und in anderen Fächern — selbst in den doch ebenfalls als „Schulung des Geistes" so gerühmten Sprachen — gut stehen. (Alexander Kielland schildert uns sehr lebenswahr und anteilerweckend ein solches Unglückswurm in dem kleinen Marius im ersten Kapitel seines Romans „Gift"). Ich habe denn auch niemals die Erfahrung gemacht, daß nun das obligatorische Studium der Mathematik einen Schüler anderer — etwa mehr träumerischer, künstlerischer oder handwerklich-praktischer — Veranlagung irgendwie im Sinne abstrakter Geistesschulung gefördert hätte. Ich habe stets nur gefunden, daß es Schüler gibt, die von Anfang an Fühlung mit Rechnen und Mathematik haben, und solche, die sie nie bekommen und bei denen die zwangsweise Befassung damit nur eine sinnlose Quälerei bedeutet, während die Mittelgruppe sich recht und schlecht zum Examen durchmogelt. Die erste Gruppe würde sich auch in Freiheit damit befassen, die zweite vor einer sinnlosen Quälerei bewahrt und dem Durchschnitt zwecklose Zeitvergeudung erspart.

Wenn ich von „Schulung des Geistes“ reden höre, fällt mir immer wieder eine kleine Episode aus der Magdeburger Tagung des „Vereins für Sozialpolitik“ vor jetzt gerade zwanzig Jahren ein. Damals handelte es sich um die beste Vorschulung für uns „praktische Volkswirtschaftler“, für deren bessere Neugestaltung sich deren Fachorganisation, der von mir gegründete „Deutsche Volkswirtschaftliche Verband“ beim „Verein für Sozialpolitik“ eingesetzt hatte. Gegenüber der von ihm gerügten vielfachen Bevorzugung von Juristen als Beamten volkswirtschaftlicher Organisationen verfocht damals eine größere Gruppe auf der Tagung den angeblich unübertrefflichen Wert des juristischen Studiums als „Schulung des Geistes“ und empfahl daher die Einbeziehung desselben in die Vorbildung auch des Volkswirtschaftlers als ebenso unerläßlich, wie für die Gymnasialbildung Latein und Mathematik. Da erhob sich der alte Knapp aus Straßburg, damals der Senior der deutschen Nationalökonomie und einer ihrer berühmtesten Vertreter, und erklärte mit seinem feinen Sarkarsmus: „Meine Herren! Wenn es sich um die „Schulung des Geistes“ handelt, da gibt es nach meiner langjährigen Erfahrung nur *eine* Methode, die wirklich Erfolge erzielt und sowohl Latein und Mathematik, wie Jurisprudenz weit in den Schatten stellt: Das ist das Studium des *Talmud.* Sehen Sie sich die jungen Ostjuden an, die ihre ganze Jugend den Spitzfindigkeiten und Sophismen des Talmud haben widmen müssen, — da finden Sie in der Tat eine dadurch erlangte Schärfung des Denkens, wie sie keine unserer westeuropäischen Disziplinen bewirkt“. Das Protokoll verzeichnet dazu „Große anhaltende Heiterkeit“. Aber wie ist es: Vielleicht führen wir auch den Talmud noch in unser Schulpensum ein? Es wäre eine glänzende Gelegenheit zu neuer Inanspruchnahme der Zeit und Kraft unserer Jugend.

Turnen.

Ein interessantes Nebengebiet des Lehrplans, das noch kurz gestreift sei, ist das *Turnen.* Wir sahen schon in anderem Zusammenhang, wie von der Schule ursprünglich alles, was dem natürlichen Trieb der Kinder entsprang, wie Baden, Schliddern und jede Art körperlichen Austobens als eine für das Staatsinteresse nicht nützliche Allotria mit strengen Strafen verfolgt wurde. Völlig vergeblich war es, daß die namhaftesten Pädagogen — ich nenne nur: Komensky, Locke, Rousseau, Basedow, Salzmann, Guts Muths, Vleth, Pestalozzi und andere — systematische Leibesübung als unerläßlichen Teil der Erziehung des Kindes immer wieder nachdrücklich gefordert hatten. Der Staat hatte hieran kein Interesse; im Gegenteil, wir wissen, wie der Schöpfer des deutschen Turnens, Fr. L. Jahn, als sich mit seiner Turnbewegung ein gewisser demokratischer Geist verband, von der Reaktion 1819 verhaftet und, nach Schließung seines Turnplatzes, von Festung zu Festung geschleift wurde, und wie man selbst trotz endlicher Freisprechung und wiederbewilligten Gehaltes sein Aufenthaltsrecht beschränkte, ihn unter Polizeiaufsicht stellte und die Turnbewegung nach Möglichkeit erstickte.

Auch die eindringliche Schrift des Arztes Ignaz Lorinser „Zum Schutz der Gesundheit in den Schulen“ 1836, worin er die Aufnahme des Turnens in den Lehrplan verlangte zum Ausgleich der den Kindern durch den Schulbetrieb zugefügten körperlichen Schädigungen, blieb noch ohne Ergebnis. Gesundheit und Wohlbefinden der Kinder war dem Staat nicht so wichtig. Erst als die französischen Gelüste auf die Rheingrenze 1840 eine *Anstachelung des Nationalgefühls erwünscht* machten und die Möglichkeit neuer kriegerischer Verwicklungen der Frage der *militärischen Tüchtigkeit des deutschen Volksheeres* neues Interesse gab, erinnerte man sich plötzlich des von den Pädagogen so empfohlenen Turnens und anerkannte plötzlich durch die Kabinettsordre vom 6. Juni 1842 das von den Pädagogen seit jeher empfohlene Turnen als „notwendigen und unentbehrlichen Bestandteil der männlichen Erziehung“, ja berief 1843 den vordem so anrüchigen Maßmann nach Berlin zur Einrichtung des Turnunterrichts in den Preußischen Staaten, wo es seit 1862 auch in allen Volksschulen eingeführt ist. Bei diesen kümmerlichen zwei Schulstunden wöchentlich blieb es aber auch und man weiß, welch eine klägliche, belächelte Rolle sie im Lehrplan spielten. Erst der sich immer bedrohlicher beziehende politische Horizont unter der Aera Bülows erweckte von neuem Rufe nach „körperlicher Ertüchtigung des Volkes“ — in Deutschland wie im Ausland.

Das Turnen wurde von den modernen Pädagogen neu entdeckt, und zwar entdeckte man neben seiner Förderung der körperlichen Tüchtigkeit namentlich auch seine Eignung zur *Disziplinierung*. Georg Kerschensteiner, der Offiziosus der Schulreform, ruft ganz entzückt aus: Es gilt, dem Schüler „seine eigenen Zwecke und Ziele als wesentliche Bestandteile der Zwecke und Ziele der Gesellschaft bzw. des *Staates* zur Erkenntnis zu bringen und dem muß das *Turnen* dienstbar gemacht werden". „Hier liegt noch ein fruchtbares Feld der staatsbürgerlichen Erziehung brach . . . . Denn nicht nur, daß hier treffliche Mittel zur Verfügung ständen zur Erziehung von *Gehorsam, Autoritätsgefühl*, Selbstbeherrschung, körperlichen Mutes, sondern sie enthalten *auch* eine Förderung der Gesundheit! („Staatsbürgerliche Erziehung der deutschen Jugend" M. Villaret, Erfurt 1909, S. 40 f.) Und „welchen hervorragenden Einfluß auf die Schulung des Willens das systematische Turnen ausübt, weiß jeder, der dieser Leibesübung selbst ergeben ist" (55). Auch hält er „unsere nationalgesinnten Turnvereine . . . . für ein gutes Mittel, *vaterländische* und *staatsbürgerliche* Gesinnung zu fördern" (56/57). Und die Ausbildung der körperlichen Tüchtigkeit durch das Turnen schließlich dient auch noch (nicht etwa dem persönlichen Wohle des einzelnen — das wäre Nebensache! —, sondern) der „*Stärkung der Wehrkraft* unseres Volkes" (85).

1910 schon wurde in Sachsen, von oben herab, ein „Landesausschuß für Jugendpflege" geschaffen und im Reichstag spielte bei den Schuldebatten im März 1912 die „Erziehung zur Wehrhaftigkeit" eine große Rolle. Auch die Sozialdemokraten blieben darin nicht zurück. Ihr Redner Heinrich Schulz sagte im Reichstag am 13. März 1912: „Auch wir werden nicht ruhen und nicht rasten, ... bis durch die Reichsschulgesetzgebung Deutschlands innere Einheit und Deutschlands Wehrhaftigkeit nach außen gesichert ist, wie es ohne ein solches Schulgesetz nicht möglich wäre". (Zitiert in seiner Publikation „Der Weg zum Reichsschulgesetz".)

Kunst.

Das Gebiet der *Kunst* ist für den Pädagogen in der Regel eine große Verlegenheit. Man hat das dunkle Empfinden, daß Kunst etwas recht Wichtiges im Leben ist und man sie daher den Kindern nicht ganz fern halten dürfte; andererseits weiß man absolut nicht, wie man es anfangen soll, die Kinder richtig mit Kunst zu befassen; schließlich hat man auch ein wenig das Bewußtsein, daß Kunst nicht unerläßlich wäre zum Leben, wie Essen und Trinken, also sieht man sie dennoch als Luxus an, die nur den Kindern besserer Stände nahegebracht werden müsse; und zwar bringt man sie ihnen in der Art nahe, daß sie nachher in Gesellschaft darüber reden können, ohne sich und ihre Lehrer allzusehr zu blamieren. Infolgedessen beschränkt sich die pädagogische Behandlung der Kunst zumeist auf eine für den Zweck allgemeiner Bildung zugeschnittene Kunst*geschichte*, wobei namentlich Architektur, Malerei und Skulptur in Betracht kommen, und Behandlung der nationalen Dichter und der Literaturgeschichte im Rahmen des muttersprachlichen Unterrichts oder in Anlehnung daran.

Niemandem ist bisher die Erkenntnis aufgegangen, daß die ganze Betrachtung und nun pädagogische Behandlung der Kunst an Hand ihrer *objektiven toten Produkte* einer (überdies ausgewählten) Anzahl von ästhetisch besonders begabt gewesenen Persönlichkeiten ein *Unsinn* ist; daß das, worauf es ankommt, allein *das subjektive Kunstschaffen* ist, nicht das nachträgliche passive Begaffen des verflossenen Kunstschaffens anderer Menschen.

Was *ist* eigentlich Kunst? Wenn man es wirklich allgemeingültig ausdrücken will, kann man nur sagen: Zu sinnfälligem Ausdruck bringen seelischer Gefühlsstimmungen durch materielles Handeln. Das künstlerische *Tun* allein ist es, was das maßgebende und wichtige ist, und zwar ganz subjektiv für den handelnden „Künstler"; nicht das bleibende materielle Ergebnis desselben und nicht für einen Dritten.

Ein jeder natürliche Mensch ist ebenso aus eigenem Trieb künstlerisch tätig, wie er aus eigenem Trieb ißt und trinkt oder schläft, spielt oder grübelt. Das Kind, das in jugendlicher Lust hopst und springt, sich im Sande sühlt und mit den Armen jauchzend herumfuchtelt, handelt aus demselben Antrieb, wie Laban oder Mary Wigman, wenn sie ihre feierlichen oder grotesken Phantasietänze aufführen. Das Kind, das frohmutig laut vor sich hin trällert, singt oder pfeift, das mit einem Stecken rhythmisch lärmend an die Wand oder auf den Tisch schlägt oder in der Küche mit Blechstürzen klappert, wird von denselben Antrieben bewegt, wie Franz Liszt, wenn er am Flügel phantasiert, und genießt dieselbe Lust dabei. Das Kind, das mit einem gefundenen Stück Kohle oder Kreide die Wände mit sinnlosen oder fratzenhaften Figuren vollkritzelt, genießt dieselben Schöpferfreuden wie ein Böcklin oder Liebermann. Das Kind, das am Strande aus feuchtem Sand sich eine „Burg" baut und mit Steinen und Muscheln, Holzstäben und Gras ausschmückt, leistet seelisch dieselbe Arbeit, wie der Architekt, der eine Kathedrale erbaut usw. Unverständnis des rationalen Erwachsenen, dem das Paradies der Kindheit längst verloren ist, läßt all das als kindisches Spielen und überflüssiges Zeitvertrödeln, wohl gar als einen die heiligen ernsten Gebrauchsgegenstände der Erwachsenen beschädigenden und beschmutzenden

Unfug ansehen, die Kinder deswegen geringachten, lächerlichmachen, verspotten, schelten, strafen, weil die Kinder, denen ihr Empfinden als natürlich und selbstverständlich für alle erscheint, nicht vermögen, Wert und Notwendigkeit ihres Treibens den Erwachsenen klar zu machen.

So wird in der Regel das subjektive Kunstbetreiben des Menschen schon in allerjüngsten Jahren im Keime erstickt, durch Verachtung und Hohn getötet, wenn nicht gar ausgeprügelt, statt liebevoll gepflegt und entwickelt und nur ganz wenigen Personen, in denen der Drang ästhetischer Betätigung des seelischen Empfindens so stark ist, daß es sich allem Widerstand zum Trotz durchsetzt oder in denen allmählich die Ausdrucksweise bereits so Erwachsenen ähnlich wird, daß die Eltern die Witterung bekommen, das Kind könnte mal etwas Objektives leisten, das ihrer, der Eltern, Eitelkeit entspricht, fördert man es; in der Regel gerade auf die falscheste Weise, indem man das ästhetisch beflissene Kind mit den objektiven Hinterlassenschaften früherer „Künstler" bekannt macht und diese ihnen als nachstrebenswertes Ziel vorhält. Die tiefe Wirkung des künstlerischen Schaffens für die eigene Seele des Kindes und ihre eventuellen abweichenden ästhetischen Bedürfnisse kommen in gar keinen Betracht; es wird Schablone gezüchtet.

Daß die Kunsterzeugnisse des Kindes dem Erwachsenen keinen ästhetischen Reiz erwecken, tut gar nichts zur Sache. Auch umgekehrt, wird einem Kinde eine Thoma'sche Landschaft oder ein Abschnitt aus dem Nibelungenring gar nichts sagen, während die Zeichnung eines Gleichaltrigen oder ein von ihm geträllertes Lied ohne Rhythmus und Harmonie ihm vielleicht sehr gut gefällt. Auch in der Kunst der Primitiven haben wir ja erst in neuester Zeit und nur mühsam und indirekt die ästhetischen Reize herausgefunden.

Die Gemäldegalerien und Kunstmuseen sollte man vom Erdboden vertilgen. Das eine oder andere Kunstwerk kann wohl mal diesem oder jenem Beschauer, der zufällig gerade ein seelischer „Landsmann" des Künstlers ist, ästhetische Stimmung gewähren, anderen wenigstens eine Kostprobe schmecken lassen. Aber das sind doch Zufallstreffer, wenn wir die große Masse der lediglich historisch oder technisch geleiteten „Interessenten" abrechnen. Grundsätzlich ist schon die Massen*anhäufung* von Kunstprodukten, gleich Obst im Lagerkeller, ein Zeugnis barbarischen Geistes und verhindert jede wirkliche künstlerische Wirkung.

Das eigentliche Wesen des Kunstlebens ist der Dilettantismus, nicht das berufsmäßige Künstlertum. Kunstschaffen zum Beruf machen — d. h.

hier zum *Erwerbsberuf*, zum Mittel des Broterwerbs — ist ein Mißbrauch der Kunst, der deutlicher als alles andere erkennen läßt, wie weltenweit wir überhaupt vom Begreifen des Wesens der Kunst und ihrer seelischen Aufgaben entfernt sind. Wenn der Künstler einwendet, ein echter Künstler könne nicht Kunst schaffen erholungsweise neben Schreibarbeit im Büro oder Bedienen im Ladengeschäft, und mit Platen spottet: „Tags auf die Kanzlei mit Akten, abends auf den Helikon", so ist das in zweierlei Hinsicht berechtigt: Erstens wird man Konzentrierung und völlige Hingabe an die eine Kunst brauchen, um ihre *Technik* vollkommen beherrschen zu lernen; zweitens soll man sich der Kunst widmen, wenn die Seele danach *verlangt*, und das kann zuweilen zu einer rationell recht unpassenden Zeit sein. Aber der Grad technischer Beherrschung der Mittel ist für die seelische Wirkung der Kunstausübung fast ganz gleichgültig; sie hat nur Bedeutung für den „objektiven" Kunstwert — lies Verkaufspreis — des dabei zustandekommenden Produktes; und der ist für den wesentlichen Zweck der Kunstausübung irrelevant. Und der Zustand, daß uns die materielle Berufsarbeit nicht mehr sklavisch in ihren Bann schlägt, sondern jeder jederzeit dem Rufe seines Geistes folgen und seine Zeit opfern darf, dem werden wir, als Erwachsene, erst in Generationen in einer höheren Lebensform uns widmen können, wenn äußerste Reduktion des Menschenbestandes auf der Erde und äußerste Reduktion der materiellen Lebensansprüche zugunsten der seelisch-geistigen das Wirtschaftsleben zu etwas relativ Unwesentlichem gemacht haben. Der heutige Zwischenzustand, daß *einige* Künstler dadurch, daß sie die *Produkte* ihrer Kunstausübung zum Mittel des *Gelderwerbs* machen, um für *sich* als privilegierte Mitmenschen heute schon jene Freiheit für Kunstschaffen zu erringen, rächt sich an ihnen selbst bitter dadurch, daß, um dies zu ermöglichen, sie Kunstausübung nicht mehr oder doch nur nebenher noch zur Auslösung seelischer Spannungen benutzen dürfen, sondern allenthalben auch sich durch die seelischen (und oft noch ganz andere) Bedürfnisse des zahlungsfähigen Abnehmers oder Bestellers beeinflussen lassen müssen und damit den Wert der Kunstausübung für ihre *Seele* schwer beeinträchtigen.

Kunstausstellungen und Kunstgalerien haben für natürliche Kunstausübung die analoge Bedeutung, wie etwa für allgemeine Pflege der körperlichen Leistung eine Sammlung von Filmvorführungen vergangener sportlicher Wettkämpfe. Von der Sensation reiner Neugier und Unterhaltung (Zeitvertreib) abgesehen, würde solche die eigene sportliche Betätigung niemals irgendwie ersetzen können, leicht aber davon eben abschrecken, weil die vorgeführten Glanzleistungen gewisser anderer den noch nicht sehr Vorgeschrittenen bzw. überhaupt weniger Befähigten lediglich deprimieren würden. Eine Jungenschar, die lustig und lärmend sich auf Schlittschuhen oder Schneeschuhen tummelt, ist tausendmal wertvoller, als die Vorführung der noch so verblüffenden Glanzleistungen eines Kunstläufers. Die Funktion der Kunst, das Ziel ästhetischer Lebensgestaltung, liegt keineswegs im passiven Genuß von Kunstwerten anderer, sondern in der eigenen Kunstausübung. Also nicht Lesen von Lyrik, sondern selbst dichten, nicht ins Theater gehen, sondern selbst schauspielern, nicht Plastiken ansehen, sondern selbst formen, in Plastilin, Lehm, Seesand, Holz u. a., nicht Bildergalerien besuchen, sondern selbst zeichnen und malen, nicht Museen anschauen, sondern selbst Kleidung, Schmuck, Gebrauchsgegenstände geschmackvoll herstellen, nicht Bücher über Architektur studieren oder Bauwerke anstaunen, sondern selbst Gebäude, Räumlichkeiten kunstvoll errichten. Ebenso in Wissenschaft nicht wissenschaftliche und philosophische Werke anderer lesen, sondern selbst nachdenken und grübeln.

Aber wohlverstanden: alles das nicht zu dem Ende, die materiellen Produkte dieses Tuns dann zum Anstaunen selbstbewußt in die Welt hinzupflanzen, womit man nur der Eitelkeit dienen, also seine seelische Entwicklung schädigen würde, sondern sie entweder verbergen, wohl gar vernichten, denn *mit dem Geschaffen werden haben sie ihren Zweck erfüllt*; oder sie, wenn sie einem Liebhaber gefallen, diesem schenken; er wird dann sicher ähnlichen Geistes Kind sein wie man selbst. Nicht Besitz oder Genuß *fremder* Kunstwerke ist das Erstrebenswerte, sondern das selbst Schaffen von solchen, seien sie auch bescheiden; sie sind stets ein Ausfluß und Förderung des inneren Strebens. Wo heute das künstlerische Schaffen im Kinde gepflegt wird, da geschieht es meist nur bei: 1. besonders dazu gut veranlagten Kindern, 2. mit der Begründung, die Erzeugnisse des Kindes hätten ja keinen objektiven Wert; aber der Zweck der Uebung sei ja auch nur, dem Kinde das Verständnis für „wahre Kunst" der Großen zu erschließen. Das eine ist so töricht, wie das andere: 1. Das dafür *beanlagte* Kind bringt an sich genug Trieb und Fähigkeit des Ausdrucks dafür mit; es bedürfte am *wenigsten* besonderer *Förderung* von außen, sondern nur der Freiheit und allenfalls gelegentlicher Anregung und Anerkennung; gerade das zunächst *stumpfe* Kind bedarf der seelischen Oeffnung; der Künstler in uns muß erschlossen werden; irgendwo steckt er in jedem; hier im Singen, dort im Malen, da im Tanzen. 2. Das Vorführen „großer Kunst" sollte im Gegenteil möglichst *vermieden* werden; denn einerseits ist das die Kunst erwachsener (und darum doch ganz anders empfindender und schauender) Menschen, dem Kind so fremd, wie uns etwa die Kunst der Primitiven; letztere wird dem Kind viel verständlicher sein. Dann aber, wenn es wirklich imstande ist, die „große Kunst" in sich aufzunehmen, wird die Wirkung davon nur sein, nicht es zum Schaffen zu begeistern, sondern bei den meisten, sie von der Kunst abzuschrecken (d. h. von der künstlerischen Selbsttätigkeit). Ihre anscheinende Unzulänglichkeit wird ihnen dadurch niederdrückend vor Augen treten und das Gefühl erzeugen: So wie „Kritzelini" kann ich ja doch nicht zeichnen, also warum soll ich mich mühen, nur, um mich vor mir selber immer zu blamieren?! Wenn ich denke, was ich z. B. im Seelenrausch der Pubertätszeit zusammengedichtet habe! Es war meist wohl Minderwertiges, gelegentlich aber auch Gelungenes darunter. Ich hatte es in vier besonderen blauen Heftchen aufbewahrt bis ins Alter; sie steckten mit Briefen aus jugendlichen Zeiten und amonrösen Andenken zusammen, bis dann die brave Maria Woditzka, die uns einen Winter lang beglückte, das ganze Kistchen als vorzügliches Anheizmaterial für die Zentralheizung entdeckte und verfeuerte, mir dabei die richtige Bestimmung solcher Kunstwerke der Jugend zeigend.

Interesselose Kinder.

Es gibt nun Leute, welche behaupten: Ohne Zwang würden die meisten Kinder aber *gar* nichts leisten, für *nichts* wirkliches Interesse zeigen, geschweige denn gar sich realen ernstlichen und anhaltenden *Anstrengungen* dafür unterziehen, sondern nur faulenzen und Unfug treiben. Diese Auffassung (die übrigens allen Beobachtungen widerspricht) kommt mir immer vor, als behaupte man, die Kinder müßten, da sie ja noch gar nicht zu beurteilen vermöchten, was der Körper brauche, fünfmal täglich zu bestimmten Terminen vorgeschriebene Mahlzeiten von bestimmtem Ausmaß und bestimmtem Gehalt eingeflößt erhalten, ohne Rücksicht auf Hunger oder Neigung. Sonst würden sie alle „Suppenkaspars" werden und elendiglich verhungern.

Solche Pessimisten ignorieren vollständig, daß der Geist doch genau wie der Körper ein *sich naturgemäß entwickelnder Organismus* ist und ganz *von selbst* dafür Sorge trägt, daß ihm zugeführt wird, was er zu seiner Entfaltung braucht, einfach durch den eigenen Drang.

Jedes Kind ist voller Wißbegierde und man kann seinen Fragen oft kaum Genüge tun. Wenn ihnen nur die volle Möglichkeit geboten würde, ihre Wißbegierde (die keineswegs oberflächliche Neugier ist) nachzugehen, man würde über den Umfang und — die Zähigkeit derselben meist erstaunt sein. Nur soviel ist richtig: Nach *den* Gegenständen, welche die Schule ihnen — größtenteils sinnlos — vorschreibt, würden sie sich wohl *nicht* sehnen. Aber wieviele sowohl Kenntnisse wie Fertigkeiten gibt es nicht, welche die Schule vollständig ignoriert oder als „Allotria" abweist, während sie für die Praxis des Lebens bzw. die Entfaltung des Geistes ebenso wichtig, meist sogar weit wichtiger sind, wie die von der Schule gebotenen.

Ich nenne zunächst an *Fertigkeiten*: Stricken und häkeln, nähen und flicken. (Die Abscheidung derselben als des Knaben unwürdige und ihn nicht zukommende „Weiberarbeit" ist in unserem Zeitalter der Gleichberechtigung der Geschlechter längst überholt und lächerlich, und jeder Knabe sieht es meist schnell ein, wie wertvoll es für ihn ist, sich einen Knopf selbst annähen, ein gerissenes Loch stopfen zu können und nicht dabei auf Anleihen beim weiblichen Geschlecht angewiesen zu sein.) Dasselbe gilt vom *Kochen*. (Es wird wenig Kinder, auch Knaben, geben, die nicht ohnehin als kleine Kinder bereits freiwillig eifrig „Kochen gespielt" haben. Aber die Erwachsenen sind ja blind gegen den Anschauungsunterricht, den die Natur ihnen erteilt.) Daneben stehen: Rad und Auto fahren, Schi und Schlittschuh laufen, fechten, boxen, Jiu jitsu; dann: reiten, tanzen (auch historische alte Tourentänze). Ein etwas anderes Gebiet ist Stenographie und Maschineschreiben, Klavier und andere Musikinstrumente spielen (aber nicht etwa „Unterrichtsstunden mit Tonleitern und Etüden"!) Ist Handschreiben heute überhaupt noch nötig zu lehren? Die Formen der Buchstaben lernt das Kind ja durch das Maschineschreiben von selbst und wird sie schnell genug nachmalen. Zeichnen und Modellieren, Pläne und Karten zeichnen. Schließlich Gartenbau, Feldbau und Tierzucht. Zu besonderer Schärfung des Vorstellungs- und Kombinations-Vermögens vielleicht noch Schachspiel.

Als *wissenschaftliche Fächer* kämen in Betracht z. B. in erster Linie die Kenntnis des eigenen Körpers und seiner Organe, ihrer Funktionen und Krankheiten; in Verbindung damit dann „erste Hilfe bei Unglücksfällen" und Krankenpflege; nicht zu vergessen die Geschichte der Heilkunde, die

Hygiene der Kleidung und Ernährung nebst Geschichte ihrer Entwicklung. Ferner die Kenntnis des Erdglobus und Himmelsglobus und ihrer Geschichte. Weiter: Elemente der Wirtschaftskunde (z. B. Funktion und Aufgabe der Banken, der Börse usw.) nebst handwerklich-technischem Anschauungsunterricht: spinnen, weben, backen, töpfern, glasern, mauern usw. Allgemeinstes über Rassen- und Völkerkunde nebst Eigenart ihrer Kleidung und Ernährung, ihres Kalenders, ihrer Feste; die Hauptreligionen (freilich: wie dürfen Kinder offiziell Näheres über Buddhismus, Hinduismus, Islam usw. erfahren; dann könnten sie ja — behüte Gott! — die Religion ihres „Vaterlandes" nicht mehr für die einzig wahre halten!). Schließlich: Grundzüge der Charakterkunde sowie der Graphologie und Physiognomik.

Man sieht, welche Unmenge von interessantem Wissen und Können den Kindern vor Augen stehen würde. Man lasse sie daraus nur ohne Beeinflussung nach durchaus eigener Lust bzw. Besprechung untereinander aussuchen, was sie interessiert, und man wird über den Andrang staunen. Wenn aber ein Kind nun wirklich interesselos ist und auf nichts reagiert, — nun, glaubt irgend jemand, daß solch ein bedauerliches stumpfsinniges Kind durch *Schul*unterrricht intelligenter oder interessierter wird? Man lasse es in seinem beklagenswerten Stumpfsinn. Es muß ja schließlich auch Kanalräumer und Erdarbeiter geben. Und solche werden sicher glücklicher und keineswegs unbrauchbarer sein, wenn sie die Schule nie betreten haben.

Die künftigen Formen des Aufwachsens der Kinder.

In geselliger Unterhaltung bin ich, wenn zufällig einmal die Rede auf meine grundsätzliche Ablehnung der Schul-Institution gekommen war, fast stets gefragt worden: „Und *was* wollen Sie *an Stelle* der Schule setzen?" Ich habe dann stets erwidert: Wenn Sie Zahnschmerzen haben und gehen zum Zahnarzt und der sagt Ihnen: „Sie haben ein Zahngeschwür" und sticht es Ihnen auf, und die Schmerzen sind dann fort, — sagen sie dann auch unwillig zum Zahnarzt: „Und was geben Sie mir jetzt für mein aufgestochenes Zahngeschwür?" oder sind Sie nicht froh, daß Sie es los sind?"

Aber hinter jener Frage steckt natürlich etwas anderes. Man meint: Die Schule, mag sie auch große Nachteile mit sich bringen, hat immerhin dazu geführt, daß die Kinder sich eine gewisse Menge von *positiven Kenntnissen und Fertigkeiten* aneignen, die sie später im praktischen Leben brauchen.

Ebenso hat sie einen gewissen *erzieherischen Einfluß* auf sie ausgeübt. Wodurch wird nun garantiert, daß, wenn keine Schule mehr vorhanden ist, die Kinder die nötigen Qualitäten erwerben, die ihnen eine spätere Erwerbstätigkeit ermöglichen? Hierüber Folgendes:

Darüber müssen wir uns klar sein, daß die erstrebte *pädagogische* Umstellung der Jugend zur ersten Voraussetzung eine vollständige Umgestaltung des *wirtschaftlichen* Aufwachsens der Jugend hat. Und zwar ist das erste und wesentlichste Erfordernis hierfür ihre Befreiung von dem verhängnisvollen Aufwachsen im Elternhaus. Es ist einfach eine Versündigung an der Jugend, daß wir sie zwingen, ihre ganze Jugendzeit zu verbringen in Wohnungen, deren Anlage, Möblierung und Raumgestaltung total auf Erwachsene zugeschnitten ist; wo die Mahlzeiten, die Tageseinteilung, die Geselligkeit, kurz, das ganze Leben nach den Bedürfnissen und Wünschen der *Erwachsenen* sich gestaltet und schon der winzige Permillesatz von Kindern als besonders glücklich zu preisen ist, dem die Verhältnisse ihrer Eltern wenigstens ein besonderes Kinderzimmer gestatten. Wo das ganze Leben der Kinder unvermeidlich durch die Lebensgewohnheiten der Erwachsenen verkrüppelt werden muß, wo sie nicht in Horden zusammenhocken können, nicht lärmen und schreien dürfen, wo sie ihre Hände und Kleider nicht beschmutzen, die Möbel nicht beschädigen dürfen, wo zänkische Portiers, Nachbarn und Untermieter ihnen das Leben schwer machen. Ganz besonders natürlich in der Stadt, wo jetzt in Deutschland schon über 50 % der ganzen Bevölkerung leben. (Allein in Städten über 20 000 Einwohner: 40 %.)

Kinder gehören unter Kinder. Erwachsene dürfen höchstens in möglichst unmerklicher Nähe sein, um im Notfall einzugreifen, wenn Gefahr droht, daß durch irgendeinen Unfug ein Kind zu Schaden kommt. Das Zusammenleben der Kinder mit den Erwachsenen ist schon an sich ein Schaden für die Kinder. Auf diese Weise sind sie ihre ganze lange und besonders eindrucksvolle Jugendzeit hindurch unter solchen Menschen, die als die „eigentlichen Menschen" auftreten, die Kleinen, Schwachen, Dummen, Unerfahrenen, die sich mit dem aus Gnaden Gewährten zufrieden zu geben haben, die gehorchen und still sein müssen, überall erst in zweiter Reihe drankommen. Dank der „Individual-Psychologie" wissen wir heute, welch eine *katastrophale Bildung von Minderwertigkeits-Komplexen* das in dem eindrucksvollen Gemüt des kindlichen Menschen bildet, deren Wirkungen dann später, von der Pubertätszeit ab, in einem Rattenkönig von

Psychosen zu Tage tritt und den erwachsenen Menschen meist das ganze Leben hindurch mehr oder weniger belastet.

Alle ernsten Pädagogen sind sich heute wohl darüber einig, daß die einzige einwandfreie Art des Aufwachsens von Kindern solche in *Landheimen* und dergleichen ist. Schon Schleiermacher verlangte die Organisation gemeinsamen Lebens für die Kinder und die reifere Jugend, in der Ueberzeugung, daß auch die praktische Erziehung jeder Art durch ein solches Gemeinschaftsleben am besten erfolge. Aber erst in unserem Zeitalter wurde sein Gedanke von Natorp, Kerschensteiner, Förster u. a. aufgenommen und wenigstens versuchsweise auch schon ausgeführt. Die Tatsache, daß wir in Deutschland heute bereits 186 solcher Kinderheime auf dem Lande haben, — darunter sogar ganze Kinder*dörfer*, wie die Wegscheide bei Frankfurt a. M. und Zossen bei Berlin (letzteres mit 800 Kindern) — läßt die Hoffnung keimen, daß diese Einrichtung sich selbst im heutigen Staat schon mit jedem Jahre, wenn auch langsam, weiter Raum schaffen wird. In einer künftigen freien Gesellschaft wird allenthalben auf dem Lande mindestens zwischen zwei, drei oder vier Dörfern ein solches Kinderheim entstehen, in dem die Kinder der dazugehörigen Dörfer Aufnahme finden können.

In den Städten ist die Aufgabe etwas schwieriger. Hier werden jeweils mehrere Kinderheime, je nach der Größe der Stadt, um deren Peripherie herum liegen müssen. Aber die Zeit der Städte, insbesondere der Großstädte, dürfte ja überhaupt dem Ende entgegengehen. Die Ursachen, welche zu ihrer Entstehung führen mußten, hören gegenwärtig auf, wirksam zu sein. Es sind bzw. waren das namentlich zwei: Die *Dampfmaschine* wirkt zentralisierend; sie wird mehr und mehr abgelöst durch den elektrischen Motor und dieser wirkt im Gegenteil dezentralisierend: Er kann seine Kraft weithin über Land leiten und dann geht die Industrie gern daher, wo die Arbeitskraft billiger, der Platz leicht zu haben, das Wasser sauber ist. Wir können heute bereits die Anfänge einer Dezentralisierung der Industrie beobachten; sie wird noch erstaunliche Fortschritte machen. Der zweite zentralisierende Faktor war die *Eisenbahn*. Ihre Einwirkung wird in dem Maße nachlassen, wie das Auto an Bedeutung gewinnt. Eine dritte Erscheinung, welche die psychische Anziehungskraft der Städte erlahmen läßt, ist die gewaltige Entwicklung der Technik für die *geistigen* Verbindungen zwischen den Menschen: Telephon, Radio und Kino, bald wahrscheinlich auch der Fernseher, ersetzen zu erheblichem Maße die Vorteile des Zusammenwohnens in den Städten, während gleichzeitig deren immer gewaltigeres Anschwellen diese Vorteile für den einzelnen Stadtbewohner immer mehr neutralisiert und zum Teil schon überkompensiert.

Zu dieser Abschwächung der stadtbildenden Ursachen kommt aber in naher Zukunft ein heute noch kaum in Betracht gezogenes Moment, welches voraussichtlich zu einem verstärkten und vom Staate selbst geförderten *Abbau der großen Städte* führen dürfte. Das ist die Entwicklung der Militärtechnik. Nur naiv optimistische Ideologen können glauben, daß die Entwicklung der Kriege überwunden wäre, weil der letzte Krieg so schrecklich gewesen sei und zur Zeit zwischen den Staaten so viel von Abrüstung die Rede ist. Für den nüchternen und urteilsfähigen Politiker besteht kein Zweifel darüber, daß in absehbarer Zeit ein neuer Weltkrieg entbrennt, gegen den die Grauen des verflossenen nur ein Kinderspiel gewesen sein werden. Darüber ist man sich aber in der ganzen Welt einig, daß der nächste Krieg nicht mehr oder nur ganz untergeordnet noch ein Stellungskrieg der kämpfenden Heere draußen weit, möglichst in Feindesland, sein wird, sondern, daß sein Schwergewicht bestehen wird in der planmäßigen Bewerfung der offenen Städte des Feindeslandes mit Bomben, Giftgasen und vielleicht auch Seuchenkeim-Kulturen. Ebenso sind die Sachverständigen sich allerseits darüber einig, daß eine Abwehr dieser Luftangriffe, die wirklich ihren Namen verdient, gar nicht möglich ist, sondern es sich in der Praxis einfach darum handeln wird, welcher Staat das Grauen dieses planmäßigen Mordens der Zivilbevölkerung am längsten aushält, ohne unter Revolutionen begraben zu werden.

Es ist nicht ausgeschlossen, daß schon die katastrophalen *Aus*sichten solcher Zukunft die Staaten veranlassen werden, von regierungswegen auf systematischen Abbau der größeren Städte hinzuarbeiten. Jedenfalls aber wird spätestens die Not des kommenden Krieges jene allgemeine Flucht aufs Land nach sich ziehen, welche dem Gesellschaftsleben der nächsten Epoche Europas ihren Charakter geben wird.

Wie nun auch die äußere Entwicklung des Städtewesens sich gestalten möge, jedenfalls werden Mittel und Wege gefunden werden müssen, auch in den Städten nach Möglichkeit für alle Kinder in erreichbarer Ferne Landheime zu schaffen, in denen sich ihre Jugendzeit konzentrieren kann. Diese Lebensform wäre zugleich ein ausgezeichnetes Mittel sozialer Erziehung, besser und wirksamer, als jede Form autoritärer Erziehung. Selbstverständlich ist nicht daran zu denken, daß nun etwa die Kinder mit sanfter Gewalt und gegen ihren etwaigen Willen aus dem Elternhaus entführt und in jenen Landheimen interniert werden. Das hieße ja, den Teufel austreiben durch Beelzebub, den obersten der Teufel. Die Entwicklung der Dinge dürfte sich vielmehr so gestalten: In diesen Landheimen, die am wahrscheinlichsten wohl von den *Gemeinden* eingerichtet werden, unter Tragung mindestens eines Teils der Kosten von den Eltern, denen ja dadurch die Erziehungskosten erspart werden, findet nun jedes Kind Aufnahme, das sich dort auf längere oder kürzere Zeit einfindet. Zunächst werden dort für die Kleinkinder umfangreiche Kindergärten errichtet, zu denen die Mütter schon die kleineren Kinder für die Stunden oder auch ganzen Tage, wo die Betreuung derselben daheim ihnen schwierig wäre, hinbringen und wieder abholen können. Das *kleine* Kind gehört naturgemäß zu seiner Mutter und hängt ja auch in der Regel innig an ihr. Aber je größer das Kind wird, desto weniger bedarf es der Eltern und desto mehr kollidieren seine wachsende Selbständigkeit und seine von denen der Erwachsenen abweichenden Neigungen und Bedürfnisse mit den Verhältnissen des elterlichen Hauses. In den öffentlichen Kinderheimen findet es seine Spielkameraden und Freunde, findet es Sand und Wasser, Wald und Wiese, findet es Hunde und Katzen, Ziegen und Kaninchen, findet es Spielzeug aller Art und alles, was sonst zum Kinderspiel verwendbar ist. Sie werden daher eine große Anziehungskraft für das Kind haben. Außerdem hat es dort gute Pflege durch ein besonders kinderliebes und pädagogisch geschultes Personal von männlichen und weiblichen Erwachsenen. Es wird also ganz von selbst so kommen, daß mit zunehmendem Alter die Kinder immer häufiger und immer länger im Kinder-Landheim weilen und schließlich vollständig dort bleiben und nur gelegentlich noch ihre Eltern besuchen, — ebenso, wie sie selbstverständlich deren Besuch dort empfangen können (wenn die Kinder das *wollen*).

Daß nicht üble Elemente sich dort breit machen, dafür werden die Kinder selbst am besten sorgen. Rowdies, Quälgeister, Zänker werden sie schnell allenthalben ablehnen und schließlich ihre Beseitigung fordern. Und wie den Kindern grundsätzlich alle Freiheit gelassen wird, so werden sie auch das Recht haben, unangenehme Patrone, die ihnen lästig fallen, vom Landheim auszuschließen und die dort tätigen Erwachsenen werden allen Anlaß haben, diesem Wunsche Hilfe zu leisten.

Die Verwaltung der Kinderlandheime wird in Händen jeweils eines *Schülerrates* liegen, als dessen Angestellte dann die dort tätigen Erwachsenen fungieren, — sei es, daß sie als wirtschaftliche Funktionäre erforderlich sind, sei es, daß sie als fachliche Lehrkräfte arbeiten. (Im Prinzip wird natürlich auch die eigengewerbliche Produktion usw., wie das Kochen, Reinmachen, Krankenpflege usw. von den Schülern, namentlich den älteren selbst besorgt. Aber ein gewisser Stamm sachverständiger Erwachsener wird zur Anleitung und Oberaufsicht wohl unentbehrlich bleiben.)

Im Rahmen dieser Kinderheime wird nun auch die *geistige* Bildung der dort befindlichen Kinder vor sich gehen. Es ist ein großer Irrtum, wenn man meint, daß dazu prinzipiell Erwachsene als Lehrer notwendig sind. Im Gegenteil: *Des Kindes bester Lehrer ist das Kind.* Es hat noch den geistigen Konnex mit seinen Altersgenossen, teilt ihre Interessen, ihre Art zu denken und zu sehen, — alles Dinge, die dem Erwachsenen längst verloren gegangen sind und ihm deshalb den Zugang zum Hirn des Kindes erschweren. Außerdem weiß ja jeder, der sich viel mit Kindern befaßt hat, mit welcher Begeisterung diese darauf aus sind, Dinge, die sie gelernt, verstanden und behalten haben, nun anderen, namentlich jüngeren Kindern, beizubringen und klar zu machen. Für derartig elementare Dinge, wie Lesen und Schreiben, das einfachere Rechnen, Heimatkunde, die Elemente der Anatomie und Physiologie u. a. m. wird der Rückgriff auf einen sachkundigen Lehrer in der Regel gar nicht erforderlich sein. Sonst aber stehen diese natürlich jederzeit, oder doch zu bestimmten Stunden, für jede gewünschte Belehrung, für Durchsicht und Korrektur gemachter Arbeiten und Aehnliches zur Verfügung.

Außerdem sind natürlich in den Heimen reichlich Materialien zur Selbstunterrichtung der Kinder vorhanden. So werden z. B. große Landkarten überall an den Wänden hängen und erklärende, erläuternde Druckwerke daneben greifbar sein. Ebenso wird es geschichtliche, naturwissenschaftliche, sprachwissenschaftliche Werke usw. in reicher Fülle geben, die von den mit ihrer Obhut betrauten Bücherwarten nach Wunsch auch ausgegeben werden (obschon vielleicht besser ihre Benutzung nur in den Lesesälen selbst stattfindet). Besonderer Wert wird auf gute Konversationslexika zu legen sein, die für größere Kinder meist eine beträchtliche Anziehungskraft haben und gern benutzt werden. (Ich fragte vor einigen Jahren einmal eine mir von früher bekannte namhafte Sozialistin, woher sie zu ihrer überraschend vielseitigen und gründlichen Bildung gekommen sei. Sie erzählte mir, sie habe, infolge besonderer Schwierigkeiten in ihrem (ländlichen) Elternhaus, eine systematische Schulung eigentlich gar nicht genossen. Ihr

Vater hätte aber, ein ausgezeichnetes Konversationslexikon besessen, dessen zahlreiche Bilder und Karten von klein auf eine große Anziehungskraft auf sie ausgeübt hätten, zunächst rein als Bilderbuch, später als Lesebuch, und sie habe Jahre hindurch fast täglich und oft stundenlang in diesem Werke geschmökert. Erst als sie erwachsen war, hätte sie selbst gemerkt, daß sie sich auf diese Weise in der Tat eine erstaunliche Menge Wissen auf den verschiedensten Gebieten angeeignet hätte.) Die elementare „allgemeine Bildung", um es so zu nennen, erfolgt ohne das Bewußtsein eines eigentlichen Lernens in der und durch die alltägliche Unterhaltung. Berthold Otto hat dies in seinem sogenannten „Gesamtunterricht" vorgeahnt, der bei weitem fruchtbarsten, wertvollsten Idee des „schulreformerischen" Zeitalters, dessen bedeutendster, weil eigenartigster Repräsentant, jedenfalls auch Berthold Otto überhaupt ist.

Einzelne Sondererklärungen werden von Aelteren an Jüngere auf Anfrage erfolgen. Es ist ein großes Vorurteil, daß etwa die Lösung einer Gleichung mit einer Unbekannten oder das Planetensystem oder das Prinzip kommunizierender Röhren oder die deutschen Mittelgebirge nur behalten werden könne, wenn man bestimmte Stunden Physik oder Mathematik usw. in der Woche absitzt. Dazu kommt das Zuschauen beim Experimentieren oder Basteln anderer größerer Kameraden und Mithelfen dabei, das Besehen von Schaubildern usw. Nicht zu vergessen auch ist die Vorführung von Filmen, die sicherlich in Zukunft bei der geistigen Bildung von Kindern eine sehr große Rolle spielen wird (auch z. B. bei Geographie, Botanik und Zoologie, Völkerkunde und vielen anderen Fächern).

Natürlich aber wird es neben diesen Möglichkeiten auch Fachlehrer von Beruf für alle Disziplinen, die etwa die Jugend interessieren können, geben. Sie werden ebenfalls als Angestellte des Schülerrates fungieren, an den, als natürliches Vertrauensorgan der Kinder, alle einschlägigen Anfragen und Wünsche kommen und der auch am besten beurteilen kann, ob z. B. die Neuengagierung eines Fachlehrers etwa für Astronomie oder für Holzschnitzerei oder für Buchbinderei oder für höhere Mathematik angebracht erscheint.

Personen, welche etwa den Einwand erheben, daß es ihrer nicht „würdig" sei, einen Schülerrat als vorgesetzte Stelle zu haben, würden damit nur dartun, daß sie nicht geeignet sind, als Lehrer in einem Kinderlandheim zu wirken. Die Auffassung, daß ein Kind oder ein noch unmündiger Jugendlicher seines Alters wegen etwas gesellschaftlich Minderwertiges ist, stammt noch aus der heutigen Sklaverei des Kindes und muß vor allem einmal vollständig abgetan werden. Im übrigen *berät und entscheidet* der Schülerrat ja nicht über fachliche Dinge, die der Fachmann besser versteht, sondern nur über organisatorische Fragen des Landheims, die naturgemäß der Schülerrat besser versteht, als jeder Erwachsene, eben weil er selbst noch aus Kindern und Jugendlichen besteht. Im übrigen haben ja in der Kriegszeit massenhaft alte Landwehr- und Landsturm-Leute unter nicht nur der Leitung, sondern sogar der direkten Befehlsgewalt ganz junger Leutnants gestanden und man fand das ganz in der Ordnung. Auch in der Bürokratie sind massenhaft ältere Subalternbeamte die Untergebener ganz junger Assesoren und Doktoren. Das ist also nur Gewohnheitssache. Handelt es sich um Disziplinen, die nur gelegentlich oder von ganz wenigen Schülern gelernt werden wollen — etwa Hebräisch oder Linoleumschnitt, Kontrapunkt oder dergleichen, so wird man einen Fachlehrer dieses Gebietes etwa nur auf ein Semester engagieren oder es werden umgekehrt die Interessenten dieses Fachs für ein halbes Jahr nach einem andern Landheim übersiedeln, wo ein Unterricht dieser Art besteht.

Selbstverständlich entfallen bei solchen Verhältnissen alle *Examina*. An sich bleibt zwar natürlich die Möglichkeit offen, daß in jedem Fach jeder Fachmann jeden Schüler, der es aus irgendeinem Grunde wünscht, auf seine Kenntnisse und Fähigkeilen hin prüft und darüber auch eine schriftliche Erklärung ausstellt. Was aber naturgemäß fortfällt, das ist die Abhaltung regelmäßiger Gruppenprüfungen in einer vorbestimmten Reihe von Fächern über die Erreichung oder Nichterreichung eines vorbestimmten Unterrichtszieles, wie es die Abgangsprüfungen, namentlich der höheren Schulen, die Jahreszensuren und Versetzungen in allen Schulen und Klassen heute darstellen.

Natürlich wird all und jeder Unterricht in den Kinderheimen nicht erfolgen, wie man ihn bisher kannte: der Lehrer feierlich oben auf dem Katheder, die Schüler ehrfurchtsvoll vor ihm in Bänken sitzend, während er sie unterweist oder abfragt, sondern, soweit nicht dazu Zeichnungen anzufertigen oder Modelle zu handhaben sind, salopp, etwa auf einem umgestürzten Baumstamm hockend, oder im Grase liegend oder umherwandelnd, die Schüler fragend oder auch dazwischen berichtend, was ihnen gerade einkommt oder sie interessiert, also so, wie vor 2500 Jahren etwa die Bias und Pittakos, Mysos und Anarcharsis, Ghilon und Periander in Griechenland und andere älteste Lehrer der Menschheit ihre Schüler lehrten, oder allerneuestens der große Pädagoge Berthold Otto die seinigen im sogenannten „Gesamtunterricht".

Verwerflich ist jedenfalls:

1. *jeder Zwangs-Unterricht*, d.h. jeder, der dem Lernenden vom Lehrenden *aufgedrängt* wird und nicht vom Lernenden *erbeten und erfragt* wird. Solch aufgedrängtes Wissen haftet auch nicht;[1]
2. *jeder kollektive Unterricht*; Unterweisung jeder Art kann erfolgreich nur zwischen zwei Personen oder höchstens in ganz kleiner Gruppe sehr gleichartiger Personen geschehen, nie nach Art einer Massenspeisung;
3. *jeder durch öffentliche Gewalten organisierter Unterricht*; denn stets werden jene die verlockende Gelegenheit benutzen, ihre Spezialinteressen damit zu verbinden, meistens derenthalben überhaupt nur die Last der Organisation übernehmen.

Der Einwand: „Wenn die Kinder nicht mehr zum Lernen, und zwar zum regelmäßigen und systematischen Lernen gezwungen werden, werden die meisten Kinder bald überhaupt nichts mehr lernen oder höchstens noch gelegentlich spielerisch" ist nichts als eine alberne Phrase, mit der der Staat und die Schulmänner allen Kritikern bange zu machen suchen, weil *sie* den Kindern andauernd obligatorische Dinge einpauken, die das Kind abstoßen, langweilen und dessen Notwendigkeit oder Nützlichkeit es — meist mit vollem Recht — nicht einsieht. Ueberdies meist in einer Lebenszeit, wo das Kind dafür geistig noch gar nicht reif ist.

Aber wenn wirklich in einem gewissen Umfang es vorkommen sollte, daß das heutige Durchschnittsmaß von „positiven Kenntnissen" nicht mehr erreicht wird, so sähe ich hierin durchaus kein Unglück. Ein Volk von individuell aufgewachsenen, freiheitlichen und selbständigen, aufrechten Charakteren, die selbst denken gelernt haben, erscheint mir, wenn auch der Grad der „allgemeinen Bildung" hier und da etwas geringer ist, ungleich wertvoller und liebenswerter, als ein Volk von Schablonenmenschen und Lakaienseelen, auch wenn ihnen wirklich ausnahmslos ein gewisses Maß von Namen und Daten mehr eingeprägt ist. Und wenn wirklich unsere westeuropäische Volksschule bisher einen um 10 bis 15 % höheren All-

---

1 Das gilt im weitesten Umfang; nicht nur für die Schule sondern auch für politische Agitation, religiöse Propaganda, kapitalistische Warenreklame, Nachrichtendienst der Presse etc.

gemeinstand der sogenannten „Allgemeinen Bildung“ der Massen erzielt haben sollte (was ich noch durchaus bezweifele), so ist das geschehen auf Kosten weit stärkeren Zurückbleibens von körperlicher Gesundheit und Lebenslust, von praktischer Gewandtheit und Sinn, von Gemüt und Phantasie und anderen sehr viel wichtigeren und wertvollen Qualitäten.

Hast du, lieber Leser, einmal mit eigenen Augen das scheußliche Schauspiel gesehen, wie eine Gans genudelt wird? Da stellt man das arme Tier in einen ganz engen Kasten, in dem sie sich so gut wie gar nicht bewegen kann (weil möglichste Bewegungslosigkeit den Fettansatz fördert); dann fertigt man aus fett machenden Nahrungsstoffen Nudeln von der etwaigen Form und Größe eines Daumens an, und alle zwei Stunden (glaube ich) öffnet jemand dem armen Tier gewaltsam den Schnabel, stopft ihm eine bestimmte Anzahl solcher Nudeln in den Hals und nötigt es, sie herunterzuschlucken.

Jeder ehrliche Mensch gibt zu, daß dies eine widerliche Tierquälerei ist, die der Mensch da im Interesse seines Gaumenkitzels vornimmt. Aber niemand macht sich klar, daß es — nur geistig, statt körperlich — genau dieselbe Prozedur ist, welche die Schule an allen unseren Kindern vornimmt: Sie werden systematisch zu bestimmten Stunden in einen Klassenraum gesperrt, wo sie stille da sitzen müssen — denn Bewegung, Sprechen usw. würde die „Konzentration“, also die geistige Aufnahmefähigkeit, beeinträchtigen — und nolens volens herunterschlucken müssen, was ihnen zur Nudelung ihres Hirns vom Lehrer eingetrichtert wird. Mögen sie dabei eine geistige Fettleber bekommen, wenn sie dabei nur so werden, daß ihre Verwertung den Interessen des Züchters entspricht!

Das *Spiel*, die natürliche Funktion des Kindes.

Im übrigen aber vergißt man immer eins: Die natürliche und gesunde Form der geistigen Ausbildung für das Kind ist — es muß immer wieder gesagt werden — das *Spiel*. Das Spiel ist für die körperliche wie geistige Entwicklung des Kindes so notwendig, wie Atmen und Nahrung. Insbesondere körperliche Bewegung ist für Kinder, namentlich in jüngeren Jahren, weit wichtiger, als intellektuelle Betätigung. Man sollte die Zeit jugendlicher Unreife nicht abzukürzen suchen, sondern nach Möglichkeit verlängern. Die motorischen Nerven sollten erst ganz ausgebildet sein, ehe die Inanspruchnahme der Nervenzentrale, d.h. die intellektuelle Ausbildung anfängt. Das Stillsitzen und ruhig Aufpassen in der Schule ist speziell für jüngere Kinder wahres Gift. Ebenso die vorzeitige Befassung des Kindes mit abstrakten Begriffen, überhaupt jede gehirnliche Trainierung. Sie rächt sich bitter im späteren Leben.

Man sagt wohl: Unsere wissenschaftliche Pädagogik sieht dies ja schon ein und ist auf dem besten Wege, den Schulbetrieb der Natur des Kindes besser anzupassen. Aber die ganzen Bemühungen der wissenschaftlichen Pädagogik wären überflüssig, wenn man einfach dem Kinde *Freiheit* ließe, zu tun und treiben, was ihm seine Instinkte und Neigungen eingeben. Diese würden es ganz naturgemäß auf die richtigen Wege führen.

Das Spiel ist *deshalb* so reizvoll für das Kind, weil dieses dabei schaffender Künstler und genießender Konsument in einer Person ist, und es folgt bei Auswahl seiner Spiele jeweils dem geheimnisvollen mächtigen inneren Drang und Trieb zu jener Art Betätigung, die es zur Entwicklung braucht. Das Spiel ist für das Kind keineswegs nur Zeitvertreib und Amüsement, sondern *Arbeit*, bei der alle seine Fähigkeiten und Funktionen in Anspruch genommen und entwickelt werden. Ist das Kind innerlich über die Spielperiode hinausgekommen, so hört sein Spielbedürfnis von selbst auf und andere Betätigungsformen — Lesen, Basteln, Grübeln — treten an seine Stelle. Die Fähigkeit für planmäßiges Lernen — was die Erwachsenen so nennen — entwickelt sich nach den Untersuchungen von Professor Groos-Gießen („Das Seelenleben des Kindes") erst etwa mit dem zehnten Lebensjahre und beherrscht den Menschen dann zunehmend (mit einer Stockung in der Pubertätszeit) bis zum 25. Jahr, um dann langsam zu erlahmen.

Jede Reglementierung des kindlichen Lebens durch Erwachsene ist daher vom Uebel. Den Erwachsenen, auch den eigenen Eltern, ist die wahre Seele des Kindes ein Buch mit sieben Siegeln. Vor allem ihre Versuche, mit ihren auf Logik und moralischem Empfinden der Erwachsenen beruhenden Methoden, die Kinder zu beeinflussen, belehren und formen, sind nicht notwendig und wirkungslos. Die meisten Menschen sind im Unklaren darüber, wie wenig durch „Erziehen" beim Kinde erreicht werden und wieviel *geschadet* werden kann. Wenn in irgendeiner Lebensperiode volle Freiheit notwendig ist, so in der Kindheit.

Wie verschieden das Seelenleben des Kindes von dem des Erwachsenen ist, lehrt schon eine bloße passive Beobachtung! Man erstaunt zuweilen, über was für anscheinend wenig oder fast gar nicht komische Dinge Kinder sich geradezu totlachen, wie gleichgültig sie Dingen gegenüberstehen, die einen Erwachsenen sentimental oder ärgerlich stimmen. Andererseits haben die *Kinder ein unvergleichlich stärkeres Gefühlsleben*, eine ungeheuer innigere Weise des Hörens und Sehens, so daß alles schmerzliche oder traurige Erleben auf sie viel niederdrückender, alles Freudige beglückender wirkt, als das Glück auf einen Erwachsenen, der von etwa der Geschlechtsreife ab immer mehr abstumpft, bis zur Passivität des Greisenalters. Darum hat man Kindern gegenüber ungeheuer stärkere Verantwortlichkeit. Eine unnötige, vielleicht nur unüberlegte launenhafte Unterbrechung eines Spiels, bei dem das Kind mit ganzer Seele dabei war, die Trennung von einer dem Kind lieben, vielleicht gar etwas geheimnisvollen oder romantischen Landschaft oder Stadtgegend, die Scheidung oder Fernhaltung von einer ihm gewohnt gewordenen angenehmen Person, das erste Erblicken einer bisher unbekannten Blume, das Spielen mit einem Haustier usw. können Quellen größter Lust, stärksten Innenlebens, aber auch schmerzlichsten Empfindens sein, von deren Intensität sich der beteiligte Erwachsene oft gar keine Rechenschaft gibt, ja die er gar nicht ernst nehmen kann.

Ich entsinne mich eines bezeichnenden Erlebnisses im Alter von etwa 8 Jahren:

Wir hatten einen Nachmittagkaffee-Ausflug nach dem sogenannten Eichwald gemacht. Ich hatte dort mit großer Freude solche „Pfeifchen" gesammelt, in denen die Eicheln wachsen, und zwar, da ich nur kleine Taschen hatte, in meinen Hut. Als wir auf dem Heimwege allmählich wieder in städtische Gegenden kamen, sollte ich mir den Hut wieder aufsetzen. Mangels eines geeigneten anderen Gefäßes zögerte ich wohl etwas umständlich. Da nahm mir meine Tante, eine sonst gute und geliebte, aber leicht etwas resolute alte Jungfer, plötzlich den vollen Hut aus der Hand, erklärte: „Wenn Papa befiehlt, gehorcht man" und schüttete den Inhalt kurz entschlossen in den Rinnstein, mir den Hut auf den Kopf stülpend.

Ich empfinde *heute noch* das Gemisch von Jammer, Verzweiflung, Empörung und Wut, womit ich jetzt, tief gekränkt, in Gebrüll ausbrach, als ich so meine kostbare Beute plötzlich unwiederbringlich den Rinnstein hinunterschwimmen sah. Meine Tante hatte wahrscheinlich nur den flüchtigen Eindruck: „Ungezogener, alberner Bengel.", ohne Begriff, was sie mir damit angetan hatte.

Das *Spiel* ist für das Kind ja nicht, wie wir blöden Erwachsenen uns immer wieder einbilden, einfach ein Zeitvertreib und Spaßvergnügen, sondern es ist eine *Arbeit*, deren verschiedene Formen ganz raffiniert angepaßt sind den Notwendigkeiten der körperlichen wie geistigen Entwicklung, welche das Kind braucht, um zur Vervollkommnung seiner Fähigkeiten und Möglichkeiten zu kommen. Durch die uns nur als Belustigung und Zerstreuung vorkommenden Tätigkeiten, wie sie etwa Greifzech und Verstecken, Kreiseln und Ballspiel, Reigentänze und Murmelschieben mit sich bringen, werden alle Glieder des Kindes in allen für sie in Betracht kommenden Funktionen geschult, wird die Aufmerksamkeit und das Gedächtnis des Kindes geübt, sein Unterscheidungsvermögen und seine Urteilskraft geprüft, seine Reaktionsschnelligkeit und Ausdauer gewöhnt, aber auch alle seine sozialen Fähigkeiten, sein Eingehen auf die Initiative der Gefährten, seine Anpassung an sie, seine eigene Initiative, seine Unterordnung und Beachtung von einmal gegebenen und anerkannten Regeln und Bestimmungen, sein Augenmaß und seine Gehörfeinheit, seine körperliche Gewandtheit und Geschicklichkeit usw. usw. Wenn das Kind durch das Spiel nichts mehr zu lernen vermag, so hört von selbst auch sein Gefallen am Spiel auf, und was das Kind am liebsten spielt, da ist jeweils solch ein Spiel, dessen Einflüssen es noch am meisten bedarf. Das Kind seiner naturgemäßen Betätigungsweise, dem Spiel, zu entziehen, um ihm das Lernen von Lesen, Schreiben, Rechnen und ähnlicher, für sein Lebensalter meist noch viel zu abstrakter Kenntnisse beizubringen, ist genau so ein Unfug, als wollte man die Professoren einer Universität alle Vormittage während der besten Stunden ihres Forschens von ihrem Schreibtisch wegholen und sie zwingen, miteinander Ball und Kreisel, Greifzech und Versteck zu spielen, bis man ihnen erlaubt, „zur Erholung und Belohnung" nun wieder an ihre Bücher zurückzukehren. Kinder, welche von unverständigen Eltern erzogen oder als einzige Kinder ohne eine richtige Horde von Spielgefährten aufgewachsen sind und so sich in der Kindheit nicht richtig ausgespielt haben, tragen die Mängel dieser Vernachlässigung ihr ganzes Leben mit sich herum. Die Einflößung von positiven Kenntnissen oder Fertigkeiten durch die Schule vermag dies nicht wieder gut zu machen. Auch bei sonst sorgfältigster Ausbildung bleiben sie im praktischen Leben Menschen, welche z. B. sich nicht durchzusetzen wissen, ihre Kenntnisse und Fähigkeiten nicht recht zu verwerten vermögen, sich nicht zur Geltung bringen können, sondern überall an die Wand drücken lassen, unbeholfen und schüchtern sind, im richtigen Moment nicht die erforderliche Geistesgegenwart haben, den Mund nicht auftun können, wo es nötig ist, unter dem Druck von „Minderwertigkeits-Komplexen" stehen, wie die Psychoanalyse es nennt, oder auch, um solche zu kompensieren, in Anmaßung, Dreistigkeit, Taktlosigkeit ausarten, die eigentlich ihrem Wesen gar nicht entsprechen, und dadurch dann die Menschen vor den Kopf stoßen. Es ist außerordentlich *wichtig*, die Kinder im Spiel groß werden zu lassen. Die Menschen wollen immer klüger sein, als die Natur. Die Natur gibt dem Kinde schon — genau wie beim Essen und Trinken und Schlafen — das nötige Verlangen zur rechten Zeit nach dem, was ihm nottut, und die Erwachsenen können durch rationelle Reglementierungen nur schaden. Es ist eine *unverantwortliche Versündigung*, das Kind zu einer Lebenszeit, wo es noch total realistisch eingestellt ist, mit so abstrakten Dingen, wie Lesen, Schreiben, Rechnen zu belasten, wo es mit dem Ergebnis dieser Fertigkeiten noch gar nichts anzufangen weiß, als höchstens, an die Wände zu schmieren „August ist dof" oder Märchenbücher zu verschlingen, die ihrer Natur nach dazu bestimmt sind, in der Schummerstunde von der Großmutter *erzählt* zu werden, und sich damit zu jener Gattung der „Leseratten" zu entwickeln, die sich schon in früher Jugend dem praktischen Leben ganz entfremden.

Man wird sagen: Auch in dieser Hinsicht ist unsere unermüdliche Pädagogik schon zum Ziel gelangt: Die *Montessori-Schule* hat bereits die Wege gewiesen, dem Kinde alles Lernen zum richtigen Spiel und zur freiwilligen Tätigkeit zu machen. Die Montessori-Schule hat unstreitig ihre Verdienste. Aber das Richtige ist auch sie noch nicht. Bei allen ihren wohlmeinenden und geschickten Maßnahmen, — sie ist und bleibt eine *Schule*, d. h. ein Institut, in dem die Kinder erzogen und unterrichtet werden sollen. Die Montessori-Schule *zwingt* die Kinder nicht mehr, etwas bestimmtes sich anzueignen, aber sie *lockt* und *verführt* sie dazu, d. h. sie übt unmerklichen Einfluß auf das Kind aus, sich gewisse Kenntnisse und Fähigkeiten zu erwerben; sie führt das Kind heimlich in einer bestimmten Richtung, die sie für zweckmäßig hält, aber mit welchem Grund, mit welchem Recht? Die Montessori-Schule beschränkt das Kind z. B. (so weit mir wenigstens bekannt), ganz und gar auf realistisch-technisch-praktisch-materielle Gebiete. Alles, was *Innenleben* ist, fehlt, ja, wird naturgemäß von dem Kinde abgelenkt. Träumerische, grüblerische, im Gefühlsleben wurzelnde Kinder sollen hier lebhaft, praktisch, real werden. Was für eine Vergewaltigung! Weiß man, ob in solchem Kinde nicht ein dereinstiger Lyriker, ein Musiker, ein religiöses Genie steckt, das man in der Wurzel verkrüppelt? Und wenn es auch kein Genie wäre, vielleicht nur ein Bohémien, à la Peter Hille, ja nur ein lustiger, wanderfroher Landstreicher, — kommt es nur auf das Produzieren- und Verdienen-Können an, nicht ebenso, vielleicht in erster Linie, auf das subjektive Wohlbehagen des Menschen? Unsere bürgerliche Kultur will immer mit Gewalt alle Menschen zu einem „nützlichen Mitglied der Gesellschaft" machen! Wer gibt ihr das Recht zu dieser Anmaßung? Man sagt: Die Gesellschaft soll ihre Mitglieder unterhalten, also muß sie erreichen, daß sie alle auch durch Arbeit dazu imstande sind. Ein ganz schiefer Fehlschluß! Die Erwachsenen sind es, die (lediglich zu ihrem Genuß und Vergnügen) das verübt haben, dessen unvermeidliche Folge dann das Erscheinen von Kindern ist. Also hat die Gesellschaft zunächst auch einmal die verfluchte Pflicht und Schuldigkeit, diesen Produkten ihres Amüsements weiterzuhelfen, ohne irgendwelche Pflichten derselben oder Bedingungen daran zu knüpfen. Den Kindern zur moralischen Pflicht zu machen, daß sie arbeiten, damit sie sich später selbst erhalten können, ist eine Logik, als wollte jemand, der sich öfter abends besäuft und dann am andern Morgen Katzenjammer hat, von seinem Arbeitgeber als dessen selbstverständliche moralische Pflicht erklären, daß er ihm dann jeweils den Vormittag bei voller Bezahlung arbeitsfrei gäbe, da er doch seinen Kater spazieren führen und gesund pflegen müsse.

Man sagt: Die neue Pädagogik hat ja eben dies alles schon entdeckt und es wird auch nach Möglichkeit berücksichtigt und das Pensum danach bemessen. Man vergißt, *daß alle pädagogischen und psychologischen Untersuchungen und alle schultechnischen Versuche und Einrichtungen ganz überflüssig wären, wenn man das Kind selbst entscheiden ließe*, indem man ihm die Freiheit seines Lebens ließe. Der Instinkt führt es da schon ganz richtig. Aber das Kind wird nicht gefragt!

Trotz aller solcher z. T. schon seit einigen Hunderten von Jahren anerkannten Erkenntnisse wird die Jugend nach wie vor jahraus, jahrein während des schönsten und sonnigsten Teils des Tages auf die Galeere gespannt. Wir hatten seinerzeit wenigstens nur 4 und höchstens mal 5 Stunden hintereinander. Heute entblödet man sich nicht, 6 und gar 7 Stunden zu geben und tröstet sich damit, dann entfiele der Nachmittagsunterricht.

Dazu kommt die stete Nervenerregung durch die *Furcht*. Gerade die besten, gewissenhaftesten Kinder leben dauernd in Sorge, die Aufgaben am andern Tag nicht zu können, die zu schreibende Arbeit zu verhauen, in Angst vor Tadel und Arrest, vor Sitzenbleiben, das die Qual verlängert. Die Schulsorge ist ein ewiger Druck auf das Gemüt, und viele behalten fürs Leben eine Reizbarkeit und Schwäche daher. Die Einbildungskraft ist bei Kindern ja weit lebhafter, als bei Großen. Das Kind steht auch viel mehr unter dem Druck des Augenblicks, weil es den aus der Lebenserfahrung abstrahierten Trost: „Es wird meist nicht so schlimm, wie man denkt" oder: „Es kommen auch wieder andere gute Zeiten", noch nicht kennt. Seine Schulplage erscheint ihm endlos und hoffnungslos; das weiß ich aus eigener Erinnerung: Der Gedanke, einmal ganz frei von Schulpflicht zu werden, erschien mir dermaßen himmlisch, daß ich mir einfach nicht vorstellen konnte, es einmal wirklich zu erleben. Man hört es wohl mit Worten, aber nimmt es nicht mit der Seele auf. — Das Kind erleidet ohnehin genug niederschlagende Seelenzustände, von denen der Erwachsene nichts ahnt (z. B. tötliche Langeweile, als Hindernis an naturgemäßer Betätigung durch Mangel an Spielgefährten). Dazu nun das ewige Ermahnen und Schelten! Es ist das Schlimmste, was man sich vorstellen kann, vor anderen Menschen dauernd in Angst zu sein, sie stärker zu wissen, sich als völlig rechtlos und widerstandslos zu empfinden, sich schelten lassen zu müssen und nicht wieder schimpfen noch weglaufen zu können. Ewiges Tadeln, Maßregeln, andere als Muster vorgehalten bekommen. Die quälendsten Träume der meisten Menschen erscheinen als Schulvorstellungen.

Die einzelnen Funktionen erwachen und betätigen sich im Kinde durchaus nach ihrer Nötigkeit. Die sensoriellen und sensomotorischen Funktionen, die zur Lebensfristung nötig sind, kommen zuerst und bilden sich ihre Welt im Spiel. Es folgen die mnemischen: Gedächtnis, Intelligenz, Fühlfähigkeit. In den ersten Lebensjahren kann überhaupt nicht erzogen, sondern nur verdorben werden; das haben schon Rousseau und Schleiermacher gepredigt. Im 8. bis 12. Jahr erreichen die mnemischen Funktionen ihr Optimum der Entwicklung. Und gerade in dieser Zeit absorbiert man die Kinder vollständig für Makulatur und Ballast. Die Schule ist ein staatlich organisierter Kunstgriff zur Lähmung der natürlichen Entfaltung der Persönlichkeit. Die Kinder haben ganz andere Interessen, als die Erwachsenen glauben: sie würden das Kind richtig führen, wenn man ihm Freiheit ließe. Auf die Periode der kleinen Realisten folgt die der phantastischen Kraft und der produktiven Funktion. Die *Pädagogen* wollen das Gute. Aber sie ahnen ja gar nicht, was der *Staat* z. B. aus der „Produktionsschule" usw. machen wird, wenn er sie erst fest in den Klauen hat. Schon sagt man: Die Erziehung darf nicht die Bahnen ebenen, sondern muß durch Einschaltung von Hemmungen Widerstände schaffen, durch deren Beseitigung die Kräfte wachsen. (Prof. Dr. A. Fischer-München über „Stand der jugendpsychologischen Forschung und ihre Bedeutung für den Erzieher und Lehrer" in der pädagogischen Pfingstwoche des Zentralinstituts für Erziehung und Unterricht, Berlin.)

Das schwierigste Lebensalter der Jugend, in welchem der Schulbetrieb geradezu verhängnisvoll wirkt, sind bekanntlich *die Entwicklungsjahre* vom etwa 14. bis 17. Lebensjahr. Es war das Beste an der Volksschule, daß sie bisher wenigstens mit Beginn dieser Periode abschloß und die wachsende Zahl von Schülerselbstmorden, Entweichungen, Attacken auf Lehrer und dergl., die in den höheren Schulen in diesem Alter bekannt geworden sind, geben einen deutlichen Wink von der hier ruhenden Gefahrenquelle. Aber unglaublicherweise geht man jetzt allen Ernstes daran, durch sogenannte „Aufbauklassen" auch die Volksschule zu einer zehnjährigen Anstalt „aufzustocken" bzw. an die Volksschule noch eine obligatorische „Fortbildungsschule" anzuschließen. Man müßte annehmen, daß die Pädagogen geradezu mit Blindheit geschlagen sind, wenn man nicht eben wüßte, daß hinter alledem in letzter Linie das Streben des *Staates* steht, die Jugend um jeden Preis — auch um den, daß eine gewisse Anzahl junger Leute dabei unter den Schlitten kommt — möglichst bis zur Mündigkeit an der Strippe zu halten und zu gut verwendbaren Staatsbürgern zurechtzukneten. In Wirklichkeit aber ist *jede Persönlichkeit unbedingt wertvoll* — die eine in dieser, die andere in anderer Beziehung —, und hat *jedes* (wider seinen Willen in die Welt gesetzte!) *Kind* einen *moralischen Anspruch* darauf, *aus seiner Individualität entwickeln zu können, was irgend darin steckt*, und kann durch Unterordnung unter den Zwang einer anderen Individualität immer nur verlieren. Diesen Gedanken hat mutig schon L. Gurlitt ausgesprochen (zitiert bei Förster „Schule und Charakter", Zürich. 1894. S. 101 f.). Barth (a.a.O., S. 530) bemerkt empört dazu: diese Auffassung sei „eine Gedankenlosigkeit, die, konsequent zu Ende geführt, notwendig beim Anarchismus anlangt". Du ahnungsvoller Engel, Du!

Eingriffe der Schule ins Privatleben.

Wer etwa noch daran zweifelt, daß die Schule ihrem Wesen nach eine *Herrschafts*organisation ist und vor allem die Züchtung bequemer, unterwürfiger

Untertanen zum Ziele hat, der lasse nicht unbeachtet, wie die Schule raffiniert sogar in das *Privatleben* der Schüler außerhalb des Schulbetriebes eingreift. Da sind zunächst die *häuslichen Aufgaben*. — Daß sie zur Erreichung des Unterrichtszieles, des „Klassenpensums“ unentbehrlich seien, ist eine Legende. Die rein pädagogische Wissenschaft ist sich lange darüber einig, daß sie ein Unfug sind, den man je eher, desto lieber ganz abschaffen sollte; daß ein tüchtiger Lehrer dem Schüler das zu Lernende im Unterricht selbst müsse beizubringen wissen. Aber die Hausaufgaben haben einen ganz anderen Zweck, als den rein unterrichtlichen: Sie nehmen die *Zeit* und *Gedanken* des Schülers voll in Anspruch, auch wenn er im Milieu der Familie weilt, dem Finger des vorgesetzten Lehrers physisch nicht mehr untersteht. Sie halten ihn unablässig unter dem Druck des Bewußtseins, daß nicht Vater und Mutter oder gar er selbst, die Geschwister, die Freunde seine außerschulische Zeit und Interessen beherrschen dürfen, sondern daß er überall und andauernd ein Sklave der Schulorganisation ist, *ihre* Befehle in erster Linie zu berücksichtigen hat, ihnen gehorchen muß. In meiner Jugend gab es sogar noch Ferienaufgaben mit genauen Vorschriften: für jeden Kalendertag der Ferien je eine Rechenaufgabe, ein Diktat, eine Schönschrift usw., damit der Schüler nur ja nicht einen Tag lang aus dem Bewußtsein herauskam, daß er *Untertan der Schule* und in erster Linie für sie da sei.

Alsdann das *Grüßen* der Lehrer auf der Straße. — Das sieht aus wie eine einfache konventionelle Höflichkeit, ist aber weit mehr: Wenn es nur *das* wäre, so könnte man es ja eben der Konvention überlassen, wie etwa, daß man sich die Haare geschnitten und gescheitelt halt usw. Aber es wird scharf *kontrolliert* und seine Unterlassung oder lässige Befolgung unnachsichtig *bestraft*.

Es wäre sogar sehr nützlich und dienlich, wenn die einzelnen Lehrer an der Lebhaftigkeit des Grüßens merkten, in welchem Grade sie jeweils bei den Schülern beliebt oder unbeliebt wären. Es wäre auch das Natürliche, das Grüßen der Schüler auf *diejenigen* Lehrer zu beschränken, die in ihrer Klasse *unterrichten*, nicht aber auf alle zu erstrecken, die der betr. Schule angehören. Ich selbst bin einmal noch als Primaner ohne Nachsicht in den Karzer geflogen, weil ich (unmittelbar nach einem Wechsel des Gymnasiums) Lehrer unterer Klassen, die ich nur auf dem Schulhof in der Pause hin und wieder zu sehen kriegte, nicht grüßte und, auf der Straße von ihnen angehalten, erstaunt erwiderte, es liege wohl ein Mißverständnis ihrerseits vor, ich entsänne mich nicht, ihre Bekanntschaft gemacht zu haben.

Das wurde natürlich als Unbotmäßigkeit ausgelegt und keine Versicherung meines schlechten Personengedächtnisses half mir etwas. — Nein, es ist hier genau so. wie beim Grüßen mit dem *Militär*: Dem Untergebenen ist der *Untertanengeist*, das Bewußtsein der Vorgesetzten-Autorität lebendig zu erhalten. *Darum* müssen alle die zahllosen Soldaten ausnahmslos jeden stramm grüßen, der das silberne Portepee des Offiziers oder die schwarz-weiße Troddel des Unteroffiziers am Seitengewehr trägt. Und *darum* war auch die Paukerschaft, als seinerzeit der Wandervogel ins Leben trat, über nichts so empört, wie daß er die „hutlose Tracht" auch im allgemeinen Leben bei seinen Mitgliedern einzuführen sich erfrechte, so daß nun die Schüler, wenn ohne Hut in die Schule kommend, nicht mehr den vorschriftsmäßigen korrekten Gruß ausführen, sondern nur eine leichte, „geradezu kollegial anmutende" leichte Verbeugung machen konnten.

Dann das *Verbot* für Schüler, allein ohne Erwachsene *Restaurants* zu besuchen, *Zigaretten* zu rauchen, *Spazierstöcke* zu tragen usw. Ist das vielleicht zärtliche Fürsorge für die *Gesundheit* der Schüler? Ach nein, im Schulbetrieb selbst ist man doch gar nicht so besorgt. Warum, wenn der Schule das körperliche Gedeihen der Schüler so am Herzen läge, kontrolliert sie denn nicht, daß diese je nach dem Alter um 9, 10 usw. pünktlich im *Bette* liegen, und verhindert, daß sie aus Leichtsinn, um konventioneller Rücksichten willen oder aus noch egoistischeren Gründen von schwachen, törichten oder pflichtvergessenen Eltern bis in die Nacht hinein aufgelassen werden. Bei den Einjährig-Freiwilligen — also sogar bei Erwachsenen und in fremden Mietwohnungen — besteht doch solch Verbot, mit tatsächlicher Kontrolle von Zeit zu Zeit. Also es ginge schon; aber des Pudels Kern liegt eben ganz wo anders. Außerdem ist der Schaden einer gelegentlichen Zigarette kaum schlimmer, als zu viel Schlecken von Süßigkeiten, das den Backfischen keine Schule kontrolliert; und in den Restaurants ist auch nicht etwa nur Alkoholgenuß untersagt, sondern das selbständige Besuchen von Wirtschaften überhaupt. Des Pudels Kern liegt ganz anderswo: Der Spazierstock ist ursprünglich ein Ersatz und später noch das Symbol der Waffe, des Degens, wie ihn früher vornehme Herren trugen; daher war er ursprünglich *dienenden* Klassen, niederen Schichten untersagt, und *daher* auch den Schülern, als *Untergebenen*, die sich als *Unfreie* fühlen sollten. Ebenso ist das Rauchen auf offener Straße ursprünglich allen Bürgern verboten und ein Privileg, das in Deutschland z. B. erst die „Revolution" von 1848 errungen hat. —

Endlich gilt das Analoge vom Restaurationsbesuch, bei dem die Besucher ja durch Kellner „bedient“ werden und unter Umständen am Nebentisch des Schülers sein Lehrer sitzen und ersterer womöglich — bei besserem Trinkgeld — gar höflicher und zuvorkommender als der Herr Lehrer bedient werden könnte.

So lächerlich es klingt, — gerade in solchen unscheinbaren Kleinigkeiten zeigt sich das unterbewußte Streben der Schule, den Schüler allenthalben als *Untergebenen, als nicht Vollwertigen, Minderberechtigten* zu behandeln und sich fühlen zu lassen, — ganz entsprechend dem ja auch sonst in unserer gesellschaftlichen Kultur geltenden Grundsatz, den die Soziologie euphemistisch als das „Altenrecht“ bezeichnet, ich — etwas ungescheuter — als:

Die Sklaverei des Kindes.

Das Leben wird immer so dargestellt, als sei das Verhältnis zwischen Eltern (oder überhaupt erwachsenen Angehörigen) und Kindern eitel *Liebe.* An sich ist die Liebe namentlich der Mutter zum Kinde ja etwas ganz allgemein rein Animalisches (daher auch gar nichts Verdienstvolles oder gar Ethisches). Wir finden sie bekanntlich bei jedem Tiere und es ist zur Genüge bekannt, mit welcher Aufopferung Tiermütter für ihre Jungen sorgen und sie bis zur Preisgabe des eigenen Lebens verteidigen. Aber je älter das Kind wird, desto mehr macht sich bei der Mutter wie vor allem beim Vater der *Macht*trieb geltend und saugt allmählich die eigentliche Liebe ganz auf. Liebe ist bekanntlich eine von *Gegen*leistungen des geliebten Menschen und allen Nützlichkeitserwägungen durchaus *un*abhängige spontane Regung der Seele. Sie ist nirgends treuer und erschöpfender geschildert worden, als vom Apostel Paulus im ersten Corintherbrief, Kap. 13:

„Die Liebe ist langmütig und freundlich, die Liebe eifert nicht, ... sie blähet sich nicht. Sie stellet sich nicht ungebärdig, sie suchet nicht das Ihre, sie läßt sich nicht erbittern . . . . Sie verträgt alles, sie glaubt alles, sie hofft alles, sie duldet alles.“ — Wie steht es aber mit der Liebe des Vaters, wenn der Sohn anders will, als der Vater? Wenn er Ansichten hat und vertritt und betätigt, die der Vater verabscheut? Wenn er Verkehr pflegt, den der Vater nicht mag? Wenn er die gesellschaftliche Position der Eltern durch sein Wesen beeinträchtigt, die Eitelkeit, den Ehrgeiz des Vaters kränkt? Hören und lesen wir nicht alle Tage von Vätern, die ihre Kinder in den

Tod getrieben haben, weil der Sohn etwa wiederholt in der Schule sitzen geblieben ist, die Tochter ein uneheliches Kind zur Welt gebracht hat? Die Elternliebe, insbesondere die Vaterliebe ist meistens nicht viel mehr, als ein Schlagwort, mit dem der Vater dem Kinde gegenüber seine Anforderungen begründet, seine Maßnahmen rechtfertigt.

Der Einwand, daß es auch Eltern gibt, welche ihre Kinder ganz selbstlos lieben und entsprechend behandeln, besagt einleuchtenderweise nichts gegen das Prinzip. Es kommen auch unter den Lehrern weiße Raben vor, aber sie können das Wesen der Schule nur äußerlich mildern, nicht grundsätzlich ändern. Ein guter Lehrer behandelt seine Schüler eventuell sehr sorgsam, — so wie der gute Gärtner die Blumen. Er läßt sie bloß nicht so wachsen, wie ihre Natur es ihnen eingibt und wie Boden, Feuchtigkeit, Belichtung usw. ihnen ermöglicht, sondern er beschneidet sie, düngt sie mit besonderen Stoffen, kappt ihnen die Wurzeln, setzt sie um, beeinflußt sie durch künstliche Befruchtung usw., damit sie nicht werden, wie sie von Natur werden würden, sondern so, wie der Eigentümer des Gartens es für seine besonderen Zwecke wünscht: Runde Form, schattigeres Laub, größere, vollere, farbenreichere Blüten, größere, süßere Früchte usw. Daß das vom Standpunkt des gärtnernden Menschen aus erwünscht ist, wird niemand bestreiten; man soll sich bloß darüber nicht im Unklaren sein, daß es eine *Vergewaltigung* der Pflanze ist. Ebenso werden durch die Schule — durch *jede* Schule — die Kinder so gezogen, wie die Schulgewalt — der *Staat* (evtl. auch die Kirche) — es wünscht: zu bequemen, leicht regierbaren Untertanen, — nun und nimmer zu dem, was von Natur in ihnen liegt: zu vollkommeneren, individuellen, glücklichen Menschen.

Es ist nichts weniger, als eine demagogische Floskel, wenn ich von der „Sklaverei" der Kinder spreche. *Die Kinder*, bis zum Alter der Mündigkeit, *haben tatsächlich* in der europäisch-amerikanischen Kultur *rechtlich und sachlich genau die Stellung, wie die Sklaven in der antiken Kultur.* Wir sehen nur den „Sklaven" immer mit den sentimentalen Augen der Beecher-Stove an, das Kind immer mit den stumpfen, verständnislosen Augen des Erwachsenen und sehen daher nicht die Gleichheit der Situation.

„Sklav ist ein Mensch, welcher rechtlich nicht Person, sondern Sache ist" (Sohm „Institutionen des Römischen Rechte", Duncker & Humblot, Leipzig, 1894, § 21), d. h. er besitzt keine eigene Rechtspersönlichkeit. Genau, wie bei uns das unmündige Kind. — „Alles, was der Sklave erwirbt, erwirbt er dem Herrn." Genau, wie bei uns das Kind. — „Der Sklav ist

Träger eines Willens, welcher . . . auch seine rechtliche Geltung findet. Nur daß der Wille . . . des Sklaven von *Rechts* wegen grundsätzlich für den *Herrn* arbeitet." Genau, wie bei uns das Kind. — „Der Herr hat an dem Sklaven . . . . eine Gewalt, ähnlich wie über seinen Sohn (!): die „potestas dominica", d. h. eine Gewalt auch über den Willen des Sklaven." Dieser muß ihm also gehorchen, seinen Ober-Willen erfüllen. Genau, wie bei uns das Kind. — „Die bloße Preisgebung (derelictio) würde den Sklaven nicht zu einem Freien (einer Person), sondern nur zu einem herrenlosen Sklaven machen; der Sklav würde dann als res nullius dem Eigentum eines jeden Okkupanten verfallen." — Genau, wie bei uns ein Kind, das von seinen Eltern aus der väterlichen Gewalt entlassen würde, deshalb nicht „mündig" würde, sondern „Pflegekind" desjenigen, der sich seiner annimmt. — „Das Patronat besteht in einem väterlichen Erb- und Vormundschafts-Recht, in einem Züchtigungsrecht (levis coercitio), einem Recht auf Ehrerbietung (wie gegen einen Sohn), auf Alimente (falls der Patron verarmt) und auf Dienste." Genau, wie bei uns die väterliche Gewalt. — Der Herr bestimmte durch sein Dasein den Wohnort des Sklaven, genau wie der Vater den des Kindes. Für vom Sklaven angerichteten Schaden Dritter hatte der Herr aufzukommen, — genau, wie bei uns der Vater für Streiche seines Sohnes. Gegen den Sklaven, der sich seinem Herrn entzieht, hat der letztere beim Prätor die „vindicatio in servitutem"; genau, wie bei uns der Vater, dessen Kind wegläuft, es durch die Polizei suchen und zwangsweise zurückbringen lassen kann. — Der Herr benennt den Sklaven nach seinem Wunsche. Genau, wie bei uns das Kind zwangsweise den Familiennamen des Vaters trägt und der letztere allein berechtigt ist, den Vornamen des Kindes mit rechtlicher Geltung zu bestimmen. — Der Herr hat die Pflicht, seinem Sklaven den nötigen Unterhalt zu gewähren; genau, wie der Vater seinem Kinde. — Der Sklave hat seinem Herrn nach dessen Wunsch Dienste zu leisten. Genau so hat das Kind die rechtliche Verpflichtung, den Eltern im Hauswesen und im Geschäfte des Vaters die von diesen gewünschte Hilfe zu leisten. — Das „leichte Züchtigungsrecht", das der Herr dem Sklaven gegenüber hatte, entspricht genau dem Züchtigungsrecht, das bei uns der Vater dem Kind gegenüber hat; durch Ueberschreitung desselben und wirkliche Mißhandlungen machte sich der Herr des Sklaven gesellschaftlich ebenso anstößig, wie bei uns der rohe Vater des Kindes. Gleichwohl kommt das eine wie das andere gelegentlich vor, wie man weiß; wahrscheinlich Mißhandlung von Kindern (namentlich die unfaßbare seelische) viel häufiger, als seinerzeit die von Sklaven; denn der Sklave war ein teures Wertobjekt, und es lag daher im eigensten Interesse des Herrn, ihn nicht ernstlich zu schädigen, störrisch zu machen oder, wenn auch nur für Tage, seine volle Arbeitskraft und Arbeitsfreudigkeit zu lähmen. — Der einzige wirkliche Unterschied ist, daß nach *altem* Römischen Recht der Herr sogar die Gewalt über Leben und Tod des Sklaven hatte; aber die hatte nach altem europäischen Recht auch der Vater über das Kind, und *faktisch* Gebrauch davon gemacht wurde hier wie dort sicher nur in sehr vereinzelten Fällen. Im übrigen „hat die Gesetzgebung der Kaiserzeit der leibherrlichen Gewalt auch rechtlich eine Schranke gezogen, um den Sklaven gegen Mißhandlung, die Sklavin gegen Prostitution zu schützen". — Der Sklave konnte von seinem Herrn an einen anderen Herrn verkauft werden. Das Kind kann bei uns von seiner Mutter „gegen einmalige Abfindung verschenkt", kann ohne sein Zutun von einem Fremden adoptiert, von seinem Vater auch gegen seinen Willen Dritten in Pension gegeben, in ein Alumnat oder Kadettenhaus oder Erziehungsheim gegeben werden.

Kurz, es besteht eine vollkommene Analogie der privatrechtlichen, wie öffentlich-rechtlichen Situation und es ist nur bisher immer peinlich vermieden worden, *auszusprechen*, daß die Kinder nach europäisch-amerikanischem Recht *Sklaven* ihrer Eltern sind, nicht mehr und nicht weniger.

Man wird mir entgegenhalten, daß dies nur eine *äußerliche* Gleichheit sei, die doch durch die *Elternliebe* weitestgehend eingeschränkt würde. Aber da sieht man wieder den Sklaven mit unberechtigter Sentimentalität an. Auch der Sklave wurde, wenn er einigermaßen nett und einige Zeit im Dienste eines Herrn war, durchaus als Hausgenosse und quasi Familienmitglied empfunden und behandelt; nicht selten kamen rührende Fälle von Anhänglichkeit und Güte vor. Die „Sklaverei" lag eben lediglich in seiner *fehlenden Rechtspersönlichkeit*, genau so, wie bei uns bezüglich der Kinder.

Vielleicht das deutlichste äußerliche Zeichen für die Sklavenschaft der Kinder sind gewisse Bräuche des ihnen anerzogenen Verhaltens den Erwachsenen gegenüber, die sich in unseren Tagen zum Teil, wenigstens in der Großstadt, schon abschwächen, aber in breiten Kreisen (namentlich der Provinz) auch heute noch als feste Regel gelten: In Gesellschaft von Erwachsenen, namentlich aber bei Tische, hat das Kind nur zu reden, wenn es gefragt wird. Von den Speisen nimmt sich jeder Erwachsene, wann und wieviel ihm behagt, den Kindern *und Dienstboten* (!) wird ihr Essen zugeteilt. Kinder müssen auch aufessen, was ihnen aufgetan ist, und müssen jede Speise essen, auch wenn sie ihnen nicht zusagt. Kommt in einen Raum, in dem alle Plätze besetzt sind (z. B. auch in der Straßenbahn) ein Erwachsener und findet keinen Platz mehr, so haben „selbstverständlich" die Kinder aufzustehen und ihm Platz zu machen, obwohl ihre kleinen Beinchen und ihr junges Rückgrat oft wohl viel mehr Bedürfnis nach und Recht auf Ruhe hätten, wie das vieler Erwachsener. (Genau so, wie etwa in Indien, wenn ein Weißer — sei es auch nur ein Halbwüchsiger — in einen vollen Eisenbahnwagen eintritt, anwesende, auch erwachsene Indier ihm sofort Platz zu machen haben.) Kinder haben ihnen bekannte Erwachsene stets zuerst zu grüßen. („Das ist doch selbstverständlich! Sollen etwa die Erwachsenen zuerst grüßen?" — Nun, *Fürsten*kinder werden ebenso „selbstverständlich" von den erwachsenen Untertanen *zuerst* gegrüßt.) Hat der Erwachsene irgendeine Handreichung zu machen — sich einen Stuhl zu holen, seinen Hut wegzuhängen oder dergl., — so haben anwesende Kinder ihn zu „bedienen". Zum Geburtstage der Eltern haben die Kinder morgens zu erscheinen und ein Gratulationsgedicht aufzusagen; ebenso in frommen Familien zur Weihnachtsfeier. Bei einer Hochzeit trugen sie der Braut die Schleppe (als man noch solche trug). Sie werden von sämtlichen Erwachsenen *geduzt*, während sie umgekehrt jene zu siezen haben (genau, wie bis vor wenig Jahrzehnten und auf dem Lande heute noch teilweise, die Dienstboten und Knechte der Herrschaft gegenüber. Daß sie auch ihre Eltern zu siezen und womöglich mit „Herr Vater" und „Frau Mutter" ehrfurchtsvoll anzureden hatten, selbst wenn sie schon selbst erwachsen waren, gehört noch der jüngsten Vergangenheit an; ich selbst habe noch Beispiele gekannt. Wenn sie „unartig" sind, werden sie von den Eltern und auch anderen Erwachsenen, selbst ganz Fremden, denen sie lästig fallen, geschlagen (während es als unerhörtes Verbrechen angesehen werden würde, wenn umgekehrt ein Kind einen Erwachsenen oder gar jemand von seinen Eltern, Onkels usw. schlagen wollte), wennschon doch die sog. „Ungezogenheit" in Wahrheit meist nichts anderes ist, als eine natürliche instinktive Reaktion gegen eine dem Kind aufgedrängte und zugemutete, seiner Natur widersprechende Handlungs- und Verhaltensweise! — Kurz, wohin wir in der Lebenspraxis blicken, sehen wir, daß die Kinder unter einer *capitis diminutio* stehen, als minderwertige Klasse und rechtlos behandelt werden, weil sie schwächer sind, während sie bei den Naturvölkern, wie wir sahen, eben deswegen mit besonderer Schonung und Ehrfurcht behandelt werden. An sich ist dies auch das Natürliche: Der *Kranke* gilt ja auch uns als besonders berücksichtigungswert; ebenso die *Frau*, die lange Jahrhunderte hindurch eben wegen ihrer größeren Schwäche und Hilflosigkeit besondere Ehrfurcht und Rücksicht genoß. Wenn den Kindern gegenüber dieser Grundsatz ins Gegenteil verkehrt wird, so ist das eine ausgesprochene Rangordnung der Brutalität.

Daß die Kinder selbst, trotz aller Macht der Gewohnheit, den Druck dieser dauernden Unterordnung deutlich spüren, darüber kann sich jeder, der offene Augen und Ohren hat, leicht überzeugen. Ich fragte einmal den etwa 9-10jährigen Sohn eines mir befreundeten Herrn, rein aus psychologischem Interesse: „Hans, sag' mal: Freust Du Dich eigentlich, noch Kind zu sein, oder möchtest Du lieber schon erwachsen sein?" Er antwortete: „Eigentlich ist es ja schöner, Kind zu sein, aber ich möchte doch lieber schon groß sein". Auf meine etwas erstaunte Frage, warum dies, erklärte er: „Wenn man groß ist, *dann braucht man nicht mehr so viel zu müssen*". — Diese Antwort des Kindes erscheint mir sehr interessant: Es fühlt also auf der einen Seite durchaus, daß die Kindheit und Jugend, als die Periode der aufsteigenden Entwicklung, der sich entfaltenden Lebenskraft, der glücklichen Unkenntnis wirtschaftlicher Sorgen, beruflichen Aergers usw., dem reifen Alter im Grunde überlegen ist; aber die durch das Herrschaftsverhältnis von Elternhaus und Schule dem Kinde auferlegte *Unfreiheit*, die ständige *Gängelung und Bevormundung* lastet seelisch so schwer auf ihm, daß es lieber die an sich glücklichere Zeit des Aufbaus mit der des späteren Abbaus vertauschen wollte.

Die Kinder werden von den Erwachsenen in die Welt gesetzt ohne ihr Wissen und Wollen, lediglich aus egoistischen Motiven: *deren* Vergnügens halber, um nette kleine Haustiere in ihnen zu haben oder gar nur als unbeabsichtigte Nebenprodukte ehelicher Genüsse. Daraus schreibt sich die selbstverständliche moralische Pflicht[2] der Erwachsenen, solange die Kin-

2 Mit den Ausführungen des Herrn Verfassers stimme ich in der Sache überein, habe dies Buch ja auch mit besonderer Wonne drucken lassen. Nur, was er jetzt egalweg von ‚moralischer' Pflicht redet, ist — wie Stirner das ausdrücken würde — eine ‚fixe Idee' von ihm. Dies zu betonen zwingt den *Verleger* sein individualistisch-anarchistisches Gewissen. „Es gibt keine anderen Rechte und Pflichten als freiwillig zugestandene bzw. übernommene" sagt auch John Henry Mackay. — Alle Hinweise auf ‚natürliche' und ‚moralische' Rechte und Pflichten sind inhaltslose und sehr *gefährliche* Wortdrechseleien. — Man verzeihe mir diese Ausführungen, die über den gewöhnlichen Wirkungsbereich des Verlegers hinausgehen, wie der Verfasser sie verzieh, aber ich bin ja auch kein gewöhnlicher Geschäftsverleger, sondern an allen meinen Verlagswerken innerlich beteiligt. K. Z.

der noch nicht imstande sind, selbst zu produzieren, für ihre materielle Existenz in vollem Umfang aufzukommen. Bislang ist das auf *die* Weise erfolgt, daß es den ein Kind zeugenden Eltern überlassen blieb, in ihrer Wirtschaftsgemeinschaft das Kind mit zu ernähren, zu kleiden und unterzubringen. In unserem Zeitalter erweist sich das zusehends als unzureichende und ungerechte Form und die Einsicht breitet sich zusehends aus, daß die menschliche Gemeinschaft als solche die moralische Pflicht[2]) und ein *kollektives Interesse* daran hat, die junge Generation allgemein, in einer für alle Individuen gleichartigen einwandfreien Weise aufzuziehen.

Welche neuen Wege evtl. die Gesellschaft dafür einschlagt, bleibe hier außer Betracht. Sicher und zweifelsfrei ist, daß ein jedes Kind, das ins Leben tritt, einen *vollgültigen Anspruch* darauf hat, zureichend unterhalten zu werden, ohne irgendwie den dafür Leistenden dankbar und demütig sein oder das Gebotene als Güte und Gnade annehmen zu müssen. Denn das Kind ist noch absolut außerstande, „Geld zu verdienen". Versuche, es dazu zu mißbrauchen, wie sie das kapitalistische Jahrhundert üblich machte, verbieten sich uneingeschränkt, nicht nur aus elementarer Sittlichkeit[2]), sondern im gesellschaftlichen Gesamtinteresse, um des Aufwachsens einer gesunden und fähigen, nicht verkümmerten und verbitterten neuen Generation willen.

Das Kind selbst ist also durchaus mittellos und absolut außerstande, sich irgend etwas zu beschaffen: vom trockenen Brot angefangen bis zum Kino, vom Dach überm Kopfe bis zum Ankauf dieses Buches. Es hat nur zwei Möglichkeiten des eigenen Erwerbs: Betteln und „Klauen". Beides sind unter obwaltenden Umständen die für das Kind natürlichen Erwerbsarten. Das Kind *muß*, was es zum Leben braucht, entweder geschenkweise geliefert erhalten oder sich aus ihm erreichbaren Vorräten von Erwachsenen durch List besorgen. (Dieser letztere Weg war bekanntlich offiziell gestattet in Sparta, mit der Maßgabe, daß ein geglückter Diebstahl nicht verfolgt wurde. Ließen Knaben sich freilich dabei ertappen, blieb dem Bestohlenen das Recht der Rache ebenfalls ungestraft. Die Erklärung, daß man dadurch die Knaben zu mutigen und geschickten Kriegern erziehen helfen wollte, dürfte eine Verlegenheitsausrede für eine dem Volke nicht mehr logisch verständliche alte Sitte gewesen sein, die aus ganz primitiven Gesichtspunkten der Urzeit erwachsen ist.) *Jedenfalls stellen Kinder und Erwachsene, ökonomisch betrachtet, zwei wirtschaftliche Klassen mit einander entgegengesetzter Interessenrichtung dar*, was verschleiern zu wollen lächerlich ist. Die Erwachsenen sind leistungsverpflichtet, als Konsequenz ihrer Zeugetätigkeit. In welcher *Weise* sie sich ihren Verpflichtungen[2] entledigen wollen, ist Sache gesellschaftlicher Erwägung. Tun sie es nicht, hat das Kind ein moralisches Recht[2], sich auf *jede* dienliche Weise zur *Wehr* zu setzen und zur Selbsthilfe zu greifen. Um das zu vermeiden, muß die Gesellschaft auf dem Wege der *Liebe* das Aufwachsen der Kinder sicherzustellen bemüht sein. Sonst entstehen eben Zustände, wie wir sie jetzt in Rußland erleben, wo die Zahl der vagabondierenden Kinder im offiziellen Sowjet-Lexikon mit 360 000 angegeben wird — (was nach Erklärungen urteilsfähiger Personen in Wahrheit zu verzehnfachen wäre). Schärfster Einspruch ist jedenfalls dagegen zu erheben, daß nun die Erwachsenen, auf ihre *ökonomische Monopolmacht* gestützt und gesichert durch die körperliche Schwäche, die geistige Unwissenheit und Unreife, die seelische Schüchternheit und Ratlosigkeit des Kindes, die gesamte Jugend *gesellschaftlich versklaven* und zu einer Menschenklasse minderen Rechts herabdrücken. *Das Kind ist grundsätzlich genau so lebensberechtigt wie der Erwachsene,* — auf der Straße, wie in der Bahn, in der Wohnung, wie bei der Verfolgung seiner Interessen, wie in der Wahl seiner Gefährten usw.

Die seit dem Entstehen des Staates einsetzende und heute von den Eltern schon ganz mechanisch als selbstverständlich ausgeübte Methode, *das Kind als Mitmensch zweiter Klasse* zu behandeln, es den Erwachsenen gegenüber allenthalben *zurückzustellen*, muß (nicht etwa aus sentimentalem Mitgefühl, sondern im dringendsten Allgemeininteresse der menschlichen Gesellschaft) *radikal beseitigt* werden. Das verhängnisvolle elternegoistische, vom (priesterlichen) Staat der Semiten religiös gepredigte und bis heute überkommene *vierte Gebot*: „Ehre Vater und Mutter!" muß als *unsittlich* bloßgestellt werden. Leider sind die Fälle häufig genug, wo an den Eltern durchaus *nichts* zu „ehren" ist, sie vielmehr *minder*wertiger sind als das von ihnen gezeugte Kind. Wenn sie aber auch verehrungswert sind, so ist absolut nicht einzusehen, warum sie für ihr leibliches Kind im geringsten *mehr* Ehre und Autorität genießen sollen, als jeder andere, jung oder alt. „Ehre" gebührt dem, der durch besondere Betätigung sich als besonderer Ehre *wert* erwiesen hat, und dem von *allen*, nicht nur von den eigenen Kindern. Das vierte Gebot ist einfach *ein religiös verschleiertes Versklavungsmittel* der „Altersherrschaft" und der Sippe und heute zu *beseitigen*. Im Gegenteil: Das Kind ist planmäßig zur Unbotmäßigkeit aufzurufen, um es vor seelischer Verkrüppelung seines Charakters zu bewahren, der heute der Großteil aller Menschen unterliegt.

Das Kind hat das Vollrecht auf Leben und Freiheit und muß sich beide sichern können. Darum ist das Kind vor allem auch aufzurufen *gegen das geistige Verkrüppelungsinstitut der Schule*, die eine seelische und geistige *Gefahr für das Menschengeschlecht* bedeutet.

Die Beseitigung der Schule.

Die *Schaffung* der Schule war eine lange Zeit allmählich reifende, nicht leichte Arbeit. Erheblich schwieriger zu beantworten ist die Frage: *Wie werden wir die Schule wieder los*? Der *Staat* gibt sie nicht ohne Kampf auf Tod und Leben aus der Hand; das ist klar. Sie ist sein stärkstes, einfachstes und wirksamstes Herrschaftsmittel über daß ganze Volk. Ihm zuzumuten, er könnte etwa auf vielseitiges Verlangen freiwillig auf die Schulherrschaft verzichten, wäre ein so abenteuerlicher Gedanke, als träumte man davon, das faschistische oder bolschewistische Reich könnte, nachdem es sich mühsam die Presse unterworfen und damit die Mentalität seiner Untertanen restlos in die Faust bekommen hat, daran denken, selbst freiwillig die *Presse* wieder freizugeben und eine unbeeinflußte „Öffentliche Meinung" entstehen zu lassen. Schule und Presse werden so ungefähr das Letzte sein, was man dereinst mal dem Staat aus der Hand winden muß.

Die Lehrer? Wir haben im Deutschen Reich laut der amtlichen Statistik von 1927 Gymnasiallehrer 9 404, an höheren Mädchenschulen : 3 907 Lehrer, 10 904 Lehrerinnen, an Mittelschulen 6 450 Lehrer, 6 405 Lehrerinnen, an Volksschulen 145 933 Lehrer, 49 013 Lehrerinnen. Das macht — ungerechnet die Lehrkräfte an Fortbildungs-, Fach- und Berufs- und Hochschulen in Summa 232 016 Pauker. Alle diese sitzen fest und sicher auf ihren Kathederthronen, schwingen das Bakel-Zepter und schwellen im Glanz des Klassen-Königtums. Nicht einen großen Zeh weit machen sie Platz, wenn sie nicht gewaltsam entthront werden. Es ist kein bloßer Scherz, wenn ich hier auf königliche Allüren anspiele. Der „Machtfimmel" spielt eine gewaltige Rolle im psychologischen Kern des Lehrers. Nicht ohne Sinn dichtete der junge Schiller:

„Als Dionys
In Syrakus
Aufhören muß,
Tyrann zu sein,
Da ward er ein
Schulmeisterlein".

Dionysios II. von Syrakus soll nämlich, nachdem sein maßloser Despotismus ihn um die Volksgunst gebracht und 357 v. Chr. seinen Sturz und Flucht nach Korinth veranlaßt hatte, dort sein Leben durch Errichtung einer Unterrichtsanstalt für Kinder gefristet haben. Sein Leben lang der Herrscher sein — nicht nur nach Gesetz und Moral, sondern auch faktisch unter jeweils 40-50 Schülern einer Klasse stets derjenige, der allein alles weiß und alles kann, der — wenn auch nur unter Knaben oder Backfischen — immerhin doch von allen Seiten Ehrerbietung und Zuvorkommenheit, auf allen Seiten Zustimmung und Gehorsam findet, — das gebiert schon allmählich eine Herrschaftspsychologie, die jedem Psychotherapeutiker ein wohlbekanntes Phänomen ist.

Also Zehntausende stehen, psychologisch schwer gewaffnet, dem Staate als Hilfstruppe bereit, jeden Moment marschfertig, um sich mit Nägeln und Zähnen zur Wehr zu setzen gegen jeden Angriff auf das Palladium der Schulinstitution, das Piedestal ihres ganzen Nimbus, überdies die ganze Quelle ihrer wirtschaftlichen Existenz.

Die Eltern? Einst, als sie jung waren, hegten sie hier und da vielleicht selber ketzerische Gedanken über die Notwenigkeit der Schule und den Wert des in ihr Gelernten. Diese sind, wenn sie in die Elternrolle geraten, meist längst vergessen unter dem „Segen" der Schule. Sie nimmt für die ganze Zeit der vormittaglichen Hauswirtschaft das den Eltern wohl liebe, aber auch oft genug herzlich unbequeme, hinderliche Anhängsel der Kinder in sicheren Verschluß bis zum Mittagbrot und nachmittags, wenn die wohltätige Ruhezeit des Mittagschlafes dämmert, schmiedet sie die so gern lärmenden, unaufhörlich fragenden, die Hausgenossen belästigenden Kinder auf zwei, drei Stunden und mehr fest mit dringlichen Schularbeiten für den nächsten Tag.

Die Eltern sind in der Regel durchaus auf des Lehrers und des Staates Seiten, schon aus einem, einfachen, psychologisch stets ignorierten Grund: *Weil beide Parteien Erwachsene* sind und für die Kindesseele kein Verständnis mehr haben.

So ist es hier, wie bei allen Emanzipationen sich befreiender Klassen in der Weltgeschichte: Die Emanzipation von der Schule muß das Werk der Schüler selbst sein.

Wie kann man diese Emanzipation erwarten?

Nicht durch Gewalt, noch irgendwelchen plötzlichen Akt, geschweige denn von heute auf morgen. Mit Gewalt kann die Schülerschaft gar nichts erreichen. Schon aus dem einen einfachen Grunde nicht, weil sie keineswegs nur schlichten menschlichen Kräften gegenübersteht, sondern viel wirksameren, sachlichen, tückischen Fernwaffen: dem Prüfungs- und Berechtigungs-Wesen. Wir erwähnten schon oben, daß das so viel kritisierte, immer wieder von neuem verworfene und mit unbegreiflicher Zähigkeit immer wieder am Leben gebliebene und sich fröhlich auswachsende System der Prüfungen und Berechtigungen eine weit tiefer gehende Bedeutung habe, als die harmlose Feststellung, ob dieser oder jener Schüler in Religion eine II, in Rechnen aber nur eine IV erreicht habe: Es ist die unterirdische, dem oberflächlichen Blick gar nicht erkennbare, aber im Ernstfall schnell und schmerzhaft fühlbare Verfestigung all der Winkelhaken und Ketten, welche das Schulinstitut „stabilieren, wie einen Rocher de Bronce". Wer irgendwie nicht ganz ordnungsgemäß und vollständig seine Schule durchlaufen hat, dem fehlen die betreffenden Zeugnisse. Wem Zeugnisse fehlen (vor allem das Abgangszeugnis), der ist von vorneherein suspekt und anrüchig und der bekommt keine Stellung. Und wer keine Stellung bekommen kann, der kann sich in der korrekten europäischen Kultur nur gleich an die Hühner verfüttern lassen, und wenn er ein Genie an Begabung, ein Wunder an Fleiß wäre. Das Können wiegt nichts, das Zeugnis alles. Das Publikum aber schwört auf dieses Papier. Dafür ist es ja lange Schuljahre hindurch zur Genüge verblödet worden, hat als sein Evangelium gelernt, daß ein gewöhnlicher Laie nicht zu beurteilen imstande sei, ob und was ein anderer wisse und könne, daß aber ein amtliches Zeugnis unfehlbar sei und absolute Gewißheit biete. Darum hält das Publikum an diesem einzigen Instrument seiner Sicherheiten krampfhaft fest und dehnt seine Macht immer mehr aus und wird sich empört jedem widersetzen, der diese ihm unersetzlichen Dokumente für spätere Zeiten aus der Hand zu schlagen sich erdreisten will.

So scheint die Schülerschaft von allen Seiten her hilflos eingekreist und den Lehrern in Schule und Leben für alle Zeiten preisgegeben. Ein einziges Mittel ist ihr neuerdings entstanden, das ihr Hilfe verspricht: *die Sabotage*. Sie wird dereinst das Instrument sein, das der eingekreisten Schülerschaft den Weg ins Freie weist.

Ich will hier nicht etwa den Anschein erwecken, als kitzele mich die Idee Winke und Ratschläge für den ernsten Kampf mit der Schule um ihre Existenz zu geben. Dafür ist es noch längst nicht an der Zeit Unsere heutige Generation erlebt ihn nicht mehr. Und außerdem: Wo ist der erwachsene Philister, der sich darauf verstände, halbwüchsigen Schülern und Schülerinnen Hilfsstellung zu geben, wenn es für sie gilt, unliebsamen, wohl gar unbeliebten oder anmaßlichen Lehrkräften ein Bein zu stellen? Da kommen wir Alten in der Geistesgegenwart, dem harmlos-treuherzigen Blick, der naiven Dreistigkeit und was dazu alles notwendig ist, mit der Jugend doch nicht mehr mit. Aber jeder, der Schulkinder kennt, jeder, der selbst mal eins war und die Zeit noch nicht vergessen hat, weiß zur Genüge, wie hilflos die Schulverwaltung ist, wenn die Schülerschaft erst einmal begriffen hat, daß alles das, womit ihr Herz und Geist hier in spanische Stiefel eingeschnürt wird, ohne jeden ernsten Wert für das praktische Leben ist, daß ihr dies nur suggeriert wird, um ihren Fleiß und Aufmerksamkeit dauernd konzentriert zu halten, daß sie nur lernen muß, ein „tüchtiges Mitglied der menschlichen Gesellschaft", d. h. ein gefügiger und bequemer Staatsbürger zu werden. Sobald damit die ganze hohe Ehrfurcht vor Schule, Schulwissen und Lehrern verloren gegangen ist, sobald der *gute Wille* der Schüler nicht mehr existiert, ist auch die Schule unmöglich geworden und mit allen Strafen und Verordnungen nicht wiederzubringen. Ob die Leib- oder Kopf- oder Zahnschmerzen eines Jungen oder Mädels so schlimm waren, daß sie den Unterricht versäumen mußte, ob er, als er im Ungeschick die Treppe hinunter oder vom Turngerüst fiel, sich so wehtat, daß er heimgehen mußte und dergleichen, können weder Lehrer noch Eltern wirklich beurteilen. Ob es ein übler Zufall ist, daß es bei warmem Wetter in der Klasse so seltsam riecht, wenn man aber die Fenster öffnet, ein höchst störender Radau auf der Straße herrscht, oder ob der Maikäfer, der surrend durch das Zimmer fliegt und nicht zu fangen noch herauszubringen ist, wirklich während der Pause durch das offene Fenster kam; ob die Bank „schon immer" so schadhaft war, daß sie bei der kleinsten Berührung quietscht; wie und wohin kurz vor den Zensuren das Klassenbuch verschwinden konnte, das alle Unterlagen dazu enthält, usw. usw., das und tausend andere Dinge sind ohne den guten Willen und die wirkliche Selbstanteilnahme der Schüler nicht aufzuklären, ein ungestörter Unterricht ist von der Schülerschaft absolut abhängig und durch keine äußerliche Gewalt zu ersetzen. Sogar einzelne gutgesinnte Schüler vermögen nichts dagegen, wenn in der Klasse in gewissen Fächern bei gewissen Lehrern Stimmung für Passivität und Widerstand gegen den Unterricht herrscht. Also wenn der Schüler erst die Situation begriffen hat und ihm am Erfolg des Unterrichts selbst kein Wert mehr liegt, so ist die Schule geliefert. Sobald der Unterricht dem Schüler nicht mehr wirklich Lebenspflicht ist, sondern nur noch eine höchst lästige, nicht ernst zu nehmende, nur leider nicht einfach zu beseitigende Tretmühle, dann wird der „Gesundheitszustand" der Schulen sich andauernd verschlechtern, das Niveau des Klassenpensums ständig sinken, das Unterrichten für den Lehrer immer schwieriger und freudloser werden, die Unruhe und Unaufmerksamkeit immer stärker, das Gedächtnis der Schüler immer geringer, die Ablenkung immer leichter und auch die immer abnehmende Schar der paar Streber und Angstmeier die Herrschaft des Lehrers nicht mehr aufrechterhalten können. Dann wird man immer mehr mit der Schülerschaft und ihren Bestrebungen paktieren, sich mit ihr abfinden müssen und allmählich wird das Zwing-Uri der Jugend sein Grauen verlieren.

Nur eins ist dabei noch zu beachten: die lähmende Herrschaftsstellung, die hilflose Unterwürfigkeit der Schüler unter die Doppelherrschaft von Eltern und Lehrern, beruht hauptsächlich darauf, daß der Staat in seinem ausgeklügelten Schulsystem den einzelnen Schüler zu *isolieren* gewußt hat. Innerhalb der Klasse selbst sind ihm, wie schon gesagt, die Kameraden als unermüdliche Konkurrenten auf den Hals gesetzt worden. Das raffinierte System des *Kollektivunterrichts* ist geschaffen und ausgebaut zu einer — dem Lernwesen ganz wesensfremden — Anstachelung des Ehrgeizes und der Eitelkeit der Schüler. Diese werden dadurch von dem natürlichen Gegensatz und der Feindschaft der Klasse zum Lehrer abgelenkt und in eine gegenseitige Konkurrenz gebracht. Das alte römische System des „divide et impera"! Es kommt für den Schüler jetzt nicht nur darauf an, daß er sich einen Wissensstoff geistig aneignet, sondern: wie die körperliche Ausbildung durch Sportfimmel und Rekordsystem verdorben wird, so wird unter den Schülern nun auch ein dauerndes gegenseitiges Wettrennen eingerichtet, wie „gut" oder „schlecht" der Einzelne sich die geistige Aneignung zur größeren oder geringeren Zufriedenheit des Lehrers geleistet hat. Eine andauernde Zensurierung aller Klassen-„Leistungen" des Schülers macht ihm das Leben zur Hölle und setzt den einen Schüler dem andern — eben *durch* seine Leistungen — zum Nebenbuhler und damit indirekten Feind. Jedes Nachlassen im Erfüllen der vom Lehrer gestellten Aufgaben würde sich sofort durch ein Zurückstehen gegenüber den andern, also eigene Benachteiligung charakterisieren und treibt dadurch jeden Schüler an, von selbst und scheinbar „aus eigenem Interesse" sich nach Möglichkeit anzustrengen. — Immerhin ist diese Seite des Systems etwas durch die natürliche Solidarität der Klasse ausgeglichen.

Innerhalb der *Gesamt*schülerschaft ist die einzelne Schule aber vollkommen isoliert. Eine gegenseitige Verbindung und Unterstützungsmöglichkeit zwischen den verschiedenen Schulen und gar Städten liegt daher ganz außer dem Bereich der Möglichkeit. Dieser Mangel muß wettgemacht werden, und zwar rechtzeitig, ehe es einmal etwa hart auf hart kommt. Wie bei einer jeden menschlichen Gruppe, so kann auch die Befreiung der Schülerschaft nur ein Werk ihrer selbst sein. Kein außenstehender Mensch kann ihr dabei anders helfen, als höchstens beratend und unterstützend. Nur auf Grund eines umfassenden *solidarischen* Zusammenschlusses kann sie die Fesseln sprengen, in die sie geschmiedet ist. Ist aber eine solidarische Aktion gesichert, so ist auch deren Erfolg gesichert. Denn nur die ständige freiwillige Unterwerfung der Schülerschaft gewährt ja den sie beherrschenden Gewalten — Lehrerschaft, Elternschaft und Staatsbehörden — die Möglichkeit ihrer Unterdrückung. Mit dem Augenblick, wo die Schülerschaft geschlossen ihre Botmäßigkeit verweigert, fliegt die ganze Schulinstitution rettungslos in die Luft.

Der einzige abschreckende Gedanke ist dabei — natürlich — die Konkurrenz der Streikbrecher. Solange z. B. größere Massen von Schülern abseits stehen und sich nach wie vor der Herrschaft beugen, liegt eine wirksame Drohung darin, daß es heißen wird: Ihr schädigt lediglich euch selbst; wenn ihr euch den gestellten Anforderungen entzieht, so werden eben andere das Rennen machen, die Examina bestehen, die damit gewährten Berechtigungen erringen, euch Renitenten alle guten Stellen im Leben wegnehmen. Ihr werdet früher oder später zu Kreuze kriechen müssen und dann lediglich soundsoviel Zeit verloren haben, ein Jahr oder wie lange die Last des Schulzwanges länger ertragen müssen, überdies das Kainsmal des lächerlich gewordenen Revoluzzers an der Stirn tragen und euch nicht wundern können, wenn ihr fürderhin noch allenthalben zurückgestellt und mißliebig angesehen werdet.

Hält aber umgekehrt die Schülerschaft innerhalb eines Staates — am besten innerhalb des ganzen deutschen Sprachgebietes — einmütig zusammen, so müssen die sie beherrschenden Gewalten innerhalb längstens weniger Wochen oder Monate demütig klein beigeben. Denn die Jugend ist die Zukunft des Volkes und die Gesellschaft *braucht* unweigerlich einen ständigen ununterbrochenen Nachwuchs nicht nur an Aerzten, Juristen, Beamten, Ingenieuren und was es alles gibt, sondern auch an einfachsten Arbeitern usw. mit guter Volksschulbildung. Sie kann sich unmöglich dem

Risiko aussetzen, daß es auch nur ein Jahr lang einmal durch etwa einen durchgeführten Schulstreik an dem normalen Nachwuchs fehlt.

Am einfachsten und leichtesten ist einleuchtenderweise der Druck gerade innerhalb des *Proletariates* zu erzielen. Denn brauchbare Fabrik- oder Landarbeiter können zumeist auch Personen werden, die sich der Schule oder den letzten Jahren derselben vollständig entzogen haben. Was sie darin an *praktischen* Kenntnissen und Fertigkeiten lernen, die ihnen berufsmäßig unentbehrlich sind, — etwa ein wenig Rechnen oder dergl. — das könnten sie mit Kußhand privatim irgendwie lernen, in weit kürzerer Zeit, als die Schule dazu braucht. Das meiste, was die Grundschule über Lesen und Schreiben und elementarstes Rechnen hinaus lehrt, (wie etwa Religion, Geschichte und Geographie, deutscher Aufsatz usw.) lehrt sie nur im Interesse des Staates und ist dem Erwachsenen keineswegs sachlich erforderlich. Kein Unternehmer wird einen sonst Gutes leistenden Landarbeiter oder Fabrikarbeiter deswegen nicht einstellen, weil er in diesen Punkten nicht alle Vollkommenheit des Volksschulunterrichts genossen hat; denn der geschäftliche Profit allein ist für ihn das Maßgebende. Dafür sind denn die Funktionäre der sog. „gebildeten" Stände und Berufe für die Gesellschaft desto dringender nötig, desto unentbehrlicher.

Wie soll nun diese erforderliche *Solidarität erreicht* und gesichert werden? Zwischen der Schuljugend schon verschiedener Schulen der Großstadt besteht kein enger Zusammenhang, die verschiedener Städte und Dörfer gar steht ohne jede gegenseitige Fühlung da.

Diese zu schaffen ist also das erste und notwendigste Erfordernis. Sie etwa erst zum Zweck der einzuleitenden konkreten Aktion zu schaffen, wäre ein aussichtsloses Beginnen. Denn dazu gehört lange Zeit und außerdem würde der Staat sie in solchem Fall schleunigst und erfolgreich zu verhindern wissen. Es muß also von langer Hand eine feste Verbindung der ganzen deutschen Schülerschaft geschaffen werden, die zunächst nur der allgemeinen Wahrung ihrer gemeinsamen Interessen dient, dann aber — über Jahr und Tag einmal, wenn ein geeigneter Zeitpunkt gekommen ist, — auch eine zuverlässige Grundlage für einen aktiven Vorstoß bietet. Also *Gründung eines „Schülerschutzverbandes für die deutschsprachlichen Gebiete"*, der — parteipolitisch ganz neutral — Fühlung zwischen *allen* Schulsklaven herstellt, einen ständigen Gedankenaustausch zwischen ihnen herbeiführt, alles Material über anstößiges Verhalten von Lehrern (bzw. auch Eltern in Schulangelegenheiten) sammelt und veröffentlicht, evtl. in geeigneten Fällen geschehenen groben Unrechts dem Benachteiligten einen genügenden Rückhalt für Abwehr sichert, schwere Uebergriffe anprangert, in schlimmen Fällen auch einmal die Absetzung eines Seelenschädigers in beamteter Stellung erzwingen kann. (Mit der Herausgabe der Zeitschrift „Der Schulkampf" ist ja etwas ähnliches schon erstrebt. Aber dies ist bewußt parteipolitisch und damit für unsere Zwecke leider nicht mehr in Frage kommend. Denn *jede* Partei, sei sie dem augenblicklichen Staat noch so feindselig der Richtung nach, ist als Partei schon wieder extrem staatserhaltend. Jede Partei will vor allem wieder den Staat beherrschen, die anderen Volksgenossen unter ihr Joch zwingen.)

Im Anfang wird begreiflicherweise für die Gründer eines solchen Bundes, die Vertreter einzelner Schulen oder Städte, selbst die einfachen Mitglieder, solange die Organisation noch klein ist, eine gewisse Gefahr vorhanden sein. Die Lehrerschaft kennt sehr wohl die Wahrheit des Rates: „Principiis obsta!" und wird schleunigst alles tun, um dies unbequeme und gefährliche Kindlein im zartesten Alter zu erdrosseln. Hier müßten also *Freunde der Schülerschaft* eingreifen, die *außerhalb der Schulgewalten* stehen. Das wird aber keinerlei Schwierigkeiten machen. Es sind ja Präzedenzfälle für derartiges vorhanden. (Beim Wandervogel z. B. war ja aus analogen Gründen seinerzeit die Organisation auch derart vorgenommen, daß der eigentliche formelle Bund sich lediglich aus dem Schulleben bereits entronnenen Personen zusammensetzte). Ein solches Skelett der Organisation könnte sich aus einer verhältmäßig *kleinen* Anzahl von Personen zusammensetzen. Seine Leitung würde dann die erforderliche Fühlung mit den Vertretern der verschiedenen Einzelschulen, Städte usw. aufrechterhalten, ohne daß diese irgendwie nach außen hervortreten oder bekannt werden müßten, während diese wiederum die Mitgliederschaft ihrer Schule an der Hand hätten, ohne mehr als notwendig über die auswärtige Mitgliedschaft unterrichtet zu sein. Damit wäre allen etwaigen Nachteilen vorgebeugt, welche einzelnen Schülern aus der Beteiligung an der Organisation erwachsen könnten, und für die Schülerschaft selbst dürfte das etwas Geheimnisvolle, welches mit derselben verknüpft wäre, bei den Stimmungen und Neigungen dieses Lebensalters nur die Anziehungskraft und das Interesse erhöhen.

Auf diese Weise könnte auch das literarische Organ des Bundes leicht allenthalben Verbreitung finden.

(Selbstverständlich und kaum der Erwähnung bedürfend ist, daß alles über den direkten Zweck der Organisation Hinausgehende streng aus ihrer Handhabug und Aeußerung verbannt bleiben müßte. Namentlich jede irgendwie einseitige Stellungnahme in religiöser, politischer oder sonstiger Hinsicht müßte ausgeschlossen bleiben. Es wäre erste Pflicht der Leitung, hierauf peinlich zu achten und auch bei der Auswahl von Mitgliedern der offiziellen, nach außen bekannt werdenden Skelettorganisation sowie der Vertreter einzelner Schulen auf diesen Punkt sorgfältig zu achten.)

Hauptaufgabe dieser Organisation wäre es dann, die wesentliche Gefahr zu eliminieren: das Prüfungs- und Berechtigungssystem. Hier hat ja erfreulicherweise nun schon seit langen Jahren aus sehr triftigen sachlichen Gründen die moderne Pädagogik immer lauter ihre Stimmen erhoben.

Hier müßte die zu leistende Arbeit tatkräftig und zielbewußt weiter einsetzen. Und zwar liegen m. E. folgende Aufgaben vor:

1. Den Kindern, kleineren wie größeren, müßte planmäßig der Rücken gestärkt, das Vertrauen zu sich selbst geweckt, die Angst vor anderen — Eltern, Lehrern, sonstigen Erwachsenen — genommen, Schutz verheißen werden, so daß sie die Einsicht gewinnen, daß sie in jeder Hinsicht vollgültige Mitglieder der menschlichen Gesellschaft sind, in die sie ohne ihr Zutun gesetzt wurden, und daß diese moralisch verpflichtet ist, ihnen jede dienliche Hilfsstellung zu geben, um ihnen solche Ausbildung zu gewähren, die ihnen später ermöglicht, auf eigenen Füßen zu stehen, sie auch gegen jede ungebührliche Zumutung zu schützen, vor allem etwaige unberechtigte Forderungen der Schule und des Staates abzuwehren.
2. Den Eltern den Rücken zu stärken, wenn diese vor der angemaßten Macht der Schule und des Staates kleinlaut werden, vor deren Auftrumpfen zu Kreuze kriechen, womöglich aus Bange vor etwaigen eigenen konventionellen Peinlichkeiten oder Vorstellungen selbst dem natürlichen Verhalten ihrer Kinder entgegen arbeiten. Ihnen namentlich zu erkennen lehren, welch ein Humbug in letzter Linie das geistige Schulwissen für die Anforderungen des praktischen Lebens ist, welche Bemühungen allerseits unablässig gemacht werden, um mit dem Schreckgespenst des Berechtigungswesens aufzuräumen und wie aussichtsreich die eigenen Selbstenfaltungen der Kinder zum Ziele führen.
3. Die Lebenspraxis überall sachverständig und sorgsam daraufhin prüfen, welche Art und Weise der geistigen Entfaltung für

die Kinder — im Allgemeinen, wie evtl. für bestimmte Lebensgebiete besonders — solche ist, die den Kindern als am besten empfohlen werden kann.

4. Die Menschen der Praxis unablässig darüber aufzuklären, daß sie tatsächlich auch selbst besser fortkommen, wenn sie nicht durch Herrschaftssysteme langer Jahre niedergedrückte, einseitig auf Gehorsam und Untergebenenmentalität gedrillte, sondern frei entwickelte Mitarbeiter bekommen; in diesem Sinne planmäßig Menschen vorbereiten und sammeln, welche bereit sind, ohne ängstliches Schielen nach Vorhandensein und Ausfall von Schulzeugnissen selbst die Augen aufzumachen und zu prüfen, was jeder einzelne Aspirant weiß und kann.
5. Alle Kinder mit einander und mit der Organisation selbst in Verbindung halten, sie von allen Schritten der Organisation unterrichtet und über deren (günstige wie ungünstige) Ergebnisse auf dem Laufenden zu halten, auch in ständigem Gedankenaustausch mit ihnen bleiben.
6. Alle Hände dazu bieten, um die Vermehrung und Ausgestaltung von Kinderheimen zu fördern wo den Kindern ein wirklich freies Aufwachsen nach eigenem Bedürfnis gesichert ist.
7. Gestaltung des Verbandes auf durchaus gesellschaftlicher, vom Einfluß sowohl staatlicher wie sonst irgendwie politischer, religiöser oder sonst einseitiger Richtungen freier Tendenz, unter alleiniger Pflege des Ziels: Wie kann eine einerseits nützliche und hilfreiche andrerseits freie und auf den Insassen selbst ruhende Weise des Lebens und Sichauswachsens gesichert werden? (Hierin liegt von selbst eine pazifistische und übernationale Mentalität.)
8. Unablässige Aufklärung über staatlich-herrschaftliches Wesen der Schule und Förderung auch wissenschaftlicher, historischer, kulturlicher usw. Forschungen über dies neue Thema und Verbreitung dieser Auffassung unter Kindern sowohl wie unter Erwachsenen.

Alle diese Aufgaben bedürfen keiner besonderen Formen oder Vorbereitungen, sondern können allenthalben erfüllt werden, wo das Zusammensein mit anderen Menschen Anlaß dazu bietet.

Seit langen Jahrhunderten, seit der Begriff des Staates existiert, sind in unserer Zivilisation die Kinder, vom ersten Tage ihres Lebens an bis zum Tag der Entlassung aus der Schule und z. T. noch darüber hinaus, planmäßig unterdrückt und eingeschüchtert worden; von den Eltern, den Lehrern, den Erziehern, überhaupt allen Erwachsenen, wenn auch vielfach unbeabsichtigt und unbewußt. So ist das Ergebnis zustande gekommen und aufrechterhalten worden, daß der „Kulturmensch", d. h. der *Staatsbürger* ein verschüchtertes Wesen geworden ist, der sich sein eigenes Leben nicht zu leben getraut; ebenso, aber noch weit stärker, wie es bis in unsere Zeit hinein die *Frau* war, die unter der Last schwerer auf ihr lastender Jahrhunderte der Knechtschaft bis in die neueste Zeit hinein kaum wagte, aufzusehen, sich dem Mann gleichzustellen, ihre eigenen Wünsche und Ansichten ebenso nachdrücklich, wie er zur Geltung zu bringen. Diese Verkümmerung muß erst einmal wieder gut gemacht, rückgängig gemacht werden: Es gilt die Kinder *aufsässig* und *unbotmäßig* zu machen, wo und wie es möglich ist. Sie müssen erst einmal wieder sich bewußt werden, daß sie deshalb, weil sie noch jung an Jahren, an Kräften, an Erfahrungen sind, *nicht den geringsten Anlaß* haben *schüchtern zurückzustehen*, sich irgendwie geringer an Wert einzuschätzen, als irgend einen Erwachsenen, ebensowenig wie ein rothaariger minderwertiger ist als ein blond- oder schwarz-haariger.

Diese Lehre bedarf keiner besonderen Formen oder Voraussetzungen. Sie kann *jeder* an das Kindesgemüt heranbringen, der nur überhaupt irgendwo irgendwann Gelegenheit hat, an Kinder heranzukommen. Die Einsicht in die heutige bisherige Kindersklaverei und ihre Unwürdigkeit, das Schlagwort von der Kinder-Emanzipation müssen Gemeinplätze der Anschauung und des Verhaltens werden. Dann werden auch die Menschen der kommenden Generationen wieder aufrechte, selbstsichere, auf sich selbst vertrauende Mitmenschen werden.

* * *

Manche werden sagen: Gott, na ja, es sind ja einige ganz beachtliche Gedanken in dem Buche enthalten; aber daß man die ganze Schule deswegen abschaffen sollte, ist doch eine absurde Idee. Die pädagogische Wissenschaft hat ja immer mehr schon den Wert der individuellen Neigungen, der Selbständigkeit und freien Bewegung des Schülers betont und das wird auch in der Praxis der neueren Schule immer mehr anerkannt. Dabei wird es weiter bleiben und diesen Verlauf der Dinge kann man getrost abwarten.

Vor diesem Optimismus und Quietismus möchte ich zum Schluß noch nachdrücklich warnen:

Die *Pädagogik* hat schon bei Rousseau u. a. die Freiheit des Kindes und seiner Entfaltung verlangt, aber kein *Staat* hat daran gedacht, dem nachzugeben. Wenn heutzutage hie und da der Staat die Zügel locker lassen zu wollen scheint, so ist das nichts weniger, als daß er nun sich zu solcher freiheitlichen Auffassung der pädagogischen Entwicklung *bekehrt* hat, sondern die bislang von ihm angewendeten alten Herrschafts*mittel* beginnen zu *versagen*; er fühlt, daß er dem modernen Menschengeschlecht gegenüber andere — in der *Form mildere*, dem Individuum weniger fühlbare, aber eben deshalb *wirksamere* — anwenden muß, um seine Herrschaft ungefährdet zu erhalten. *Deshalb* nimmt er die Attitüde der freieren Selbständigkeit des Schülers an. Wir können das als eine *winzige Abstandszahlung* in Kauf nehmen, dürfen aber nie aus dem Auge lassen, daß es eine unwesentliche Scheinkonzession ist, ein kleiner Schritt vorwärts auf dem Weg zu dem noch fernen Ziel, und daß *das prinzipielle Ziel der vollständigen Freiheit* bis zum Ende verfolgt werden muß. Das fortgesetzte Unterminieren der Festung darf nicht aufhören, bis sie stürzt.

Die Finanzierung der Neuordnung.

Zum Schluß wären noch einige Worte über die *Finanzierung der vorgeschlagenen Kinder-Heimstätten* zu sagen: Eigentliche Neukosten würden daraus ja allerdings nicht erwachsen, im Gegenteil: volkswirtschaftlich sogar voraussichtlich eine erhebliche Ersparung; denn erstens ist natürlich ein Gemeinschaftsleben sehr viel billiger, als dezentralisiertes Aufwachsen der Kinder in zahllosen einzelnen Familien. Man denke nur an den regelmäßigen Massenbezug von Lebensmitteln, Rohstoffen aller Art, Möbeln, Spielwaren, Kleidungsstücken usw. Zweitens würde ja erstrebt werden, daß die Kinder sich in großem Umfang ihre Kleidung, ihr Spielzeug, z. T. auch Mobiliar selbst herstellen, ihr Essen selbst zubereiten und überdies würde allenthalben der Grundsatz des „simple life“ in Wohnung, Kleidung und Kost propagiert und „guter Ton“ werden. — Auch ist es in der großen Horde viel leichter, daß Spielwaren, Kleider, Bücher usw., die der eine gebraucht hat, an einen anderen übergehen können, als es selbst in kinderreichen Familien geschehen kann, in denen niemand sich mit Eigentumsfanatismus an seine Gebrauchsgegenstände festzuklammern braucht, da er ja schließlich immer alles haben kann, was er braucht. — Schließlich wird auch wirtschaftliche Produktionstätigkeit der Kinder natürlich durchaus gefördert werden und es erscheint durchaus annehmbar, daß größere Kinder schon besondere Anlagen und Interessen, die sie haben, auch nutzbringend verwerten, um sich gewisse Sondereinnahmen zu verschaffen; sei es, daß sie in kleineren Gruppen Feldbau und Gartenbau betreiben oder handwerklich Gegenstände herstellen oder sonst dergleichen.

Immerhin ist natürlich klar, daß zunächst für Anlegung und Unterhaltung der Anstalten große Mittel erforderlich sind, die hinter den Kosten der heutigen Schulverwaltung kaum zurückbleiben dürften, und der Staat, der sie heute trägt und aus dem Steuerfonds deckt, soll ja der Schule fern bleiben. Wie werden also diese Summen am besten beschafft?

Die formell einfachste Lösung wäre ja, die Kosten im Rahmen der sonstigen periodisch zu vereinbarenden Gemeinde-Abgaben (für Wasserleitung, Fäkalienabfuhr, Feuerwehr usw.) auf die Gemeinden umzulegen und so auf alle Eltern oder überhaupt alle Gemeindeangehörigen zu verteilen. Da durch die neue Einrichtung den Eltern die Kosten für die Aufzucht ihrer Kinder erspart werden, wäre es in der Hauptsache nur eine Verschiebung. Mehrbelastung entstände dabei nur für Unverheiratete und kinderlose Ehepaare, je nach Maßgabe ihrer objektiven Leistungsfähigkeit, und das wäre ja ein durchaus erwünschter Ausgleich.[3]

Es gibt aber auch noch eine andere Möglichkeit: Das wäre die Einrichtung einer *allgemeinen freiwilligen Mutterschafts-Rentenversicherung*, wie ich sie schon vor mehr als zwanzig Jahren vorgeschlagen habe. („Mutterschutz“, Jahrgang II, 1906, S. 149-156. Frankfurt a. Main, J. D. Sauerländer.) Danach wären von jedem zeugungsfähigen Mann und gebärfähigen Weib jährliche Versicherungssummen zu zahlen, die in einen unter öffentlicher Aufsicht stehenden Fonds flössen und verzinst würden, mit der Maßgabe, daß aus diesem Fonds die Mittel für die Aufziehung aller von den Versicherungsteilnehmern gezeugten bzw. geborenen Kinder zu decken wären (natürlich gleichviel, ob ehelich oder unehelich; dagegen

3 Dieser etwas ‚kommunistische‘ Wunsch, Leute für Dinge, die sie gar nichts angehen, mit Abgaben zu belasten zugunsten anderer, scheint mir im Widerspruch zu stehen mit des Verfassers sonstigen Anschauungen. Der Verleger.

könnten evtl. dabei Bestimmungen vorgesehen werden, durch welche die heute mögliche unterschiedslose Fortpflanzung auch von Alkoholikern, Syphilitikern und analogen konstitutionell minderwertigen Personen eingeschränkt wird). Meine Vorschläge sind damals ohne Beachtung geblieben. Neuerdings aber hat der Berliner Universitätsprofessor Dr. Grotjahn sich in sehr dankenswerter Weise für diese Gesichtspunkte eingesetzt und sie, mit einigen Modifkationen, in Wort und Schrift vertreten.

Machen Kinder von dem Aufwachsen in der Schülergemeinde keinen Gebrauch, sondern ziehen es vor, im Elternhause zu verbleiben (die Entschließung liegt natürlich durchaus bei den Kindern), was namentlich auf dem Lande vorkommen kann, und sei es auch nur für eine Reihe von Wochen oder Monaten, so wäre selbstverständlich ein rechnerischer Ausgleich herbeizuführen. Gesichert wäre dabei jedenfalls das erwünschte Ziel, daß alle Kinder des Volkes unter gleichen Bedingungen aufwachsen und nicht in die frühe Jugend bereits das Gift der Klassenscheidung und der Verschiedenheit der wirtschaftlichen Lage hineingetragen wird.

NACHWORT.

Die vorstehende Arbeit ist eigentlich nur ein Kapitel aus einem viel umfassenderen und weitschichtigeren Werke, dessen Titel lauten soll:

DER STAAT.

GEDANKEN UND MATERIALIEN ZUR ERKENNTNIS UND ÜBERWINDUNG DER ÖFFENTLICHRECHTLICHEN ZWANGSORGANISATION.

Dieses Buch, das ursprünglich nur auf einige Druckbogen angelegt war, ist mir unter der Feder ständig dermaßen angeschwollen, daß ich heute fast fürchte, nach meinem seligen Tode wird einmal der Verwalter meines literarischen Nachlasses es als einen ungefügen Torso in meinem Schreibtisch finden. Darum erscheint es mir praktisch, das eine oder andere abgeschlossene und für sich selbständige Kapitel als besondere Publikation voraus der Oeffentlichkeit zu unterbreiten.

Das lebhafte Interesse, welches in unserer Epoche der Schulreform gerade *pädagogische* Fragen im Publikum finden, legt es mir nahe, mit dem — an sich ja erst viel später im Text aktuell werdenden — Kapitel der *Schule* den Anfang zu machen. Dies Kapitel ist an sich durchaus selbständig. Es scheint mir jedoch zum besseren Verständnis zweckmäßig, den Leser wenigstens flüchtig darüber zu unterrichten, in welchem grundsätzlichen *Zusammenhang* es mit dem Inhalt des *ganzen* Werkes steht, und darum in ganz gedrängter Kürze nachstehend den Gedankengang zu skizzieren, den das Werk „Der Staat" vertritt.

* * *

Der Staat.

Der Staat ist keineswegs, wie gemeinhin angenommen wird, eine natürliche und notwendige Erscheinungsform menschlichen Gemeinschaftslebens, noch eine schätzbare, wertvolle Errungenschaft der Kulturentwicklung. Er ist im Gegenteil ein aus Hader und Störung der ruhigen Kulturentwicklung entsprossenes Kind des Krieges und der Herrschsucht. An der Wiege der Kultur stehen keine „Staaten", sondern friedliche Siedlungen ohne Haß und Feindschaft. Der führende Menschentypus, aus dem anfänglich alle Kultur erwachsen ist, ist denn auch das *Weib*, und solange dieses die Zügel der Kulturentwicklung in der Hand hielt, gab es auch keinen Krieg. Aber das ungebärdige Wesen des Mannes brachte die erste große Umwälzung der Menschheitsentwicklung: *die Männeremanzipation* mit dem Geheimbund der Männer, dem die Frauen ausschließenden „Männerhaus", die Unterdrückung der Frauen und Kinder in der menschlichen Gemeinschaft, den feindseligen Einbrüchen und Ueberfällen gegen friedliche Nachbarstämme, damit den *Krieg* als fast ständige Erscheinung und — als ständige Vorbereitung für ihn — den *Staat*, d. h. die gewaltsame Herrschaftsorganisation des Stammes und damit die neue psychologische Entwicklung des *Machttriebs*, der *Herrschsucht*. Ihre immer gigantischer werdende Ausgestaltung und immer weiter gehende Befriedigung ist es, was wir heute als die „Geschichte" jedes einzelnen Staates und was wir, zusammengefaßt, als „Weltgeschichte" kennenlernen.

Im Verlaufe der Staatsentwicklung ist die ambivalente — auf Herrschen und Dienen innerhalb einer Hierarchie durch Herrschaftsverhältnis miteinander zusammen gefilzt er Menschen gerichtete — Mentalität dermaßen der allgemeine seelische Typus geworden — (ich nenne ihn „dularchisch") —, daß der diesem fernstehende, schlichte „autistische" Typus, welcher lediglich Freiheit und Selbständigkeit erstrebt, heute in relativ enge, dem Staatsleben fernstehende Lebensgebiete zurückgeflüchtet ist: Künstler und Literaten, gewisse freie Berufe, die (seit Entstehen des heutigen modernen Staates im ca. 16. Jahrhundert geächteten) Landstreicher und „fahrendes Volk" usw., und nur in zwei großen Schichten der Bevölkerung (auf denen denn auch die Hoffnung für die Zukunft vornehmlich beruht) lebendig geblieben ist: den *Frauen* und den *Bauern*.

Die psychische Erscheinung des Machttriebes, der „dularchischen Mentalität", bringt es nun mit sich, daß sie wirkt, wie Salzwasser: den Durst nicht stillend, sondern je mehr man trinkt, immer mehr anreizend. So tendiert denn auch das Wesen des Staates seit seinem ersten Auftreten in der Geschichte, andauernd dahin, die Macht zu *steigern*. Und zwar in jeder möglichen Richtung: Vor allem nach außen: in ständiger räumlicher Erweiterung des der Herrschaft eines einzelnen dienenden Lebensraums: durch Angliederung usw. anderer, bisher selbständiger außenstehender Staatswesen, mögen auch die äußeren Formen der Eroberung, Unterdrückung usw. dabei diplomatisch vermieden werden. Das ist das, was man neuerdings als *„Imperialismus"* zu bezeichnen sich gewöhnt hat. Darum ist der *Krieg* trotz aller Friedenssehnsucht der *Völker* und pazifistischer *Scheinaktionen* der Regierungen eine *unvermeidliche Begleiterscheinung des Staates*, solange es solchen geben wird.

Dann aber auch im Innern: in der unablässigen Ausgestaltung der Macht über das beherrschte Volk (die durch die Form des Parlamentarismus usw. nur in unwesentlichen formellen Einzelheiten gewandelt wird). Das Wesen der Herrschaft und Herrschsucht bleibt und erweitert sich immer mehr: es verseucht alle Kreise, die durch die Form des Staates berechtigt sind zu dekretieren: *„Ich befehle und Du mußt gehorchen"*: Fürsten, Minister, die ganze Bürokratie, Parlamentarier, Priester, Lehrer, Richter usw. usf.

Seit der Entstehung des Staates ist die ganze Weltgeschichte ein unablässiges Ringen aller der bestehenden Staaten untereinander. Wie Marx auf dem Gebiete der Volkswirtschaft das Ringen der kapitalistischen Firmen miteinander nachgewiesen hat, bis immer weniger noch übrig bleiben und zum Schluß aus ihnen der Uebergang zum Sozialismus erwachsen soll, genau so sehen wir es — wenn auch ohne genaueres Zusehen meist kaum erkennbar — auf politischem Gebiete zwischen den Staaten. Das Fortschreiten bis zum Ende wurde bisher dadurch hintangehalten, daß der *Stand der Militärtechnik* noch die Größe der Erdräume, welche militärische Gewalt in Fesseln zu halten gestattete, in mehr oder weniger engen Grenzen hielt und daraus immer wieder Rückschläge der schon vorgeschrittenen Entwicklung entstanden (Alexander, Rom, Dschingis Khan usw.): Heute scheint die Zeitepoche zu nahen, wo die Entwicklung ein Ende sichten läßt: Heute sieht man bereits Weltreiche in Vorbereitung, wie den angelsächsischen Weltblock, das bolschewistische Sowjetreich, das panmongolische Reich usw. und das Antreten der kommenden Großreiche, sich zum unvermeidlichen letzten Endkampf um die *Erdregierung* schüchtern vorbereiten.

Wie im Aeußern, so strebt aber auch im Innern jedes bestehenden Staates die Regierung zu immer entschiedenerer Machtausübung über das von ihr beherrschte Volk. Das Gebiet der Herrschaft ist dabei längst herübergegangen von dem ursprünglich einzigen Gebiet der Machtausübung: Krieg und Militär, später Recht und Polizei und anderen Gebieten konkreter, materieller Herrschaft auf solche auch *indirekter, geistiger* Herrschaft: Das geschickte Schlagwort von den „*Kulturaufgaben* des Staates" dient dazu, hier dem Volk zu verhüllen, daß in Wahrheit nur die *Herrschaft* auf immer weitere und geistigere Lebensgebiete ausgedehnt, den Privatpersonen immer mehr Freiheit der Lebensführung aus der Hand gewunden wird.

Die Kulturaufgaben sind für den Staat notwendig, nicht nur weil sie seine Macht enorm auf allen Gebieten stärken (Verkehrsmittel, Unterhaltung des Volkes (nicht ihm Zeit lassen, nachzudenken! Ganz gleiches Prinzip, wie die ständige Inanspruchnahme der Jugend in der Schule), sondern auch weil eie verschleiern, daß die Riesenmenge der Steuern, bis auf einen ganz winzigen Betrag, Erpressung ist, um sich selbst davon zu erhalten (Gehälter für Fürsten, Minister, Parlamentarier, Bürokratie usw.) und die Macht zu stützen (Militär, Polizei, Gerichte, Gefängnisse).

Am weitesten ist bisher die Entwicklung im Sowjetreich gediehen, wo auch das ganz persönliche Privatleben immer mehr öffentlich und obligatorisch wird und der vom Staat gezüchtete Schablonen- und Normal-Mensch schon ganz unverhüllt als das Ideal erscheint. Nur graduell noch zurückgeblieben, nicht aber dem Wesen nach anders ist die Untertanenschaft auch bereits überall im westlichen Europa und noch stärker vielleicht im nördlichen Amerika. Es ist ein Ziel, dem die Entwicklung allenthalben zutendiert: dem Ameisen- und Bienen-Staat (wie es uns schon mit dürren Worten verkündet wird von Dr. Hermann Schulte-Vaarting: „Entstehung der Arten durch den Staat". Verlag Dr. M. Pfeiffer, Berlin-Friedenau).

Zum Glück ist diese Entwicklung aber nicht durchaus unabwendbar. — Zwei große und wirksame Gegentendenzen machen sich geltend:

Erstens gebraucht die geistige Kulturentwicklung immer notwendiger als Träger ihres Lebens, ein je höheres Niveau es erklimmt, statt der Schablonenmenschen, wie der Staat überall sie zu züchten strebt, umgekehrt *Individualitäten* (Humboldt) und der von Spencer schon vor Jahrzehnten deklarierte Gegensatz: „Man versus State" wird mit jedem Jahrzehnt der Zukunft erbitterter und unumgänglicher werden.

Zweitens wird am Ende der Kriegsgeschichte unweigerlich eben der endgültige gewaltsame Sieg eines einzigen *Weltreiches* kommen. Mit dem Augenblick aber, wo dies aus schweren Kriegen — von deren Entsetzlichkeit wir uns heute noch keine Vorstellung machen können — siegreich entsteht, ist auch „die Axt den Bäumen an die Wurzel gelegt“: Mit dem „Weltstaat“ ist die innere „raison d'etre“ des Staates erreicht. Denn sein Wesen besteht im Gegensatz zu anderen Staaten außer ihm. Der heute manchmal ventilierte, von wohlmeinenden Ideologen vertretene Gedanke, der Staat wurde eben späterhin sein eigentliche« Wesen: die Gewalt, die Macht, die Herrschaft, fahren lassen und eine harmlose bloße Verwaltungsorganisation werden, ist ein naiver und unmöglicher Optimismus. — Aber seine unerhörte Zwangsgewalt und Pan-Zentralisierung kann der Staat über die Bevölkerung nicht auf die Dauer mehr aufrecht erhalten, wenn der „Schutz vor dem bösen Feind“ (inneren oder äußeren) nicht mehr die verängsteten Schafherden ihm treuergeben in die Hürden treibt, sondern dann tritt unverschleierbar zutage, daß auf allen Lebensgebieten — je geistiger oder seelischer sie sind, desto mehr — die privaten, freiwilligen, wechselnden Organisationen der Einzelmenschen, unter einer jeweils aus der Fähigkeit und Neigung heraus sich ergebenden Leitung und frei nach der Interessengruppierung sich richtenden Gliederung viel wertvoller und erfolgreicher sind, als die im Grunde stets von Machtinteressen durchseuchten, stets auf Dauer und Stetigkeit eingestellten Unterorganisationen des Staates.

Der große Gegensatz der Zukunft wird daher der heute erst in winzigsten Anfängen sich andeutende Gegensatz sein zwischen dem Ziel der objektiven Machtausübung und der individuellen Freiheit.

Solche ersten individualistisch gerichteten Attacken gegen den Staat haben wir in der neueren Kulturgeschichte bereits drei zu verzeichnen: Die erste erfolgte in der Form des *Liberalismus*: Nachdem die Philosophen des 18. Jahrhunderts und ihre Nachfolger zum ersten Male der Erkenntnis den Weg gebahnt hatten, daß gemeinhin der *Unterschied* zwischen Mensch und Mensch das *Höherwertige* ausmache gegenüber dem ihnen Gemeinsamen, erhob sich das erste Mal aus der Mentalität des aufsteigenden Bürgertums das Gebilde einer auf dem Wesen der menschlichen *Persönlichkeit* aufgebauten neuen Kultur, die — gestützt auf die starken Mächte von Industrie und Handel, von Naturwissenschaft und Technik, — wirksam und aussichtsreich gegen die engstirnigen Schranken des Polizeistaates anrannte. Aber die ihren Vorkämpfern vorschwebenden Ideen standen geistig noch zu isoliert: Die Truppenmassen, die ihnen folgten, waren seelisch noch nicht so hochentwickelte Menschen, daß sie den Kampf gegen den

Staat schon hätten durchführen können. Was ihnen lockend vor Augen stand, war vornehmlich das niedrige Vordergrundziel der ungehinderten, schrankenlos wirtschaftlichen Schaffenskraft, ohne lästige hemmende Formen und Normen des Staates, die Konkurrenz rücksichtlos unterdrücken und Reichtümer «cheffein zu können. Aber sie sahen vor sich die neidischen, drohenden Blicke des hinter ihnen aufsteigenden Proletariats und da wurde ihnen *bange für den Geldbeutel*, erhob sich die Angst, ihr materielles „Glück" teilen zu sollen mit anderen. Der Staat bot ihnen seine stark bewehrten Hände und da verkauften sie erleichtert das Glück der freien Individualität gegen das Linsengericht des Reichtums. So hieß denn ihr Problem nicht mehr: Die Ueberflüssigkeit und Schädlichkeit des Staates, sondern bloß noch: „Die Grenzen der Notwendigkeit des Staates" (Humboldt); der Liberalismus versandete in einem flachen „Demokratismus", der alsbald wieder in eine neue Herrschaftsorganisation: Das Parlament und die Parteien ausartete.

Ein zweiter Angriff erfolgte aus den Kreisen des englischen Radikalismus: Burke, Godwin u. a., die dem Staate nun schlechthin den Krieg erklärten. In Deutschland war es der unerschrockene, rücksichtslose Denker Max Stirner, der hier das Problem neu stellte. Aber inzwischen hatte sich in der europäisch-amerikanischen Kultur *die proletarische Arbeiterbewegung* erhoben und auf ökonomischem Gebiete durch das Mittel der Organisation, durch Streiks und Boykotts die kapitalistische Unternehmerklasse zu immer stärkerer Nachgiebigkeit gezwungen. Theoretische Waffen hatten ihr die großen Sozialisten gegeben und Arbeiterbewegung und Sozialismus erschienen jetzt allen freien und konsequenten Denkern als die befreiende Bewegung der Zukunft. Wieder erhob sich der Satan Staat und verhieß, wie vordem der Bourgeoisie, so jetzt dem Proletariat: Das alles will *Ich* Dir geben, so Du niederfällst und *Mich anbetest.* Denjenigen, die jetzt in der geistigen Führung der revolutionären Mentalität standen und die Fahne des *Anarchismus* erhoben (Proudhon, Bakunin, Kropotkin usw.) erschien es jetzt, als müsse eine radikale Geistesrichtung notwendig sich der Richtung der marschierenden Arbeiterbataillone anschließen; als könne sie nicht echt und recht sein, wenn sie nicht ebenfalls *deren* Ziele teilte, zu ihren Kampfpreisen mache: die *Eroberung der wirtschaftlichen irdischen Genüsse für das Proletariat.* So kam es, daß alle die unabhängigen Geister, welchen ihr inneres Bewußtsein die freie menschliche Persönlichkeit als den Träger des bevorstehenden Befreiungskampfes hatte erscheinen lassen, das große Ziel *freier Selbstbestimmung der menschlichen Persönlichkeit* verquickten mit dem — an sich ja billigenswerten und aussichtsvollen, aber doch total andersartigen, rein materiell-wirtschaftlichen — Ziel einer *Steigerung und gleichmäßigeren Verteilung der produzierten Güter*. Dank der Schlagwörter vom Sozialismus und der (unzweifelhaft ungerechten) Mangelhaftigkeit der kapitalistischen Wirtschaftsordnung hat der Staat das Glück gehabt, das Interesse an der Abwehr der Herr Schaftsordnung sich erneut abschwächen und ihre Probleme nur noch unter dem Gesichtspunkt materiellen Wohlbehagens erörtert zu sehen. Anarchistische Schriften, Organe, Redner wagen schon gar nicht mehr die Diskussion wirtschaftlicher Fragen zu unterlassen. Man behandelt Anarchismus, und Sozialismus etwa so, als wäre Kunst und Sport ein und dasselbe und man könnte das eine nur pflegen und fördern, wenn man vornehmlich auch das andere ins Auge faßte, während es sich doch um zwei — zwar keineswegs einander interessenfeindliche, aber doch völlig wesensandere Lebensgebiete handelt. Selbst John Henry Mackay, der die innere Unzusammengehörigkeit dieser beiden Ziele und Bewegungen wohl empfindet und sich demnach nachdrücklich als „individualistischer Anarchist" bezeichnet, behandelt in seinen Werken von Anfang bis Ende[1] immer noch unablässig die Mammonsherrschaft unserer Zeit, das Prassen der Reichen und Darben der Armen, den zähen Krieg zwischen dem Fabrikarbeiterproletariat und dem kapitalistischen Unternehmertum, usw. — alles, wie mir scheint, fernliegende und abseits führende Gedanken —, während die direkt aus dem anarchistischen Problem entspringenden Fragen, wie die Sklaverei des Kindes, die Schmach des sog. „Strafrechts", die Vergewaltigung des Tieres usw. manchmal fast im Hintergrund zu stehen scheinen. (Dabei ist ohnehin ganz fraglich, ob nicht das übermäßige Bewerten der wirtschaftlichen Genüsse — über die einfache Lebenshaltung hinaus — bald einen starken Rückschlag zum Ideal des „simple life" erfahren und das heutige Wettrennen um das Glück des wirtschaftlichen Wohllebens ganz in den Hintergrund treten lassen wird.)

Im letzten Menschenalter ist nun eine dritte neue Strömung individualistischer Welt- und Lebensauffassung in die Oeffentlichkeit getreten, die mir am ehesten Aussicht auf Sieg zu haben scheint. Es ist die (mit stark religiösen

1 Hier irrt der Verfasser: es geht Mackay nicht um ‚Wohlleben', sondern um wirtschaftliche Unabhängigkeit. Der Verleger.

Hintergründen nüancierte), welche die *absolute Gewaltlosigkeit* vor allem nicht vom passiven, sondern vom aktiven Gesinnungsgenossen fordert: *Leo Tolstoi*: „Widerstrebt nicht dem Uebel" und *Mahatma Ghandi*: „Non-Violence". Sie stellt dabei auch namentlich die *Vervollkommnung und Pflege der eigenen Seele* in den Vordergrund. Ich will sie, zum Unterschied, als *„Anti-Kratismus"* bezeichnen (κράτος = Zwang, Gewalt, Herrschaft).

Die Antikraten werden sein die Elite der geistig höherstehenden, seelisch Vollkommeneren Personen, die sich durch Absonderung vom Durchschnitt der — lediglich nach plattem irdischen Wohlbehagen strebenden — Dutzendmenschen zu retten suchen vor dem obligatorischen Eingestampft werden in die der Masse aufoktroyierte Lebens- und Denkweise. Ihr „simple life", ihre Gleichgültigkeit und Unempfindlichkedt gegen das „Glück" materiellen irdischen Gütergenusses wird zugleich das äußere Kennzeichen bilden, das Schiboleth höheren Menschentums, das ihnen die Masse der Menschen vom „grünen Weide- und Wiesen-Glück" niemals nachzumachen imstande ist und das den „character indelebilis" dieses neuen Adels ausmacht.

Aehnlich wie seinerzeit die Leibeigenschaft nicht eigentlich durch eine revolutionäre Macht „gestürzt" oder durch humanitäre Regierungen „abgeschafft" wurde, sondern daran zugrunde ging, daß die wirtschaftlich uninteressierten Leibeigenen den gesteigerten Ansprüchen der modernen Landwirtschaft psychologisch nicht mehr gerecht wurden, so wird der „neue Mensch" durch seine innere Ueberlegenheit über die Masse — seine innere Unfähigkeit, zu befehlen und gehorchen, wenn seine Leistungen gedeihlich bleiben sollen — dem überkommenen Wesen der Gesellschaft, insbesondere dem Staat, seinen Behörden und sonstigen Gewalthabern, nicht mehr genügen können; und *daran* wird der Staat, als schließlich nur noch die gewaltsam am Leben erhaltene Machtorganisation der Minderwertigen, endlich absterben.

Es ist bekannt, daß der sog. „Frühlingspunkt" der Sonnenbahn periodisch, etwa alle zweitausend Jahre, in ein neues Tierkreiszeichen tritt. Nach uralten astrologischen Ueberlieferungen bedeutet das jeweils den Anfang einer neuen menschlichen Kultur. So vor 6000 Jahren (mit dem Sternbild des *Stiers*), das der ägyptischen, vor 4000 Jahren, mit dem Sternbild des *Widders*, das der israelitischen, vor 2000 Jahren, mit dem des *Fisches*, das der christlichen Kultur. (Der Fisch, griech. Ichthys, diente nach alter semitisch-literarischer Uebung als „Kurzwort" zur Ausdeutung als Iesus

Christos theou yjos soter: Jesus Christus, Gottes Sohn, der Heiland.) Um die Mitte dieses unseres 20. Jahrhunderts ist die Präzession des Aequinoktialpunktes wieder fällig. Darauf gründen astrologisch gerichtete Kreise das Nahen einer neuen Weltanschauung und Lebensauffassung. Man mag etwas dahinter glauben oder darüber lächeln, — daß eine grundlegende Wandlung unseres inneren Lebens sich immer deutlicher zu nahen scheint, das kann man wohl mit jedem Jahrzehnt unverkennbarer allenthalben auf der Erde spüren. Insbesondere der Nimbus von Politik und Wirtschaft, als der maßgebenden Lebensgebiete, und ihre Vertreter als der führenden Repräsentanten, als der führenden Geister der Menschheit, ist sichtlich im Schwinden. Das Mißtrauen gegen den Staat ist erwacht und wird sich nicht mehr einschläfern lassen. Man wittert allmählich doch auch in unkritischen Kreisen, daß die Staaten nur deshalb ihre „nationalen Belange" so lärmend zur Schau tragen, die Volksgegensätze nur deshalb so pflegen, um ihr „treues Volk" rücksichtsloser auf Trense und Kandare reiten, die „Kultur- und Wirtschafts-Aufgaben des Staates" nur deshalb so aufopfernd pflegen, um hinter diesem Paravent die zehnmal so großen Kosten der staatlichen Herrschaftsorganisation verstecken und ihre gutmütige Schafherde desto geduldiger scheren zu können. Gerade angesichts der marxistisch-bolschewistischen Züchtung des Schablonenmenschen wird das ungestüme Drängen just der geistig höchststehen-den Seelen zur Persönlichkeit und deren Hochwert desto mehr zutage treten und schließlich wird, wenn auch erst nach späten und schweren Kämpfen als Sieger endgültig doch das Feld behalten:

das souveräne Individuum.

Inhaltsverzeichnis des *Gesamt*werkes:

Mein korrekter Verleger rauft sich die Haare über die s. E. zu legere Handhabung der Quellenangaben im Text. Der Uebelstand ist namentlich dadurch verschuldet, daß durch die letzte Ueberarbeitung, die noch einige Stellen einfügte oder auch strich z.T. Quellenangaben, die weiter hinten im Text ausführlich erscheinen, weiter vorher schon gekürzt auftauchen, und dergl. Da ein ausführliches Verzeichnis der benutzten Literatur am Schluß gegeben ist, bitte ich die Leser (und besonders die Herren Rezensenten), diese — schließlich ja nur — Schönheitsfehler nicht allzu tragisch zu nehmen, sondern das Gewicht auf den sachlichen Inhalt zu legen. D. Vf.

Zitierte Literatur

Gertrud *Bäumer*, „Unser Schulkreuz“ (Voss. Ztg. 13. Okt 28).

Prof. Dr. Paul *Barth*, „Geschichte der Erziehung“. O. R. Reisland, Lpz. 1911.

Dr. Siegfried *Bernfeld*, „Sisyphos“ oder die Grenzen der Erziehung“. Int. Psychoanal. Verlag, Leipzig, Wien, Zürich 1925.

Dr. Hans *Blum*, „Des Deutsche Reich zur Zeit Bismarcks“. Bibliogr. Institut, Lpz und Wien 1895.

Hans *Boesch*, „Kinderleben“, Monographien zur Deutschen Kulturgeschichte Bd.V. Eug. Diederichs, 1900.

Hellmuth von *Bracken*, „Die Prügelstrafe“. Dresden 1924. Verlag am andern Ufer, Buchholz-Friedewald.

Dr. *Brügel-Nagold*, „Herzog Ernst der Fromme von Gotha“ in den „Pädagogischen Blättern“, hgb. von Karl Muthesius, Gotha. E. F. Thielmann Bd. XXXI. 1902.

Clausnitzer-Rosin, „Geschichte des Preußischen Unterrichtsgesetzes, mit besond. Berücksichtigung der Volksschule. 1908.

Th. W. *Danzel*, „Kultur und Religion der primitiven Menschen“, Stuttgart, Strecker und Schröder 1924.

Eilers, „Zur Beurteilung des Ministeriums Eichhorn“. Berlin 1849. dito. „Meine Wanderung durchs Leben“.

Fechter, „Geschichte des Schulwesens von 1589 bis 1733“.

Arthur *Feiler*, „Das Experiment des Bolschewismus“, Frankfurt a. Main, 1919.

A. H. *Franckes* „Pädagogische Schriften“, hgb. v. G. Kramer, Langensalze 1876, speziell u. a. „Ordnung und Lehrart der Waisenhaus-Schulen“.

Egon *Friedell*, „Der Kaiser Joseph“ (Voss. Ztg. 21. Aug. 28).

Dr. Lorenz *Grasberger*, „Erziehung und Unterricht im klassischen Altertum“, Würzburg 1881. Stahlsche Buch- und Kunsthandlung.

Prof. *Grobs*, Gießen, „Das Seelenleben des Kindes, 1929.

Prof. Dr. Ernst *Grosse*, „Die Formen der Familie und die Formen der Wirtschaft“. Frbg. 1896.

J. *Hauser*, „Zur Geschichte der körperlichen Züchtigung in der Erziehung“. Programm des Realgymnasiums. Augsburg 1909.

Dr. H. *Heppe*, „Geschichte des deutschen Volksschulwesens“. Gotha, F. H. Perthes, 1858.

v. *Hippel*, „Sendschreiben über einige Mängel der preußischen Schulverwaltung“. Berlin 1840.

Julian *Hirsch*, „Die Genesis des Ruhms“. Lpz;, J. A. Barth, 1914.

Wilh. v. *Humboldt*, „Ueber öffentliche Staatserziehung“. — Ges. Werke, G. Reimer, Berlin, 1842. Bd.L

dto. „Grenzen der Wirksamkeit des Staates“ usw. Reclam-Verlag 1893.

Prof. Dr. Otto *Jespersen*, „Eine internationale Sprache“, deutsch von Dr. S. Auerbach, Carl Winter, Heidelberg 1928.

Kurt *Kaser*, „Geschichte Europas im Zeitalter des Absolutismus usw“, F. A Perthes, Gotha 1923.

Leopold *Katscher*, „Aus China“. Skizzen und Bilder. Reclam-Verlag, Heft 8256.

Kerschensteiner, „Staatsbürgerliche Erziehung der deutschen Jugend“. K. Villaret, Erfurt, 1909.

Alexander *Kielland*, „Gift“ (Roman). Engelhorns Allgemeine Romanbibliothek, IL Jhg. Stuttgart.

Paul de *Lagarde*, „Deutsche Schriften“. Dr. R. Wagner-Berlin, „Bernhard Christoph Ludwig Nator in der „Deutschen Schule“.

Karl *Lainprecht*, „Deutsche Geschichte“, Berlin, Weidmann. 1892—1905.

E. *Mann*, Chinesische Kinder“ in der „Frauenzeitung“ (Beilage der Augsbg. Allgm. Ztg. v. 2. u. 5. Aug. 1925).

Robert *Michels*, „Die Soziologie des Parteiwesens in der modernen Demokratie“. Leipzig, Klinkhardt, 1910.

Ernst *Müller-Holm*, „Die Zwangsschule". Ein Buch für Eltern und Lehrer. Vf. bald nach Veröffentlichung verstorben. Hamburg, Herrmann Lange, 1926. Sehr lesenwert und fast unbekannt geblieben.

Natorp , „Grundlagen der Schul Organisation". Berlin, 1910.

Zur Produktionsschule („Entschiedene Schulreform", III), hgb. v. Prof. Paul *Oestreich*. Verlag „Werkfreude". — Bucherstaben G. m. b. H., Berlin, 1922.

Fr. *Paulsen*, „Geschichte als Lehrgegenstand der höheren Schulen". Veit & Co., Leipzig 1896.

Pestalozzi, „Lienhard und Gertrud", 4 Bde., Berlin, 1781—89.

E. I. *Rochholz* , „Die Rute küssen". Pfeiffers „Germania", I. 1856.

Fr. *Schleiermacher*, „Ueber den Beruf des Staates zur Erziehung". — Sämtliche Werke, G. Reimer, Berlin 1835, III. Abt. Bd. 3. Prälat

Dr. K. A. *Schmid*, „Geschichte der Erziehung vom Anfang bis auf unsere Zeit". Stuttgt. J. G. Cotta, Stuttgart, 1884.

Dr. Hermann *Schulte-Vaarting*, „Die Entstehung der Arten durch den Staat". Dr. Pfeiffer, Berlin-Friedenau.

Unterstaatssekretär Heinrich *Schulz*, „Der Weg zum Reichsschulgesetz", Quelle & Meyer. Leipzig 1920.

Rud. *Sohm*, „Institutionen des Römischen Rechts". Duncker & Humblot, Lpz. 1894.

Prof. Werner *Sombart*, „Der Bourgeois', Duncker & Humblot, Lpz.-München, 1913.

Ed. *Spranger*, „Der Zusammenhang von Politik und Pädagogik in der Neuzeit", in „Deutsche Schule", J. Klinkhardt, Lpz.—Bln., Jgg. 1914.

dto. „Die drei Motive der Schulreform".

dto. „Luther", in der Sammlung pädagogischer Aufsätze:„ Kultur und Erziehung", Quelle und Meyer, Lpz.. 1925.

Dr. S. R. *Steinmetz*, „Das Verhältnis zwischen Eltern und Kindern bei den Naturvölkern", Ztschr. f. Soz. Wiss., hgg. v. J. Wolf, Breslau. Berlin Georg Reimer 1898.

Konsistorialrat Dr. Heinrich *Stephani*, „Grundriß der Staatserziehungswissenschafft. Weißenfels und Leipzig 1797.

Max *Stirner*, „Das unwahre Prinzip unserer Erziehung". Hgb. Willy Storrer, Basel, Verlag für freies Geistesleben, 1915/26.

H. *Taine*, „Die Entstehung des modernen Frankreich, deutsch von L. Katscher, Lpz.

Thiersch, „Ueber den gegenwärtigen Unterricht in den westlichen Staaten".

Oeuvres de *Turgot*, Paris 1844.

Ulrich *Wilken*, „Griechische Geschichte im Rahmen der Altertumsgeschichte", Berlin, München, Oldenburg. 1925.

Dr. med. Fritz *Wittels* „Die Befreiung des Kindes". Hippokrates-Verlag, Stuttgart-Berlin-Zürich, 1927.

Nachwort

Ulrich Klemm

Walther Borgius – Ein Klassiker der Entschulungs- und Kinderrechtsbewegung

1. Schule als Risikozone – über das Unbehagen am System Schule

Dass der Text von Walther Borgius, „Die Schule – Ein Frevel an der Jugend“, heute, fast 80 Jahre nach seiner Entstehung (erstmals veröffentlicht 1930) erneut aufgelegt wird, ist kein Zufall. Es ist vielmehr – betriebswirtschaftlich gesprochen – ein (neuer?) Markt für dieses Buch bzw. für seine Thesen entstanden, d.h. Nachfrage ist vorhanden. Die zentrale Botschaft von Borgius, dass Schule ein Frevel an der Jugend sei und sie ihr gesellschaftliches Versprechen, nämlich Bildung und Lernen für alle zu ermöglichen nicht ein lösen kann, wird seit den 1990er Jahren (wieder?) zunehmend als Realität erlebt. In diesem Zusammenhang sei nur am Rande darauf hingewiesen, dass

- im Jahr 2000 insgesamt 86.601 SchülerInnen in Deutschland die Schule ohne einen Schulabschluss verließen (vgl. Statistisches Bundesamt (Hrsg.) 2002, S. 62). Von allen ausländischen SchülerInnen in Deutschland beendeten ihre Schulpflicht ohne einen Abschluss 16,1 %; bei deutschstämmigen SchülerInnen sind es 9 % aller Schulabgänger (Institut der deutschen Wirtschaft Köln 2002),
- ca. 70.000 SchülerInnen als Schulverweigerer bzw. Schulschwänzer (vgl. Schwäbische Zeitung 1999) gelten,

- ca. 10 bis 15 % der SchülerInnen als „schulmüde“ eingestuft (Schreiber-Kittl 2000, S. 13) werden,
- nach einer UNESCO-Schätzung ca. 500.000 bis 3 Millionen Menschen über 15 Jahren in der Bundesrepublik als funktionale Analphabeten gelten, das sind 0,75 bis 3 % der erwachsenen Bevölkerung (Döbert/Hubertus 2000, S. 27);
- ca. 2,3 Milliarden Euro jährlich für Nachhilfeunterricht in der BRD an finanziellem und zeitlichem Aufwand ausgegeben werden (Kramer/Werner 1998).

Zum Zeitpunkt der ersten Veröffentlichung, 1930, war die zentrale Botschaft des Buches gleichsam blasphemisch. Schule war und ist eine „Heilige Kuh“ (Ivan Illich) moderner Gesellschaften. Egal, welche politische Richtung oder Partei, Schule musste und muss sein und Bildung erfolgt ausschließlich über diese Form des institutionalisierten Lernens. Diese Auffassung hat sich verändert, langsam, stetig und nachhaltig und führte in den letzten Jahren zu einer grundsätzlichen Kritik an vier zentralen Schulmythen, die seit dem 19. Jahrhundert das deutsche Schulsystem prägen:

1. (Staats-)Schule sichert Wissen: Nur ein staatlich kontrolliertes Schulwesen garantiert ein effektives und ausreichendes Bildungsniveau.
2. Schule schützt Kinder: Nur eine Schulpflicht garantiert Chancengleichheit und Wissen für alle Kinder.
3. Schule garantiert kulturellen Fortbestand: Nur schulisches Lernen (im traditionellen Sinne) garantiert kulturelle Identität und kulturelles Wissen.
4. Staatliche Schulreformen wirken positiv: Nur staatliche Schulbehörden wissen und kennen den richtigen Weg für Bildungsreformen.

An diesen Schulmythen setzt Borgius 1930 an, entlarvt sie und entwickelt eine grundsätzliche Kritik an der Institution Schule.

2. Die „Wiederentdeckung" von Borgius in den 1980er Jahre

Dass diese äußerst provozierende und mutige Streitschrift heute noch bekannt ist, haben wir vor allem dem ehemaligen Verleger des Buches, Kurt Zube, der Borgius in seinem Verlag Radikaler Geist (Berlin-Wendenschloß) 1930 verlegte, und dem Treuhänders des Verlages der Mackay-Gesellschaft, Uwe Timm, zu verdanken, die beide das Buch 1981 als Reprint mit einem umfangreichen Nachwort versehen im Verlag der Mackay-Gesellschaft neu herausbrachten. Beide Verlage widmeten sich vor allem der individualanarchistischen Literatur um den Anarchisten John Henry Mackay und anderen nordamerikanischen Anarchisten wie etwa Benjamin Tucker. 1930 erschien der Band in einer Auflage von 3000 Exemplaren und 1981 im Verlag der Mackay-Gesellschaft in 1000 Exemplaren. Weit- und umsichtig erkannten Zube und Timm die Bedeutung des Buches, das nach 1945 als vergessen galt, da Borgius als Autor von 1933 bis 1945 aus öffentlichen Bibliotheken und Büchereien verbannt und „verbrannt" wurde.

Zum Zeitpunkt seiner „Wiederentdeckung", Anfang der 1980er Jahre, passte der Band sehr gut in den Kontext der damaligen Alternativschul- und Entschulungsdebatte sowie der antipädagogischen und Kinderrechts-Bewegung.

Vor allem die beiden letztgenannten Diskurse um Ekkehard von Braunmühl, Hubertus von Schoenebeck, Bertrand Stern, Jean Liedloff, Alice Miller, Richard Farson, John Holt oder Christiane Rochefort etc. eröffneten eine neue Qualität der pädagogischen Diskussion, die Bildung und Erziehung in ein gänzlich neues Licht stellten (Überblick vgl. Klemm (Hg.) 1992). In diesem Zusammenhang der 1970er- und 1980er-Jahre erscheint Borgius neu und zeigt, dass der antipädagogische und kinderrechtliche Gedanke eine Geschichte hat. Gleichwohl wird Borgius zu diesem Zeitpunkt jedoch nur am Rande erwähnt und taucht bei den deutschen Repräsentanten wie Braunmühl, Schoenebeck und Stern nicht auf. Borgius erlebt damit erneut keinen Eingang in den pädagogischen und antipädagogischen Diskurs und „erreicht" lediglich die libertäre, sprich: anarchistische, Szene.

Sein erkenntnistheoretischer und theoriegeschichtlicher Hintergrund ist der Individualanarchismus in der Prägung von Max Stirner und John Henry Mackay. Seine schulkritische und kinderrechtliche Analyse – zum Zeitpunkt seiner ersten Veröffentlichung ein absolutes Novum – basiert auf einer Freiheitstheorie, die antietatistische und naturrechtsphilosophische Elemente enthält und in der Pädagogik ohne Beispiel ist. Mit

Borgius liegt damit erstmals eine „schwarze Schulgeschichte“ vor, die bis heute einmalig ist und 1977 durch die „Schwarze Pädagogik“ von Katharina Rutschky fortgesetzt bzw. ergänzt wird. Obgleich seine Analyse viele Ansatzpunkte für eine Weiterentwicklung bietet und quer zu allen gängigen Sichtweisen in der Schul- und Bildungsgeschichte liegt, blieb Borgius sowohl ab 1930 als auch ab 1981 im Wesentlichen ungehört.

3. Borgius als Anarchist und Antipädagoge

Borgius ist nur schwer in gängige Bilder und Vorstellungen einer politischen und pädagogischen Richtung einzuordnen. Als Geschäftsführer und Syndikus eines Handelsvertragsvereins in Berlin zu Beginn des 20. Jahrhunderts führte er ein durchaus bürgerliches Leben. Der Berliner Handelsvertragsverein, sein Arbeitgeber, unterstützte den deutschen Außenhandel bei der Vorbereitung von Zolltarifen und internationalen Handelsverträgen. Andererseits bringt ihn sein Engagement als Gesellschaftskritiker, Privatgelehrter und Publizist in Kontakt mit zahlreichen wichtigen Menschen der linken sozialen Bewegung.

Bereits kurz nach der Jahrhundertwende beschäftigte er sich intensiv mit der Theorie und Praxis des Anarchismus, hatte Verbindungen zu dem österreichischen Pazifisten und Anarchisten Pierre Ramus (1882-1942), für den er Übersetzungen für seine Zeitschriften besorgte sowie Artikel schrieb, und zeigte sich als ein äußerst belesener Staatskritiker, der häufig zu Vorträgen eingeladen wurde.

In den 1920er Jahren engagierte er sich stark in der Sexualreformbewegung und bemühte sich um eine Reform der deutschen Rechtschreibung.

Im Zusammenhang mit der Sexualreformbewegung der 1920er Jahre ist auch sein Kontakt zu der Frauenrechtlerin, Pazifistin und Herausgeberin der Zeitschrift „Die Neue Generation“ (Publikationsorgan des Bundes Mutterschutz und Sexualreform), Helene Stöcker 1869-1943), zu verfolgen.

1919 veröffentlichte er in der Schriftenreihe des „Bundes Neues Vaterland“, einer linksliberalen und sozialistischen Vereinigung, eine kleine Schrift über den Völkerbund (Borgius 1919).

Betrachten wir seine Veröffentlichungen und Darstellungen zum Anarchismus, dann wird bei ihm mehr als nur Sympathie für diese Weltanschauung deutlich.

Besonders in seinem Buch zur Schule (1930) sowie in seinem vorhandenen Manuskript zu einem geplanten, jedoch nicht veröffentlichten Werk über den Staat, spricht er zu uns in der Tradition von Max Stirner und John Henry Mackay: „Gerade angesichts der marxistisch-bolschewistischen Züchtung des Schablonenmenschen wird das ungestüme Drängen just der geistig höchststehenden Seelen zur Persönlichkeit und deren Hochwert desto mehr zutage treten und schließlich wird, wenn auch erst nach späten und schweren Kämpfen, als Sieger endgültig doch das Feld behalten: das souveräne Individuum" (1930, S. 214).

Diese individualistische Sichtweise machte er bereits 1904 (Neuauflage 2002) in seiner Broschüre zum Ausgangspunkt, in der er das Individuum in den Vordergrund stellt und von hier aus den Anarchismus als Philosophie, Bewegung und Praxis beschreibt: „Der Anarchismus ist nun zunächst - ebenso wie der Liberalismus - eine grundsätzlich individualistische Strömung und demzufolge ein Gegner aller Institutionen, welche die individuelle Freiheit des Handelns einschränken, die individuellen Differenzen unterdrücken. Zu diesen gehört in erster Linie aber der Staat, ..." (1904, S. 9).

Dieser libertäre Individualismus prägte auch seine Pädagogikkritik und macht ihn - ideengeschichtlich gesehen - zum Vorläufer heutiger Antipädagogik.

Sein Buch, „Die Schule – Ein Frevel an der Jugend", enthält im einleitenden Teil erstmals für die pädagogische Geschichtsschreibung eine Art „schwarze Schulchronik", d.h. eine grundlegende Kritik am Prinzip Schule als Ort organisierten Lernens von Kindern. Im zweiten Teil findet der Leser, vermutlich ebenfalls erstmalig, den Versuch zur Begründung eines erziehungs- und schulfreien Aufwachsens. Diese Radikalität zeichnet sich bei Borgius bereits 1904 in seiner Arbeit über den Anarchismus ab, wenn er schreibt: „Der konsequente Anarchist verwirft deshalb überhaupt jede Strafe, wie jede Belohnung in der Erziehung, ja streng genommen. jede Erziehung überhaupt" (Borgius 1904, S. 38). 1930 liest sich diese Argumentation bei Borgius folgendermaßen: „Man vergißt, daß alle pädagogischen und psychologischen Untersuchungen und alle schultechnischen Versuche und Einrichtungen ganz überflüssig wären, wenn man das Kind selbst entscheiden ließe, indem man ihm die Freiheit seines Lebens ließe. Der Instinkt führt es da schon ganz richtig. Aber das Kind wird nicht gefragt" (1930, S. 183). Und (anti)-pädagogisch lautet seine Maxime: „Kinder gehören unter Kinder" (ebd., S.

171). Er vergleicht außerdem die Situation der Kinder mit denen von Sklaven und wird damit zum Vordenker der heutigen politischen Kinderrechtsbewegung, die in Kindern eine diskriminierte Gruppe sehen (vgl. hierzu auch Stern (Hg.) 1995): „Die Kinder bis zum Alter der Mündigkeit haben tatsächlich in der europäisch-amerikanischen Kultur rechtlich und sachlich genau die Stellung, wie die Sklaven in der antiken Kultur. Wir sehen nur den ‚Sklaven' immer mit den sentimentalen Augen der Beecher-Stowe an, das Kind immer mit den stumpfen, verständnislosen Augen des Erwachsenen und sehen daher nicht die Gleichheit der Situation“ (Borgius 1930, S. 188-189). Mit Borgius finden wir auch im Kontext der libertären Pädagogikgeschichte erstmals einen Antipädagogen vor, der sich signifikant mit diesem Ansatz von Anarchisten vor ihm und nach ihm unterscheidet. Für den Anarchismus bleibt die Idee der Erziehung und Schule trotz aller Kritik an dabei anzutreffenden Herrschaftsmechanismen akzeptabel, d.h. es findet keine grundsätzliche Kritik statt, die Erziehung und Schule prinzipiell in Frage stellen wie bei der Antipädagogik. Borgius dagegen rüttelt am kulturellen und historischen Fundament der Erziehung. In diesem Sinne ragt Borgius auch im libertären Kontext heraus.

Zwei Gründe sprechen heute für eine erneute Beschäftigung mit Borgius und seinen Studien:

- Einmal legte Borgius mit seinem Buch über die Schule ein Werk vor, das sowohl für den Anarchismus als auch für die Pädagogik nicht nur aus historischen Gründen lesenswert ist, sondern auch eine ideologiekritische Systematik von Schulkritik enthält, die beispiellos ist.
- Zum Zweiten müssen wir Borgius als einen frühen deutschen Rezensenten des Anarchismus lesen und wiederentdecken, der zur ersten Generation der Anarchismusforschung in Deutschland zählt und hier neben E.V. Zenker, Paul Eltzbacher, Rudolf Stammler und Karl Diehl zu nennen ist. Diese, aus dem „bürgerlichen Lager“ stammenden Rezipienten und Gelehrten, sind die ersten gewesen, die einen differenzierten Blick auf die Philosophie und soziale Bewegung des Anarchismus boten. Ihre Publikationen zählen dabei bis heute zu den Standardwerken in der Anarchismus-Rezeption(1).

Wir erkennen bei Borgius eine deutliche Sympathie für den Anarchismus (vgl. Borgius 1904, 1907, 1907/08). Er arbeitet differenziert das öffentliche Verhältnis gegenüber dem Anarchismus heraus, gibt eine Erklärung für die Missdeutungen zwischen Anarchismus und Terrorismus und macht klar, warum der Anarchismus als Feindbild in einer Gesellschaft anzutreffen ist.

Er erklärt und definiert den Anarchismus als eine konsequente Form des Individualismus (und nicht des Sozialismus!). Der Anarchismus ist keine Klassen(kampf)bewegung, er hat auch nichts mit dem demokratischen Parteienwesen zu tun und setzt als Alternative zur Wahl die Abstimmung und aktive Beteiligung an gesellschaftlichen Prozessen. Interessant ist, dass Borgius vor allem den agrarischen Charakter des Anarchismus als Wesensmerkmal betont und er in ländlichen Räumen eine stärkere Resonanz des Anarchismus beobachtet als in Städten. Die „agrarische" Lebenskultur hat eine deutlich größere Nähe zum Anarchismus als die „urbane" - so seine These.

Im Mittelpunkt seiner staatskritischen Untersuchungen stehen drei Themenkreise: Das Verhältnis von Individuum und Staat, das Verhältnis des Anarchismus zu den Kulturaufgaben wie Recht, Wirtschaft, Ehe, Erziehung/Bildung und drittens das Phänomen „Staat". Borgius argumentiert hier aus einer analytischen und ideologiekritischen Position heraus und möchte das „Wesen" des Anarchismus erfassen. Ihm gelingt es dabei, aus der sehr facettenreichen und emotional vorbelasteten Geschichte und Gegenwart des Anarchismus, Kernelemente herauszufiltern und zu einem prägnanten Überblick zu bündeln (Borgius 1904).

Borgius hat an einer weiterführenden analytischen Reflexion über den Anarchismus in den folgenden Jahren jedoch nur noch sporadisch gearbeitet. Es ist noch ein Aufsatz mit dem Titel „Die neuere Entwicklung des Anarchismus" in der „Zeitschrift für Politik" von 1907/1908 bekannt, ansonsten liegen derzeit aber keine weiteren Publikationen dazu von Borgius vor. Unvollständig blieb auch ein geplantes umfangreiches Werk über den Staat, das im Nachwort zu seinem Buch über die Schule (1930) erwähnt wird und aus dem das Kapitel über Schule, Jugend und Bildung gleichsam als Vorabpublikation unter dem Titel „Die Schule - Ein Frevel an der Jugend" (1930) erschien.

4. Borgius im 21. Jahrhundert

Der „Frevel an der Jugend“ erscheint heute nun zu einem Zeitpunkt, der allem Anschein nach offener für eine grundsätzliche Veränderung des Schul- und Bildungswesens ist. Seit Beginn des 21. Jahrhunderts hat sich in Deutschland eine neue Entschulungsbewegung formiert, die weit weniger in einem Theoriediskurs behaftet ist, wie dies noch im Anschluss an Ivan Illich (1972(a)(b)) in den 1970er Jahren der Fall war, und sich heute vor allem als eine pragmatische Bewegung versteht, die Eltern und Kinder beim Aufbau einer Alternative zum Schulsystem bzw. bei der Abnabelung unterstützt. Zu nennen sind hier beispielhaft der 2002 gegründete Verein Lernen ist Leben – Bundesverband Natürlich Lernen! e.V. (www.bvnl.de), die seit 2001 bestehende Initiative für selbstbestimmtes Lernen (72525 Trailfingen) oder die Hupfauer-Initiative in Österreich (Edler/Kopta 1998; Klemm 2001), in der Kinder aus der Schule in eine Lebens- und Lerngemeinschaft herausgenommen werden und eine zeitlang oder ganz „entschult“ aufwachsen. Borgius ist, so meine These, ein zeitloser Klassiker der Entschulungsbewegung.

Solange es Schulen in der heute noch immer vorherrschenden Form gibt und geben wird, solange wird Borgius aktuell bleiben. Und sollte einmal ein Zeitalter anbrechen, in dem das System Schule überholt ist bzw. überwunden werden kann – der Sozialphilosoph und Schriftsteller William Morris hat einen solchen Zustand Ende der 19. Jahrhunderts in seinem utopischen Roman „Kunde von Nirgendwo“ (erstmals engl. 1891, hier 2004) beschrieben – dann wird Borgius auch noch als Bahnbrecher der Idee einer entschulten Gesellschaft aktuell sein.

Anmerkung

(1) Zu nennen ist beispielsweise die Studie des Juristen Paul Eltzbacher (1868-1928), die erstmals 1900 (Berlin) erschien, im Anschluß daran bald zahlreiche Übersetzungen erlebte und auch nach 1945 mehrmals neu aufgelegt wurde: Im Libertad Verlag (Berlin) 1977 und 1987 und im Topos Verlag (Vaduz) 1978. Die Studie ist, so der Anarchismus-Historiker Jochen Schmück, „ein Standardwerk geblieben“ (Schmück 1987, S. 307). Ähnlich populär wurden auch die Vorlesungen des

Hochschullehrers Karl Diehl „Über Sozialismus, Kommunismus und Anarchismus", die von 1906 bis 1923 in insgesamt fünf und erweiterten Auflagen erschienen (1. Aufl. 1906; 2. erweiterte Aufl. 1911; 3. unveränderte Aufl. 1920; 4. vermehrte Aufl. 1922; 5. unveränderte Aufl. 1923) und zwei Kapitel über den Anarchismus enthalten.

Literatur

Borgius, W.: *Die Ideenwelt des Anarchismus.* Leipzig 1904; Neuausgabe mit einem Nachwort von U. Klemm. Hilterfingen 2002

Borgius, W.: *Geleitwort. In: Pierre Ramus: William Godwin, der Theoretiker des kommunistischen Anarchismus.* Leipzig 1907; Reprintausgabe Wetzlar 1978

Borgius, W: *Die neuere Entwicklung des Anarchismus.* In: Zeitschrift für Politik, 1. Jg. 1907/1908, H. 3, S. 514-538

Borgius, W.: *Zollpolitisches A-B-C-Buch.* München/Leipzig 1913

Borgius, W.: *Der Völkerbund. Seine Kultur- und Wirtschaftsaufgaben.* Flugschriften des Bundes Neues Vaterland Nr. 9. Berlin 1919

Borgius, W.: *Pubertätsweihen.* In: Zeitschrift für Sexualwissenschaft, XII. Band, 1925, 4. H. , S. 117-127

Borgius, W.: *Ehereform?* In: Zeitschrift für Sexualwissenschaft, XV. Band, 1928, 6. H., S. 387-408

Borgius, W.: *Die Schule – Ein Frevel an der Jugend.* Berlin 1930; Reprintausgabe mit einem Nachwort von Kurt Zube, Freiburg 1981

Diehl, K.: *Über Sozialismus, Kommunismus und Anarchismus.* Fünfundzwanzig Vorlesungen. Freiburg, 5. Aufl. 1923 (erstmals Freiburg 1906)

Döbert, M. / Hubertus, P.: *Ihr Kreuz ist die Schrift. Analphabetismus und Alphabetisierung in Deutschland.* Münster / Stuttgart 2000

Edler, B./Kopta, K.: *Die Hupfauer Kulturinitiative.* In: Bundesministerium für Unterricht und kulturelle Angelegenheiten (Hg.): betrifft: demokratie lernen. Ein Leitfaden zum Demokratie-Lernen im Schulalltag. Wien 1998, Heft 5, S. 12-13

Eltzbacher, P.: *Der Anarchismus.* Berlin 1900; Reprintausgaben: Berlin 1977 und 1987, Vaduz 1978

Illich, I.: *Entschulung der Gesellschaft.* München 1972(a)

Illich, I.: *Schulen helfen nicht.* Reinbek b. Hamburg 1972(b)

INSTITUT DER DEUTSCHEN WIRTSCHAFT KÖLN : *Ausländische Schulabgänger: Häufig ohne Schulabschluss.* In: iwd, 28. Jg., 2002, S. 2

Klemm (Hg.): *Quellen und Dokumente der Antipädagogik.* Frankfurt/M. 1992

Klemm, U.: *Lernen ohne Schule. Argumente gegen Verschulung und Verstaatlichung von Bildung.* Neu-Ulm 2001

Kramer, W. / Werner, D.: *Familiäre Nachhilfe und bezahlter Nachhilfeunterricht.* Ergebnisse einer Elternbefragung in Nordrhein-Westfalen. Köln 1998

Morris, W.: *Kunde von Nirgendwo.* Frankfurt/M. 2004

Rutschky, K. (Hg.): *Schwarze Pädagogik. Quellen zur Naturgeschichte der bürgerlichen Erziehung.* Frankfurt/M. 1977

Schmück, J.: *Editorische Notiz.* In: P. Eltzbacher: Der Anarchismus. Berlin 1987

Schreiber-Kittl, M. : *Alles Versager? Schulverweigerung im Urteil von Experten.* Forschungsbericht. Arbeitspapier 1/2001. Deutsches Jugendinstitut. München 2001

Schwäbische Zeitung (1999): *Mittwoch, 24. November 1999,* S. 1

Statistisches Bundesamt (Hrsg.) : *Datenreport 2002. Zahlen und Daten über die Bundesrepublik Deutschland.* Bonn 2002

Stern, B. (Hg.): *Kinderrechte. Ulm,* 2. erweit. u. überarb. Aufl. 1995

Weitere Bücher im tologo verlag:

Schluß mit Schule!
Das Menschenrecht,
sich frei zu bilden

von Bertrand Stern
ISBN 978-3-9810444-5-4
2006, 224 Seiten, € 16,90

Wenn im Allgemeinen von Schule gesprochen wird, so zumeist, um ihre Misserfolge zu beklagen und um Verbesserungen zu fordern.
Damit bleibt verheimlicht, dass die Institution Schule an sich das Problem ist, dem selbst mit mehr Mitteln nicht beizukommen ist: Noch so gut gemeinte Maßnahmen würden lediglich in eine jener vielen Reformen münden, die das System vielmehr erhalten und erneuern. Bertrand Stern animiert geradezu, aus dem System auszubrechen.

Bildung zu Hause
Eine sinnvolle Alternative

von Alan Thomas
ISBN 978-3-940596-00-0
2007, 278 Seiten, € 18,90

Beschulung ist inzwischen in unserer Kultur so tief verankert, dass wir zur Überzeugung gekommen sind, ohne Schule könne es keine Bildung geben. Jedoch wächst die Zahl der Kinder, deren Bildung zu Hause stattfindet, rasch. Über die Art, wie Eltern mit ihren Kindern an Bildung zu Hause herangehen, ist bisher wenig bekannt.
Ein wichtiges Ergebnis der Untersuchung ist die Bedeutung des informellen Lernens.

unerzogen
Ungewaschen, ungezogen, unsozial.
Erfüllen Unerzogene diese Erwartungen?
unerzogen
Schulpflicht in Deutschland
Was lange währt, ist noch lange nicht gut.
8 Seiten Eudec-Spezial
unerzogen
Miteinander reden
Kommunikation ist einfach alles
unerzogen
Kein Konsens über Demokratie
In Staat, Bildung und Familie
unerzogen
Kein Konsens über Demokratie
In Staat, Bildung und Familie
unerzogen
Jetzt geht's los!
In der Bildungslandschaft tut sich was.
unerzogen
Mit Recht unzufrieden?
Menschenrechte für Kinder
unerzogen
Schulpflicht in Deutschland
Was lange währt, ist noch lange nicht gut.
8 Seiten Eudec-Spezial
unerzogen
Miteinander reden
Kommunikation ist einfach alles
unerzogen
Ungewaschen, ungezogen, unsozial.
Erfüllen Unerzogene diese Erwartungen?
unerzogen
Kein Konsens über Demokratie
In Staat, Bildung und Familie
unerzogen
Kinder und das liebe Geld
Mitbestimmen statt Hand aufhalten
unerzogen
Schulpflicht in Deutschland
Was lange währt, ist noch lange nicht gut.
8 Seiten Eudec-Spezial
unerzogen
Kinder und das liebe Geld
Mitbestimmen statt Hand aufhalten
unerzogen
Jetzt geht's los!
In der Bildungslandschaft tut sich was.
unerzogen
Mit Recht unzufrieden?
Menschenrechte für Kinder

Sehr verehrte Frau Bundesministerin für das deutsche Schulwesen . . .

Nachdenkliches über die Bildungsrepublik

von Bertrand Stern
ISBN 978-3-940596-03-1
2009, 175 Seiten, € 14,90

Nach „Schluß mit Schule! Das Menschenrecht, sich frei zu bilden" - so eindeutig betitelte der Philosoph sein letztes Buch - publiziert der engagierte Autor nun eine weitere, wieder pointierte und kritische Anregung zur Reflektion.
Dieses engagierte und deshalb unbequeme Buch ist ein deutliches Plädoyer für die bedingungslose Freiheit des Menschen.

Tamagotchi Schule

Warum Schule nicht gelingen kann

von Klaus H. Sindern
ISBN 978-3-940596-08-6
2009, 126 Seiten, € 12,90

Das System Schule ist wie ein Tamagotchi, es wird gefüttert und versorgt und am Leben erhalten, obwohl es seinen Sinn längst verloren hat. Wenn es denn je einen hatte. Bildung jedenfalls findet in der Schule nicht statt. Zu diesem Ergebnis kommt Klaus H. Sindern nach mehr als dreißig Jahren Schulerfahrung. Schule animiert Schüler, Stoff zu pauken und rasch zu vergessen und angepasst die Schulzeit abzusitzen.

Detaillierte Informationen, Leseproben und Bestellmöglichkeiten finden Sie im Internet unter **www.tologo.de**.